Gestión de redes telemáticas

Ángel Luis Calvo García

ic editorial

Gestión de redes telemáticas

1ª Edición

Editado por: IC Editorial
c/ Cueva de Viera, 2, Local 3
Centro Negocios CADI
29200 Antequera (Málaga)
Teléfono: 952 70 60 04
Fax: 952 84 55 03
Correo electrónico: iceditorial@iceditorial.com
Internet: www.iceditorial.com

ISBN: 978-84-1184-547-2
Depósito Legal: MA 67-2025

Impresión: PODiPrint
Impreso en Andalucía – España

Nota de la editorial: IC Editorial pertenece a Innovación y Cualificación S. L.

Presentación del manual

El **Certificado de Profesionalidad** es el instrumento de acreditación, en el ámbito de la Administración laboral, de las cualificaciones profesionales del Catálogo Nacional de Cualificaciones Profesionales adquiridas a través de procesos formativos o del proceso de reconocimiento de la experiencia laboral y de vías no formales de formación.

El elemento mínimo acreditable es la **Unidad de Competencia.** La suma de las acreditaciones de las unidades de competencia conforma la acreditación de la competencia general.

Una **Unidad de Competencia** se define como una agrupación de tareas productivas específica que realiza el profesional. Las diferentes unidades de competencia de un certificado de profesionalidad conforman la **Competencia General,** definiendo el conjunto de conocimientos y capacidades que permiten el ejercicio de una actividad profesional determinada.

Cada **Unidad de Competencia** lleva asociado un **Módulo Formativo,** donde se describe la formación necesaria para adquirir esa **Unidad de Competencia,** pudiendo dividirse en **Unidades Formativas.**

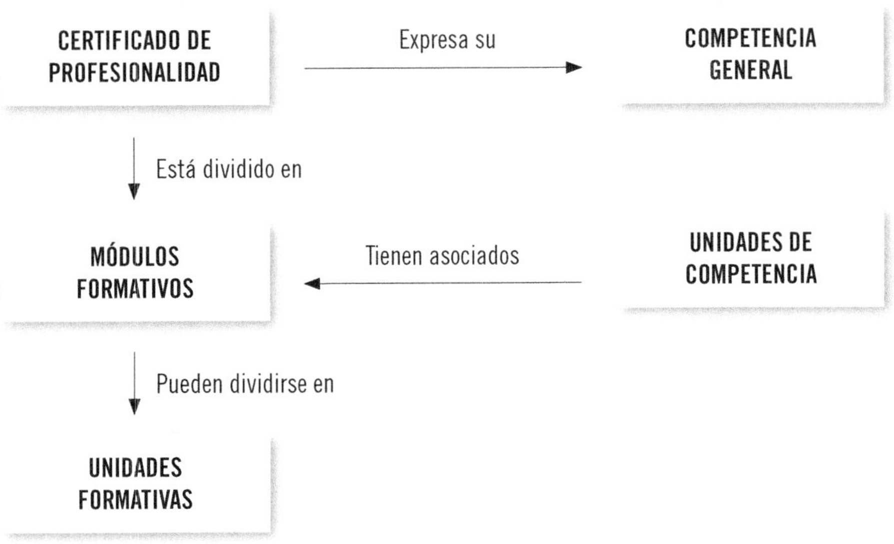

El presente manual desarrolla la Unidad Formativa **UF1880: Gestión de redes telemáticas,**

perteneciente al Módulo Formativo **MF0230_3: Administración de redes telemáticas,**

asociado a la unidad de competencia **UC0230_3: Administrar la infraestructura de red telemática,**

del Certificado de Profesionalidad **Administración y diseño de redes departamentales.**

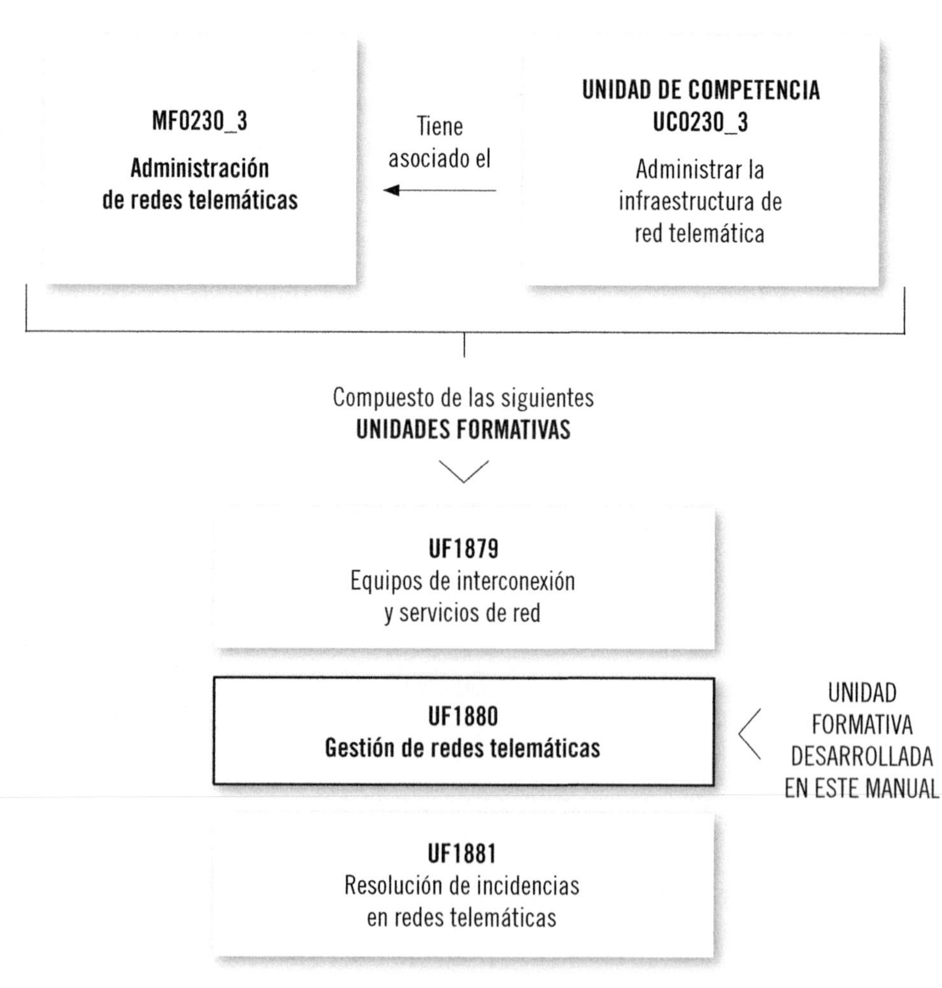

FICHA DE CERTIFICADO DE PROFESIONALIDAD

(IFCT0410) ADMINISTRACIÓN Y DISEÑO DE REDES DEPARTAMENTALES (R. D. 1531/2011, de 31 de octubre modificado por el R. D. 628/2013, de 2 de agosto)

COMPETENCIA GENERAL: Diseñar la arquitectura de comunicaciones de un entorno de complejidad media o baja, supervisar su implantación siguiendo el proyecto y administrar el sistema resultante, proporcionando la asistencia técnica necesaria.

Cualificación profesional de referencia	**Unidades de competencia**		**Ocupaciones o puestos de trabajo relacionados:**
IFC081_3 ADMINISTRACIÓN Y DISEÑO DE REDES DEPARTAMENTALES (R. D. 295/2004, de 20 de febrero)	UC0228_3	Diseñar la infraestructura de red telemática	• 2723.1014 Diseñador de red • 2721.1018 Administrador de sistemas de redes • Administrador de sistemas telemáticos • Administrador de redes y comunicaciones • Técnico de redes locales y telemática • Supervisor de instalación de redes • Técnico en diseño de redes telemáticas
	UC0229_3	Coordinar la implantación de la infraestructura de red telemática	
	UC0230_3	Administrar la infraestructura de red telemática	

Correspondencia con el Catálogo Modular de Formación Profesional

Módulos certificado	Unidades formativas	Horas
MF0228_3: Diseño de redes telemáticas	UF1869: Análisis del mercado de productos de comunicaciones	90
	UF1870: Desarrollo del proyecto de la red telemática	80
	UF1871: Elaboración de la documentación técnica	30
MF0229_3: Gestión de la implantación de redes telemáticas	UF1877: Planificación de proyectos de implantación de infraestructuras de redes telemáticas	50
	UF1878: Ejecución de proyectos de implantación de infraestructuras de redes telemáticas	70
MF0230_3: Administración de redes telemáticas	UF1879: Equipos de interconexión y servicios de red	70
	UF1880: Gestión de redes telemáticas	90
	UF1881: Resolución de incidencias en redes telemáticas	50
MP0396: Módulo de prácticas profesionales no laborales		80

Índice

Capítulo 4

Análisis del protocolo simple de administración de red (SNMP)

Capítulo 5

Análisis de la especificación de monitorización remota de red (RMON)

Capítulo 6

Monitorización de redes

Capítulo 7

Análisis del rendimiento de redes

Capítulo 8

Mantenimiento preventivo

Capítulo 1

Ciclo de vida de las redes

Contenido

1. Introducción
2. Explicación del ciclo de vida de una red usando el modelo PDIOO como referencia
3. Descripción de las tareas y objetivos de las distintas fases
4. Resumen

1. Introducción

Las redes de comunicaciones y, en concreto, las redes informáticas están sometidas a un continuo reto por mantenerse vivas. El concepto de vida se refiere en este caso, evidentemente, al tiempo en que la red presta el servicio que se le requiere, es decir, el tiempo durante el cual la red es útil.

Se habla de ciclo de vida porque se trata de un proceso continuo, en el que se empieza con el diseño de una red y se vuelve al principio al cabo de un tiempo, durante el cual se ha estado probando constantemente el rendimiento. Al cabo de ese tiempo puede que se tenga que diseñar una nueva red ante el avance de las nuevas tecnologías, o bien baste con realizar pequeños cambios para adaptar la red a los nuevos desafíos.

2. Explicación del ciclo de vida de una red usando el modelo PDIOO como referencia

El campo de la informática es uno de los campos en los que más se puede apreciar la presión por la evolución tecnológica. Esto se ve con la **Ley de Moore,** uno de los fundadores de Intel, según la cual cada dos años se duplica la capacidad de los microprocesadores que se utilizan habitualmente, implicando un aumento en el desempeño de todo lo relacionado con la tecnología informática. Ello tiene una relación directa sobre las expectativas que tienen los usuarios hacia las redes que emplean, y esto incidirá decisivamente sobre la vida útil de las mismas.

Sabía que...

Gordon E. Moore fue cofundador de Intel junto con Robert Noyce, creando una de las compañías más grandes de semiconductores, conocida principalmente por sus microprocesadores para el mercado doméstico.

No es imaginable a día de hoy que un usuario utilizase una red que le obligara a tener unos tiempos de espera para recibir información como los que existían en los años 90. Si entonces un usuario aceptaba que para ver una fotografía debía esperar pacientemente unos segundos, hoy en día eso no es aceptable, como tampoco lo será en el futuro cuestiones que hoy parecen tolerables (descargar una película de cientos de gigas en pocos segundos, por ejemplo). Cabe imaginar lo que era hace 100 años mandar una carta desde ultramar.

Las **siglas del modelo PPDIOO** obedecen a las diferentes etapas en que puede dividirse el ciclo de vida de una red:

- **Planificar:** identificar lo que la red necesita.
- **Diseñar:** elección de la solución óptima.
- **Implementar:** crear la red.
- **Operar:** probar y poner en funcionamiento.
- **Optimizar:** mejorar la red y arreglar problemas.
- **Retirar:** en caso necesario, cambiar algún elemento o dar por finalizado el ciclo de vida.

Nota

Son seis etapas en total. La etapa "Retirar" puede no llevarse a cabo y por eso no se incluye en el nombre. Pero siempre hay que tener en cuenta que no deja de ser una etapa importante.

Con este modelo se pretende estructurar de una manera lógica las diferentes tareas a llevar a cabo a lo largo de todo el ciclo de vida de una red. No es el único modelo existente. Hay muchos tipos de modelos, como pueden ser los modelos iterativos, secuenciales, por prototipos, en espiral, etc. De hecho, Cisco lo remodeló creando su propio modelo PPDIOO para el ciclo de vida añadiendo una etapa inicial más, "Preparar". Por su parte, Hewlett Packard desarrolló un *software* específico para los ciclos de vida de aplicaciones HP ALM.

Ciclo de vida PPDIOO

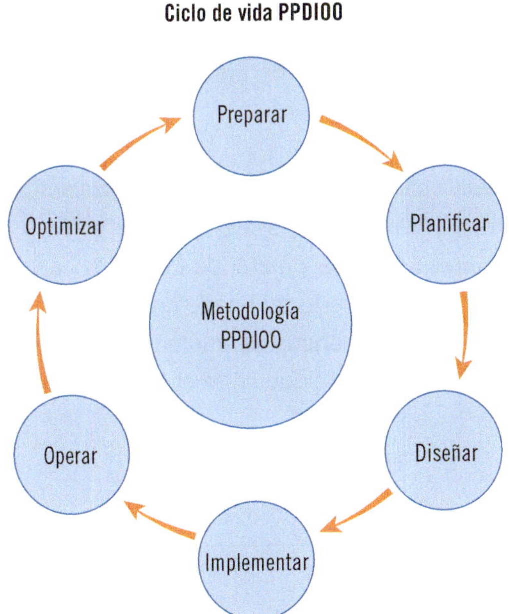

Nota

A los ciclos de vida se les suele denominar SDLC (Systems Development Life Cycles) y no debe confundirse con el protocolo que usa las mismas siglas.

El modelo PPDIOO puede considerarse como una mezcla de diversos modelos, incorporando lo más positivo de ellos.

Es secuencial porque separa claramente diferentes etapas durante el ciclo de vida. Es iterativo porque se realimenta continuamente. Estas características son las que hacen que este modelo sea muy adecuado para el trabajo de los técnicos con las redes:

- Incorpora, por un lado, la comodidad de la estructuración en bloques de las tareas a realizar.
- Por otro lado, la representación cíclica indica la necesidad de realizar dichas tareas de un modo continuo.

El objetivo es que cuando una empresa u organización se plantee instalar una nueva red para su uso interno, o bien la sustitución o mejora de una ya existente, dicha empresa pueda acometer de forma lógica y ordenada todas las tareas a llevar a cabo. El no hacerlo así puede implicar decisiones erróneas que alarguen innecesariamente el periodo de implantación de la red, con el consecuente sobrecoste, o simplemente que no se obtengan los resultados deseados.

Actividades

1. Indague en internet e indique algún otro modelo de ciclo de vida.

3. Descripción de las tareas y objetivos de las distintas fases

Ya se han señalado las diversas etapas en las que se divide el modelo PDIOO. Esta división tiene el objetivo de racionalizar y facilitar el trabajo a realizar, y en cierta manera sirve para automatizar parte de los procesos a llevar a cabo. Se debe documentar todo lo que se hace en cada etapa.

3.1. Planificar

En esta fase se lleva a cabo la identificación de todos los requerimientos de la red. Se analizan nuevas tecnologías y se determina la forma en que se pueden desarrollar para su uso en la red de la empresa. También habrá que tener en cuenta que se puede partir de cero o de una red en producción.

En esta etapa, cuando todavía se está empezando, es crucial identificar todo aquello que afectará a la red. Esos factores pueden ser muchos, dependerán del escenario en el que se encuentre la empresa.

Factores que se pueden identificar:

- **Conexiones simultáneas de usuarios y/o máquinas.** Incluyendo la velocidad que se requiera para esas conexiones.
- **Aplicaciones que se van a utilizar en red.** Esto se refiere a todas aquellas aplicaciones que hacen uso de la red para el trabajo diario de los empleados de la empresa, como pueden ser aplicaciones ERP *(Enterprise Resource Planning)* u otras.
- **Escalabilidad.** Hay que pensar que las necesidades actuales pueden verse superadas en un futuro no muy lejano. Tomar la decisión de "casarse" con una determinada tecnología o equipamiento puede suponer que se tenga que hacer un desembolso económico no deseado posteriormente. Hay que buscar soluciones que permitan ampliaciones o mejoras de la manera más sencilla.
- **Adaptabilidad.** La flexibilidad del material (tanto *software* como *hardware)* que se adquiere al principio puede ayudar a que la red responda eficazmente a cambios de diseño en el futuro.

- **Medio físico.** Puede ser tanto cableado, con las distintas opciones de cableado que existen en el mercado, como inalámbrico. Decisiones críticas para sopesar gastos de instalación, mantenimiento, seguridad y versatilidad.
- **Servicios de red y tipo de tráfico** que se utilizarán (voz, datos, videoconferencias, protocolos diversos, etcétera).
- **Disponibilidad y redundancia.** Puede ser que se necesiten enlaces redundantes si se desea una interconexión permanente y tolerante a fallos, así como equipamiento de respaldo y de alarma.
- **Coste** de los recursos y **duración** de los mismos.
- **Legislación** vigente y **política** de la empresa.
- **Requisitos** de seguridad, direccionamiento, conexiones con el exterior, etc.

Ejemplo

Una situación típica es la necesidad de elegir los modelos de switch. Para ello se tienen en cuenta diversos factores: el número de bocas (puertos) necesarias para conectar los equipos (pensando en la actualidad y en el futuro); si es mejor que sea modular, lo que permite ampliar el equipo sin demasiado desembolso; la velocidad de los puertos; los posibles servicios extras que pueda aportar, como PoE (Power Over Ethernet), agregado de enlace, QoS (Quality of Service), capacidad de capa 3, VLAN (Virtual Local Area Network), etc.

Actividades

2. Señale cuáles son los requerimientos más importantes en la fase de planificación.
3. Haga una búsqueda de los diferentes tipos de switch que existen en el mercado. Analice cuáles podrían ser los más adecuados para una empresa que usted conozca.

3.2. Diseñar

En esta fase se ejecuta el planeamiento lógico y físico de la red. Hay que tomar la decisión de cuál va a ser la mejor distribución física de elementos, y a la vez, la mejor distribución lógica.

Uno de los primeros pasos que se suele hacer, siempre teniendo en cuenta los requerimientos de la fase anterior, es la elaboración de un plano con la distribución lógica de la red.

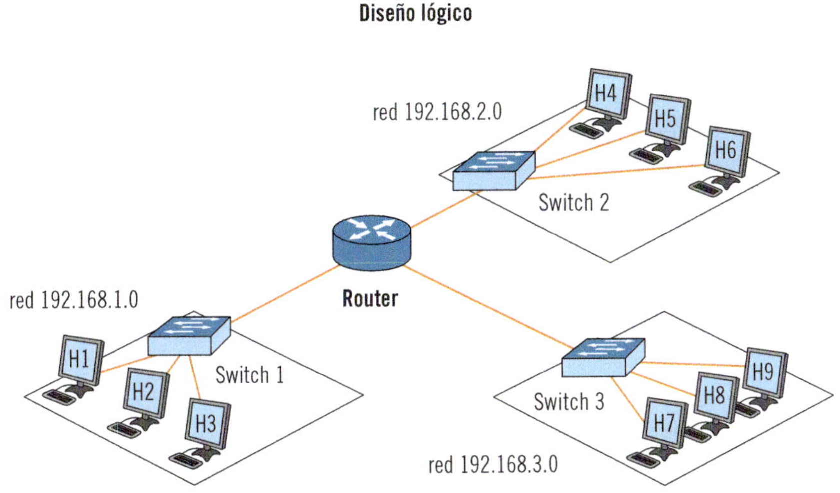

El plano de la distribución lógica irá acompañado de esquemas con el direccionamiento IP, distribución de las VLAN, elementos de seguridad, especificaciones técnicas, etc.

A continuación se puede elaborar el conjunto de planos con la distribución física de la red, donde ya se especifica la ubicación de cada elemento.

Dependiendo del tamaño de la empresa se puede utilizar un plano general de todo el campus y posteriormente otros planos más detallados.

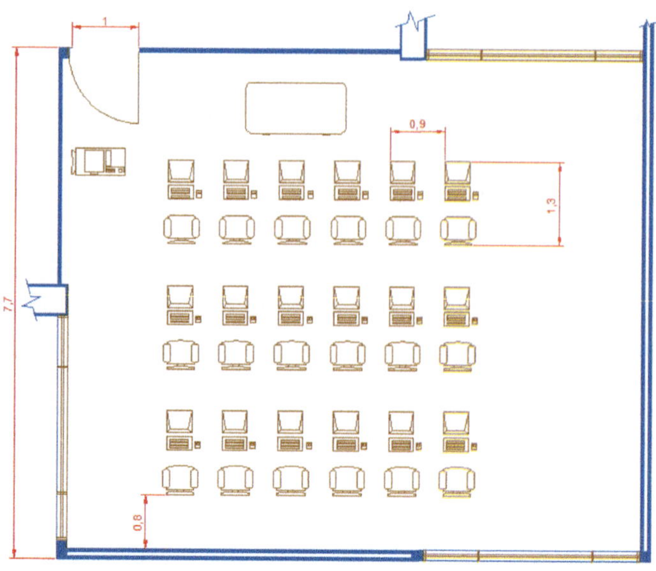

Diseño físico de un aula de informática

Actividades

4. Tomando como ejemplo el aula del curso, intente hacer un diseño lógico y otro físico para la instalación de la red del aula.

3.3. Implementar

Aquí se lleva a cabo la instalación de todo lo diseñado en la etapa anterior. Se hará estableciendo un plan de despliegue que incluirá los plazos de ejecución.

El despliegue podría ser el siguiente:

- Se puede empezar por la colocación de tomas de corriente y rosetas de comunicaciones.

- A continuación, el tendido del cableado, y en su caso, la instalación de puntos de acceso inalámbrico.
- Una vez que ya se tienen colocados los cables se puede iniciar la instalación de los *"rack"* o armarios del cableado. Prueba y etiquetación de los cables y rosetas.
- Instalación de los dispositivos de red *(routers, switches,* servidores, etc.) que normalmente se ubicarán dentro de los *rack.*
- Configuración de los dispositivos para que la red pueda funcionar según los requerimientos previos, como VLAN, seguridad, enrutamiento, etc.
- Formación de la plantilla de trabajadores si es preciso.

Definición

Rack
Armario con bandejas metálicas y soportes para el equipamiento informático.

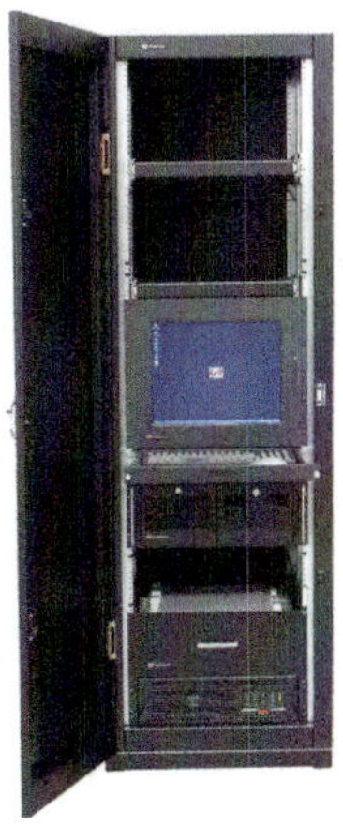

Actividades

5. Señale para qué puede servir el etiquetado de los cables.
6. Indique diferentes dispositivos de red que puedan ser configurados en esta etapa.

3.4. Operar

Se pone en funcionamiento y se prueba la red. Puede que se tenga que rediseñar algo debido a que no funcione o lo haga incorrectamente. Aquí se terminará por hacer la documentación definitiva del diseño de red, sus mapas lógicos y físicos, esquemas de direccionamiento, etc.

Para realizar esto hay que monitorizar la red. Ello se hará con diversos programas que informarán sobre el estado de los diferentes recursos. Se recaba información sobre el estado de esos recursos, es decir, si están funcionando correctamente y cómo lo están haciendo. Se elaborarán estadísticas sobre el funcionamiento.

La información a recoger es muy abundante. Desde uso de memoria y microprocesador por parte de cualquier equipo de la red, hasta consumo de ancho de banda, pasando por multitud de parámetros. Se dispondrán servidores con los programas de monitorización para realizar los test oportunos.

Una manera sencilla de comprobar una conexión es mediante el comando **ping,** disponible en *Windows* y en *Linux.* El comando se ejecuta en modo texto, escribiendo a continuación la IP o el nombre del dispositivo con el que se quiere comprobar la conexión, por ejemplo, **ping 192.168.0.1** o **ping servidor.** Si el servidor responde ya se tiene constancia de su funcionamiento. Hay que señalar que hay servidores que no responden a la solicitud del comando. De la información que aporta, lo más importante es que indica si al menos hay conexión con otro dispositivo de la red. Si esa conexión existiese, informará también del número de paquetes que se envían y reciben como medida de la calidad de la conexión (puede que el enlace no sea muy estable). Por último también informa de los tiempos de retardo, lo que dará una idea sobre la velocidad de transmisión en esos momentos.

Actividades

7. Busque en internet el programa para monitorizar redes cuyo nombre es "the dude" de Mikrotik. Descárguelo e instálelo. (Es de licencia gratuita).

Además de los programas de monitorización también se emplean herramientas de análisis de redes para detectar fallos. Estos aparatos, generalmente móviles, permiten que un operario pueda realizar tareas de mantenimiento en cualquier momento. Entre esas herramientas se pueden encontrar polímetros que miden la continuidad o el voltaje de los cables. También existen analizadores de redes que detectan fallos en las líneas de comunicaciones, como por ejemplo, los analizadores de *Fluke Networks* o los de *Adler.* Además sirven para realizar pruebas que comprueben que se cumplen las normas de fabricación e instalación.

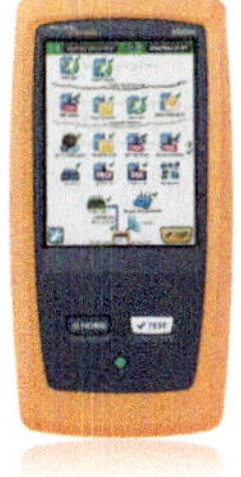

Ejemplo de diferentes analizadores de red. Al ser pequeños, resultan móviles y muy prácticos de usar.

Aplicación práctica

En una red donde todavía no hay instalado ningún sistema de monitorización, ¿cómo se comprobaría si los equipos que están en red pueden comunicarse?

SOLUCIÓN

Se puede utilizar el comando ping, que viene instalado por defecto en cualquier sistema, ya sea *Linux* o *Windows*. Con ello se consigue averiguar si existe conexión entre los equipos, además de otras informaciones referentes a la calidad de dicha conexión, si es estable y la velocidad de la misma.

Se podría ejecutar desde cada uno de los equipos, o bien desde uno de ellos para ver si se conecta con todos los demás.

3.5. Optimizar

Los posibles errores detectados son corregidos en esta etapa. Se reconfigura un dispositivo, se cambia de sitio, etc. También puede requerir un rediseño.

Si hay algún material que no responde a las expectativas, se pasa a la siguiente etapa.

El mantenimiento de la red ha de ser constante, y con criterio, todo bien documentado y ordenado. Hay que pensar que el operario de turno puede no permanecer en la empresa para siempre, su sustitución no debe suponer un problema.

Armario rack

Actividades

8. Busque por internet qué recomendaciones deben tenerse en cuenta para colocar los cableados de los armarios *rack*.

3.6. Retirar

Al final de todas las etapas se toman las siguientes decisiones:

- **La red ha llegado al final de su vida útil:** no hay posibilidad de mejorar las cosas o de satisfacer las necesidades planteadas, al menos con los requerimientos de inicio. Habrá que construir una nueva red.
- **La red necesita algunas mejoras que son asumibles en coste y tecnología:** se retira el material obsoleto y se sustituye por otro nuevo.
- **La red funciona perfectamente:** no hay que retirar nada y se vuelve a empezar con la fase de "Planificar" (por si la tecnología avanza y cambian los requerimientos).

Esquema del capítulo

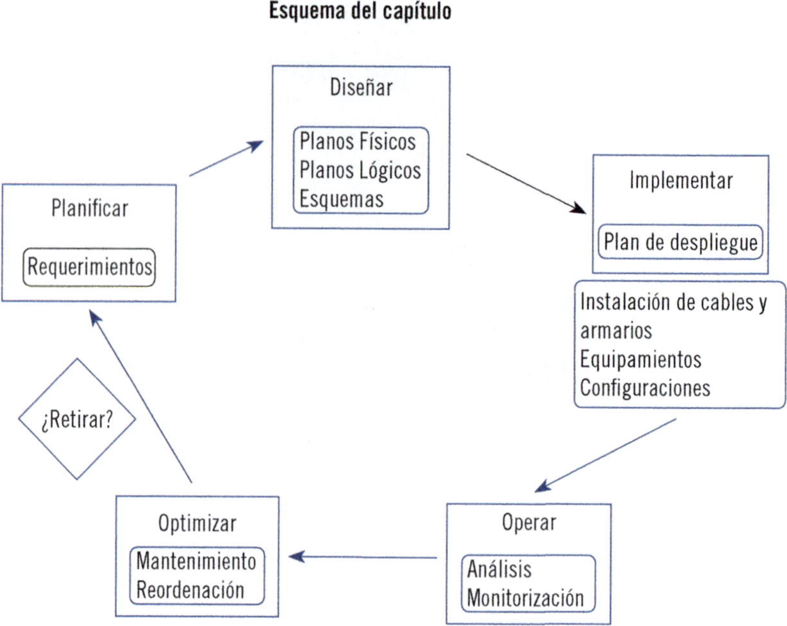

4. Resumen

El modelo PDIOO sirve para que al instalar una red, o cuando se analizan sus posibilidades futuras, se establezca algún criterio de actuación. La constante evolución tecnológica obliga a las empresas a mantenerse incesantemente al día.

Puede ser que se comience de cero o que se parta desde una red en producción. Con este modelo se siguen ciertas etapas:

- Preparar: con sus requisitos.
- Diseñar: buscando soluciones viables.
- Implantar: la mejor opción encontrada.
- Operar: probando la solución encontrada.
- Optimizar: mejorando la red continuamente.

Los requisitos en la preparación de la red identifican las limitaciones y necesidades que se han de cubrir.

En el diseño se hacen los planos, tanto físicos como lógicos, que acompañados de toda clase de esquemas perfilan cómo será la red.

Durante la implantación es posible que surjan problemas con los que no se había contado, pudiendo tener que rediseñarse, pero la red acabará siendo una realidad.

Hay que poner la red a prueba, en operación y monitorizar su comportamiento. Es la fase de "Operar". Todavía puede que se tenga que volver atrás.

No se renuncia a mejorar. En la fase "Optimizar" se comprueba la monitorización realizada y se arregla lo que se necesite.

Es necesario documentarlo todo. Se piensa en el mantenimiento, en cómo facilitarlo y mejorarlo.

Al final se toma la decisión de sustituir toda o parte de la red (sería la fase "Retirar") conforme los avances tecnológicos se vayan imponiendo. Así, la rueda del ciclo de vida de la red sigue girando.

Ejercicios de repaso y autoevaluación

1. ¿Por qué se considera adecuado el modelo PDIOO frente a otros modelos?

____

____

2. La etapa durante la que se monitoriza la red es:

a. Retirar.
b. Vigilar.
c. Operar.
d. Implantar.

3. Señale si las siguientes afirmaciones son verdaderas o falsas:

a. La redundancia es un requisito que se establece durante la planificación.

☐ Verdadero
☐ Falso

b. La legislación vigente no es un requisito previo de la fase de planificación, sino de la fase de diseño.

☐ Verdadero
☐ Falso

4. ¿En qué momento se empieza a elaborar la documentación de la red y cuándo se termina?

____

____

5. ¿Cuándo se crean los planos lógicos de la red y cuándo se establecen como definitivos?

6. Entre los requisitos que delimitan el desarrollo de la red se encuentran...

   a. ... la seguridad.
   b. ... el precio.
   c. ... la distribución física de los equipos.
   d. Todas las opciones son correctas.

7. Al desplegar la red, antes de nada hay que colocar los servidores en los armarios rack. ¿Verdadero o falso? Razone su respuesta.

8. En los armarios *rack* se colocarán, entre otras cosas...

   a. ... PC de sobremesa.
   b. ... la documentación de seguridad.
   c. ... las copias de los discos duros.
   d. ... routers.

9. ¿Qué consideraciones hay que tener en cuenta antes de retirar algún material?

10. Indique al menos dos fabricantes de analizadores de red, y cuál es su función.

---

11. Reordene correctamente las siguientes fases del ciclo PDIOO.

__ Retirar.
__ Operar.
__ Optimizar.
__ Implementar.

12. La instalación de puntos de acceso...

a. ... se realiza durante la fase de implementación.
b. ... se realiza durante la fase de diseño.
c. ... se realiza durante la fase de optimización.
d. Todas las opciones son incorrectas.

13. ¿Es cierto que el diseño no se realiza solamente durante la etapa diseñar? Justifique su respuesta.

____
____

14. Relacione la etapa del ciclo PDIOO con el elemento correspondiente.

a. Preparar.
b. Optimizar.
c. Diseñar.
d. Retirar.

__ Cambiar un dispositivo.
__ Se hace un plano físico.
__ Se reconfigura un router.
__ Analizar costes.

15. ¿A qué se refiere la escalabilidad?

a. A poder aumentar el presupuesto para *marketing*.
b. Prever las necesidades tecnológicas futuras.
c. Escoger solamente el material más barato.
d. Tener dispositivos redundantes.

Capítulo 2

Administración de redes

Contenido

1. Introducción
2. Explicación del concepto de administración de redes como el conjunto de las fases operar y optimizar del modelo PDIOO
3. Recomendaciones básicas de buenas prácticas
4. Visión general y procesos comprendidos
5. El centro de operaciones de red
6. Gestión de la configuración
7. Gestión de la disponibilidad
8. Gestión de la capacidad
9. Gestión de la seguridad
10. Gestión de incidencias
11. Resumen

1. Introducción

La administración de una red engloba múltiples disciplinas diferentes, como pueden ser la gestión de los recursos disponibles, la seguridad, etc.

Una administración eficaz puede llevarse a cabo más fácilmente usando un modelo de ciclo de vida, como el PDIOO visto anteriormente. Ahora habrá que analizar cómo hacerlo y cómo tener todo organizado para realizar la gestión de forma adecuada.

Hay que recordar que la administración de la red puede ser llevada por la propia empresa, o puede estar contratada con una empresa externa. Es el caso en el que se hablará de proveedores de servicio y clientes.

2. Explicación del concepto de administración de redes como el conjunto de las fases operar y optimizar del modelo PDIOO

Para poder llevar a cabo la gestión de la red de manera eficiente hace falta recabar primero toda la información que sea necesaria. Esto se realiza mediante la monitorización de la red. Como se sabe, la monitorización se efectúa durante la etapa "Operar" del ciclo PDIOO. Se pone en funcionamiento la red y se prueba. Las comprobaciones se pueden hacer a ojo, pero es mejor realizarlas mediante herramientas de *software* que establezcan ciertos criterios.

Sin embargo, ninguna administración es eficaz si se limita a la simple monitorización. Debe implementar medidas para solucionar los problemas que se detecten de la manera más rápida y sencilla posible. Esto se hace durante la etapa "Optimizar". Aquí se reparan las averías encontradas, o se reconfiguran aquellos dispositivos que no funcionan como cabe esperar. A lo mejor es necesario volver a diseñar alguna parte de la red.

Los administradores de redes se dedican a comprobar y mejorar continuamente la red, por eso la administración de redes se concibe como el conjunto de procesos que tienen lugar en esas dos fases.

En ambas etapas es muy importante llevar una documentación adecuada que permita, entre otras cosas, ir creando una base de conocimientos para futuras situaciones parecidas.

La documentación de la red es lo que permitirá que se pueda trabajar en equipo. Los errores o problemas que se corrigen, al ir documentados, sientan una base de conocimientos compartidos para toda la empresa y todas las personas responsables del mantenimiento de la red.

3. Recomendaciones básicas de buenas prácticas

Al aceptar que hay que mantener un cierto criterio para administrar la red, como a través del PDIOO, se deberá tener en cuenta un conjunto de buenas prácticas para llevar a cabo ese cometido. Seguidamente, a lo largo de este apartado, se explicará en qué consiste cada una de ellas.

3.1. Mantener una organización (NOC) responsabilizada con la administración de la red

Se llama **NOC** *(Network Operations Center)* al Centro de Operaciones de Red. Generalmente se tratará de una sala, más o menos grande dependiendo de la empresa, en donde se centralizan los equipos que se utilizan para la administración de la red, pudiendo coordinar así todas las operaciones.

Ejemplo de un Centro de Operaciones de Red (NOC)

En este centro se mantendrá la documentación sobre la red, como los diagramas de direcciones, planos físicos y lógicos, registros de incidencias y un largo etcétera.

Una de las grandes ventajas del uso de un NOC es la posibilidad de la automatización de los procesos de gestión. Existen *software* comerciales para hacerlo, así como muchas herramientas de monitorización que podrán ir centralizadas desde el NOC.

Lo ideal, además, es que se mantenga un fuerte compromiso por parte de los empleados por llevar a cabo todas las tareas, teniendo claro los roles de cada uno. Esto se consigue con una clara distribución de dichos perfiles.

Actividades

1. Muchas grandes empresas desarrollan estrategias para la implementación de NOC mediante *softwares* específicos de administración de redes. Investigue los casos de *Cisco* y *Hewlett Packard.*

3.2. Monitorizar la red para garantizar niveles de servicio en el presente y el futuro

Otra buena práctica es monitorizar la red con el objetivo de supervisar lo que se está haciendo en cada momento. Esto ayuda a detectar posibles fallos, pero también a poder analizar las necesidades futuras.

Durante la monitorización se puede analizar el volumen y tipo de tráfico que se está produciendo, de donde se pueden extraer estadísticas para prever los cambios que se necesitarán en el futuro.

Ejemplo

Un departamento de la empresa empieza a establecer sesiones de videoconferencia por internet con sus clientes. Analizando el tráfico se puede ver si en un futuro próximo será necesario ampliar el ancho de banda de la red para satisfacer esa nueva necesidad (porque se está generalizando esa práctica), o si por el contrario se trata de una moda pasajera y no hay necesidad de tal cambio.

Una forma sencilla de analizar la red es por medio de programas analizadores de protocolos, popularmente conocidos como *sniffer.*

Nota

Sniffer se podría traducir por "olfateador". Es un programa que se utiliza para capturar las tramas que pasan por la tarjeta de red del equipo donde esté instalado.

Hay un *sniffer* gratuito muy conocido para plataformas *Windows/Linux* llamado *Wireshark*.

Cuando arranca el programa *Wireshark* muestra una interfaz del navegador de internet con las opciones generales:

Aspecto inicial del programa *Wireshark*

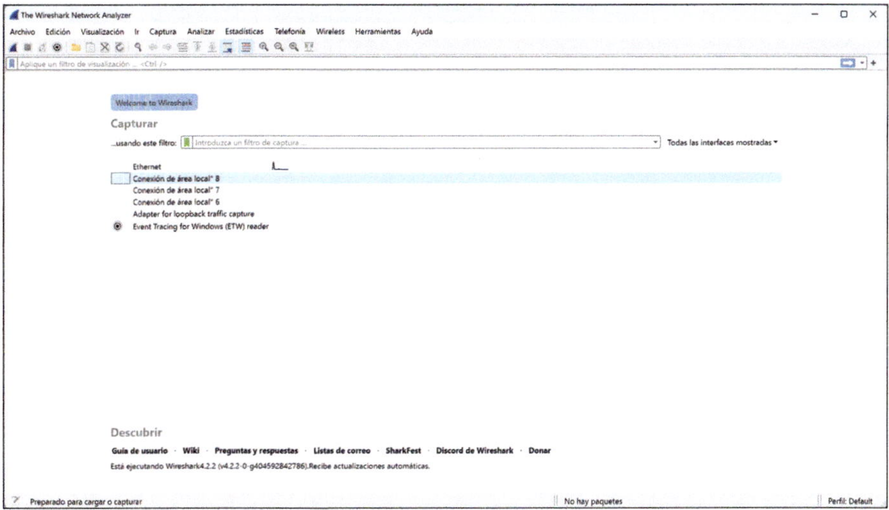

Wireshark tiene múltiples opciones para almacenar la información capturada, para recuperarla después, y para analizarla tanto en tiempo real, como a posteriori.

Captura de tramas de información que pasan por la tarjeta de red

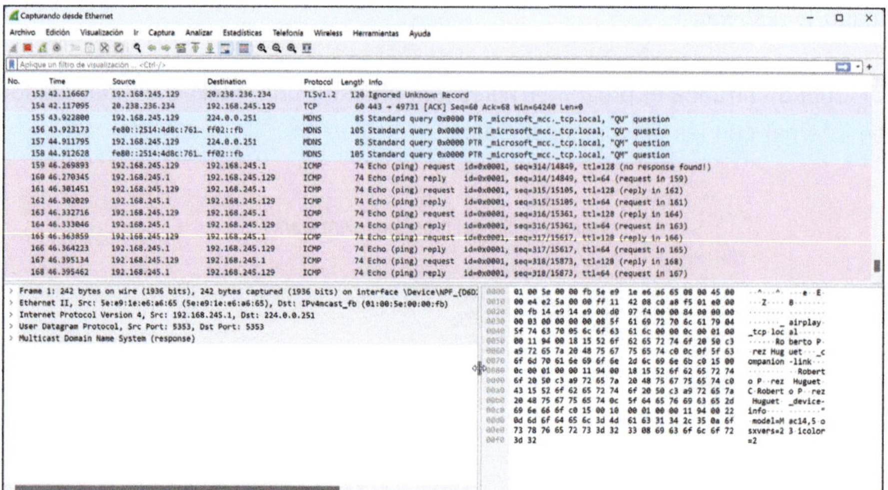

Entre otras cosas, en el menú contextual del programa aparecen opciones interesantes para analizar las tramas seleccionadas.

Al final se puede establecer, en el tramo de red donde se encuentra el equipo con el *Wireshark* instalado, el tipo de tráfico más habitual (mirando la columna de protocolo, por ejemplo), la cantidad de tráfico, etc. Las tramas se ven coloreadas en función de los protocolos que utilizan. Esto, además, se puede personalizar.

Las opciones del menú contextual también aparecen en los menús emergentes

```
394 80 → 50779 [PSH, ACK] Seq=46261 Ack=168 Win=64240 Len=1340 [TCP segment of a reassembled
 54 50779 → 80 [ACK] Seq=168 Ack=47601 Win=64240 Len=0
514 80 → 50779 [ACK] Seq=47601 Ack=168 Win=64240 Len=1460 [TCP segment of a reassembled PDU]
394 80 → 50779 [PSH, ACK] Seq=49061 Ack=168 Win=64240 Len=1340 [TCP segment of a reassembled
 54 50779 → 80 [ACK] Seq=168 Ack=50401 Win=64240 Len=0
514 80 → 50779 [ACK] Seq=50401 Ack=168 Win=64240 Len=1460 [TCP segment of a reassembled PDU]
394 80 → 50779 [PSH, ACK] Seq
 54 50779 → 80 [ACK] Seq=168
124 HTTP/1.1 200 OK  (text/ht
 54 50779 → 80 [FIN, ACK] Seq
 60 80 → 50779 [ACK] Seq=5327
 60 80 → 50779 [FIN, PSH, ACK
 54 50779 → 80 [ACK] Seq=169
110 Refresh NB WINDOWS-22-202
 90 Standard query response 0
242 Standard query response 0
interface \Device\NPF_{D6D23
1b:d0 (00:0c:29:8a:1b:d0)
```

Marcar/Desmarcar paquete — Control+M
Ignorar/No ignorar paquete — Control+D
Establecer/Anular referencia de tiempo — Control+T
Modificar horario... — Control+Mayúsculas+T
Comentarios de paquete
Editar nombre resuelto
Aplicar como filtro
Preparar como filtro
Filtro de conversación
Colorear conversación
SCTP
Seguir
Copiar
Preferencias de protocolo
Decodificar como...
Mostrar paquete en nueva ventana

En este caso, teniendo seleccionada una trama TCP y eligiendo la opción **Follow TCP Stream,** se muestra una ventana con el contenido de las tramas que están relacionadas entre sí, lo cual permite hacer un seguimiento de la comunicación que de otra manera sería muy difícil realizar entre tantas tramas.

Actividades

2. Busque alternativas a Wireshark (de Microsoft, monitor de red, y otras que sean de software libre).

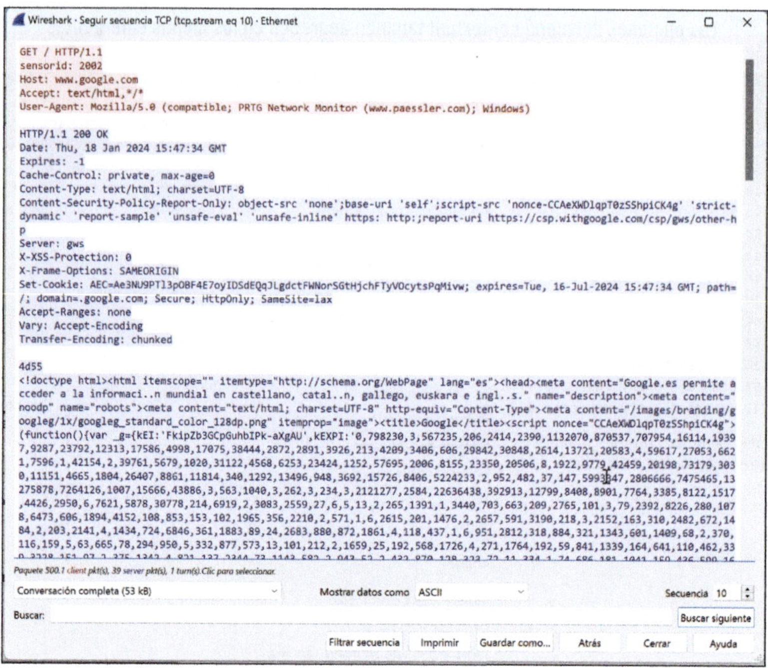

Vista del contenido de la información de las tramas relacionadas, en este caso un acceso a Google. En color rojo las enviadas, en azul las recibidas en la tarjeta de red.

Aplicación práctica

Utilizando Wireshark, de entre toda la información que se obtiene, ¿cómo se puede averiguar si hay algún tipo de tráfico anómalo?

SOLUCIÓN

Las capturas de tramas que realiza Wireshark se pueden almacenar.

Si se comparan las capturas realizadas en determinadas fechas se puede comprobar, por el campo protocolo, por ejemplo, si el tipo de tráfico que se produce es diferente de unos días a otros.

Tiene la opción de seguir determinadas comunicaciones, relacionando las tramas por los comandos de los menús disponibles, como Follow TCP Stream, lo que ayudará a clarificar si hay transmisiones no habituales y a qué se deben.

Continúa en página siguiente >>

<< Viene de página anterior

También se pueden sacar conclusiones en función de la cantidad de tráfico, es decir, cuándo se produce más tráfico de red, a qué horas o fechas, y de ahí obtener alguna estadística. Si un día hay más tráfico de lo habitual, puede investigarse.

3.3. Controlar, analizar, probar y registrar cambios en la red

En algún momento hay que realizar cambios en la red. Es entonces cuando corre peligro todo lo efectuado anteriormente. Se puede haber construido una red muy ordenada y muy bien organizada, pero si no se sigue con los mismos criterios de orden y organización, se puede dejar la red en una situación ingobernable.

Por lo tanto, hay que seguir una seria disciplina en los cambios que se realicen:

- El **control** de dichos cambios (quién lo realiza, por qué, cómo y cuándo). Se deben mantener diferentes versiones de los datos por si hiciera falta recuperar alguno. Es el caso de los archivos de configuraciones de los dispositivos.
- **Análisis** previo (por personal adecuado) para garantizar que los cambios son los oportunos y necesarios.
- **Probar** posteriormente si los cambios tienen el efecto deseado. Si esto no se consigue, puede requerir un nuevo análisis.
- Al final se mantiene un **registro** sobre los cambios hechos que ayuda a su vez a un control sobre los mismos y sobre futuros cambios.

Estas prácticas evitarán que la red evolucione desordenadamente, de manera que, por ejemplo, donde hay un armario *rack* fácil de controlar y modificar, este no acabe convirtiéndose en un laberinto de cables donde pocos se atreven a entrar.

Ejemplo

Durante la etapa de diseño de la red se habrá elaborado una documentación, entre otras cosas, sobre la asignación de bocas de conexión en el armario *rack* y las rosetas de los equipos, y para ello también habrá etiquetas en los cables. Si en algún momento se cambia una numeración (porque unos equipos han sido realojados en otra ubicación, salas que se han recolocado, etc.), eso debe quedar reflejado. En el armario *rack* existen los llamados *"patch panel"*. A ellos van conectados los cables que se conectan a los dispositivos que están alojados en las bandejas del *rack*. Por detrás, el *"patch panel"* va conectado, a través de las canalizaciones de pared, a las rosetas de las salas de los equipos informáticos.

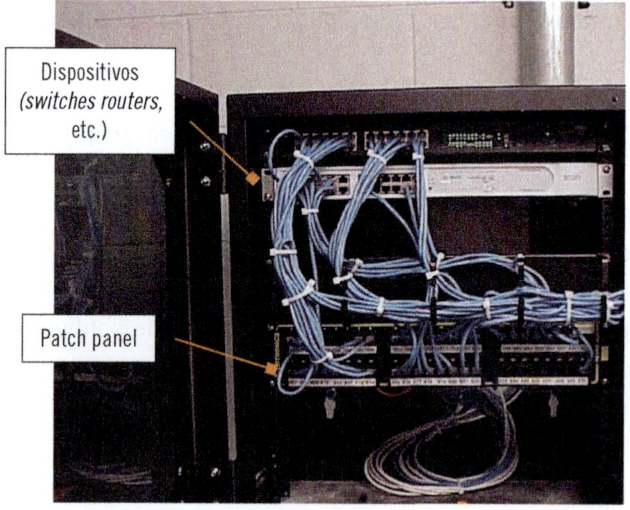

Interior de un armario rack. Por detrás del patch panel irán las conexiones hacia las rosetas de los equipos informáticos.

3.4. Mantener y velar por la seguridad de la red

Es evidente que en la administración de la red se incluye la seguridad de la misma, es decir, la gestión de la seguridad de la red no puede estar aislada de la administración en sí. El mantenimiento de un sistema siempre afecta a alguno de los pilares de la seguridad (cuando se repara una puerta, esta puede quedar abierta).

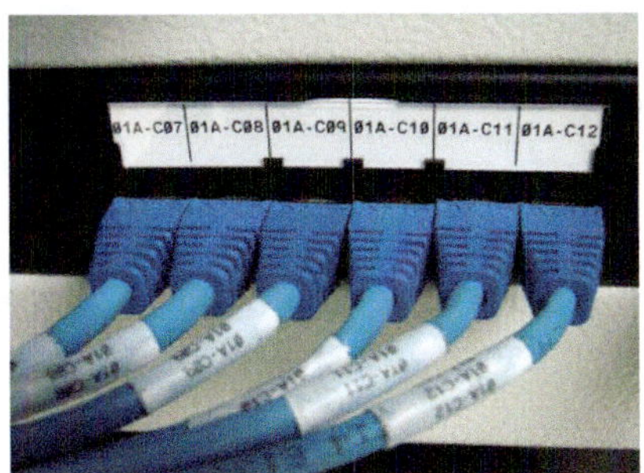

Interior de un armario rack. Por detrás del patch panel irán las conexiones hacia las rosetas de las salas de computadores.

En el mantenimiento de la seguridad se hace hincapié en tres pilares fundamentales: la confidencialidad, la integridad y la disponibilidad.

- **Confidencialidad:** se trata de que la información solo pueda ser comprensible o sea leída por el sujeto o sistema que está autorizado.
- **Integridad:** es la cualidad que posee una información (documento o archivo) que no ha sido alterada y que además permite comprobar que no se ha producido manipulación alguna en la información original.
- **Disponibilidad:** es la capacidad de un servicio, de unos datos o de un sistema a ser accesible y utilizable por los usuarios (o procesos) autorizados cuando estos lo requieran.

Entre los códigos de buenas prácticas el INCIBE (Instituto Nacional de Ciberseguridad) fija otros dos pilares más, que son:

- **Autenticación:** situación en la cual se puede verificar que un documento ha sido elaborado (o pertenece) a quien el documento dice. También es el proceso por el cual se garantiza que alguien es quien dice ser a la hora de acceder a un determinado recurso.
- **No repudio:** servicio que permite probar la participación de las partes en una comunicación, es decir, ninguna de las partes intervinientes puede repudiar su participación en la comunicación. Se habla de no repudio "en origen" o "en destino" en función de que sea el emisor o el receptor el que no pueda repudiar su participación. Es interesante por las connotaciones legales que puede tener.

 Sabía que...

En español, para referirse a los tres pilares de la seguridad se utilizan las siglas CID (Confidencialidad, Integridad, Disponibilidad). El INCIBE habla de CIDAN.

3.5. Mantener un registro de incidentes y solicitudes

Los incidentes pueden ser averías que se producen a lo largo del tiempo, o situaciones anómalas producidas por algún agente inesperado (lo que se llamaría accidente). Estos pueden ser notificados por usuarios, afectados o no, o por programas que están monitorizando la red.

En cuanto a las solicitudes, estas se refieren a las peticiones que realizan los usuarios. Pueden ser quejas por mal funcionamiento, o bien simples peticiones acerca de un servicio nuevo o modificado.

Ninguna situación planteada debe pasar inadvertida. Tanto desde el punto de vista de la seguridad, como sobre todo, desde el punto de vista de la administración, se tiene que mantener una rigurosa base de datos que garantice que se conoce todo lo que pasa en la red. Ahí empieza el dominio sobre ella.

Esta es la tarea del *Help Desk.* Este es un servicio de personas a la escucha de incidencias y notificaciones de usuarios. Su labor es estar pendientes del teléfono y del correo electrónico, además, suelen estar atentos a alguna herramienta monitorizando la red. Si no pueden resolver una incidencia o una consulta, se comunican con otros operarios de mayor nivel o cualificación. A veces tienen autoridad para enviar a alguien al lugar del problema.

Todo ello es importante que se refleje en sus correspondientes registros, donde se indicarán fechas, usuarios, servicios, departamentos y trabajos afectados, así como los procedimientos iniciados para su resolución, responsables de la misma y resultados obtenidos.

Como se ha señalado, esto irá haciendo crecer la base de datos de conocimiento de la empresa.

El lugar donde se suele colocar el *Help Desk* es en el NOC *(Network Operations Center).*

Un Help Desk con operarios a la escucha

Actividades

3. Plantee una empresa imaginaria en la que se produzca un accidente, por ejemplo, relacionado con la red. Intente realizar un diagrama en el que se muestren los pasos a seguir entre la producción del suceso y la creación de un registro con la resolución del incidente.

4. Visión general y procesos comprendidos

De forma general, se puede establecer una clasificación de los diferentes campos sobre los que actuar al administrar la red.

Se pueden escoger muchos modelos para hacer esa clasificación. El modelo **ITIL** *(Information Technology Infrastructure Library)* es un proceso para establecer prácticas de buen uso que determina una clasificación en diferentes **grupos de gestiones.** Sirve para cualquier proceso de negocio relacionado con las tecnologías de la información. De esos grupos se pueden escoger cinco: la gestión de la configuración, la disponibilidad, la capacidad, la seguridad y las incidencias.

Se puede hacer una reseña breve de cada uno de esos procesos de gestión en los que se clasifica la administración general de la red para después hacer un análisis más específico.

4.1. Gestión de la configuración

El propósito de esta gestión es obtener y mantener la información sobre el diseño de la red y su configuración. Se distinguen las siguientes tareas:

- Controlar la base de datos **CMDB** *(Control Management DataBase)* donde se almacenan todas las configuraciones de la red (idealmente de todos los equipos, incluyendo versiones anteriores).
- Suministrar la información necesaria a los restantes elementos de gestión.
- Monitorizar la configuración de los diferentes dispositivos comparándola con la base de datos CMDB. Se contrasta y se solucionan problemas de discrepancia (comprobando que no afecta a otros procesos de gestión).
- Coordinarse con otros sistemas de gestión para resolver los problemas de la red.

Nota

Existen otros sistemas para modelos de gestión además de ITIL, como COBIT, CMMI, PMBOK.

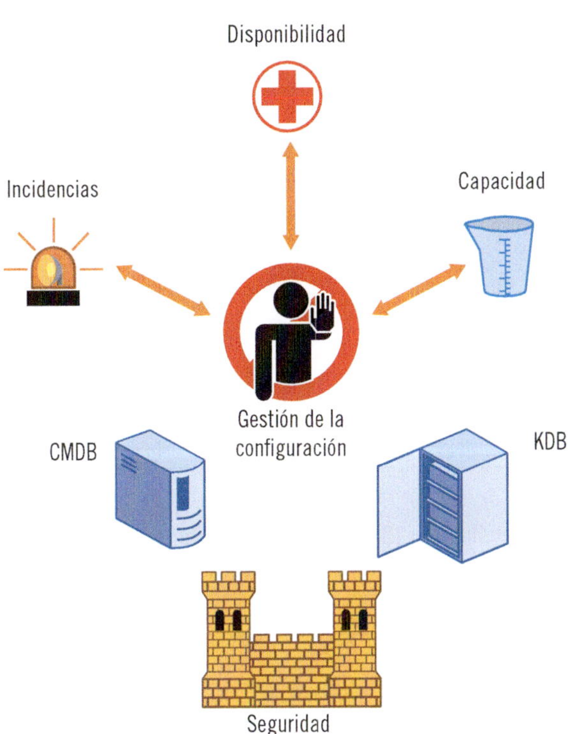

4.2. Gestión de la disponibilidad

Es la responsable de optimizar la red y de la revisión permanente de los servicios que ofrece para que estos funcionen lo más ininterrumpidamente posible y de manera fiable a un coste razonable. Elaborará los planes de contingencia y de mantenimiento preventivo.

El caso es que, a día de hoy, cualquier cliente espera que su red funcione las 24 horas del día, 7 días a la semana, y sin fallos (el llamado servicio 24 x 7), lo cual es evidentemente imposible. En una disponibilidad del 100 % pueden producirse averías, y para reducirlas se suelen hacer paradas de mantenimiento. También existe la necesidad de actualizar elementos, etc. Todo ello se establece en función de lo dispuesto durante la etapa de planificación en el **SLA** *(Service Level Agreement)* de cada servicio.

Definición

SLA

Es el acuerdo de nivel de servicio. Esto es lo que se acuerda con el cliente para garantizar la calidad del servicio. Es importante tener en cuenta las paradas por mantenimiento planificado. Esto dará un cálculo de la disponibilidad de la red.

La disponibilidad suele calcularse con la siguiente fórmula:

Disponibilidad = 100 x Horas de actividad reales / Horas totales disponibles (D = 100 x Hr / Ht)

El número de horas totales para un servicio permanente es de 24 x 7, es decir, 168 horas semanales. Si se hace una parada de mantenimiento de 1 hora semanal se tendría una disponibilidad de 100 x 167 / 168 = 99,4 %.

Si el servicio no es permanente (por ejemplo solo medio día) las horas disponibles son 12 x 7 = 84 horas. La disponibilidad para una parada de una hora diaria será 100 x 83 / 84 = 98,8 %.

En vez de hacer el cálculo por semana puede hacerse mensual o anual para tener una apreciación más aproximada (puede haber paradas cada ciertos meses, por ejemplo).

Las necesidades de disponibilidad variarán dependiendo de la actividad de la empresa. Muchas empresas cierran por la noche o en fin de semana, y no necesitan que sus redes estén disponibles, salvo si hace venta online, tienen trabajadores a distancia, etc.

Actividades

4. Plantee diferentes casos para varias empresas y calcule sus disponibilidades.

4.3. Gestión de la capacidad

Todos los servicios de la red deben contar con los recursos necesarios y suficientes para desempeñar su labor.

Cuando se habla de capacidad se refiere tanto a la velocidad de procesamiento como al almacenamiento de los sistemas de información. Esos recursos, físicamente, se reflejan en microprocesadores cada vez más potentes, memoria RAM, discos duros, discos ópticos y un largo etcétera. Estos son los recursos fundamentales de la red, y se trata de gestionar eficazmente estos recursos.

La mala gestión de dichos recursos puede llevar a un mal funcionamiento, a gastar más de lo necesario o a tener que rediseñar fases que lleven a un sobrecosto de las instalaciones o del mantenimiento. Esto conlleva un descontento de los usuarios y de los clientes.

Para llevar a cabo su labor, la gestión de la capacidad debe:

- Monitorizar, recolectar, registrar y analizar datos de la red para:
- Asegurar que las necesidades de los diferentes recursos estén cubiertas.
- Vigilar el rendimiento de la red.
- Racionalizar el uso de los recursos. Repartir lo que hay disponible entre los diferentes servicios y usuarios.
- Planificar la capacidad en función de los servicios que se ofrecen con una cierta previsión de futuro.

Interior de un disco duro. Si no se gestiona bien, por muy grande que sea su capacidad, acabará llenándose.

Actividades

5. Busque ejemplos en los que una mala gestión de capacidad lleve al descontento de los usuarios y clientes.
6. Explique cómo gestionaría usted sus propios recursos informáticos.

4.4. Gestión de la seguridad

Para la continuidad de la red es sumamente importante cuidar la seguridad. Se puede ver amenazada seriamente si se descuida, incluso puede peligrar la continuidad del negocio de la empresa (por la red circulan los planes de estrategia, por ejemplo). Con la revolución tecnológica, la información se mueve extraordinariamente rápido, y ello hace aún más crítico este tema.

Como se sabe, la seguridad descansa sobre los tres pilares que agrupan el CID: confidencialidad, integridad y disponibilidad.

Recuerde

Los pilares de la seguridad son: Confidencialidad, Integridad y Disponibilidad (CID).

La información debe estar disponible y ser usada por quien esté autorizado para ello.

4.5. Gestión de las incidencias

Se trata de resolver lo antes posible cualquier tipo de percance que haya sufrido la red, manteniendo el servicio activo el mayor tiempo posible.

Dentro de la gestión de incidencias se podría incluir la gestión de problemas, que se encargaría de encontrar y documentar las causas de las incidencias.

Los incidentes serán comunicados por los usuarios o por las aplicaciones de monitoreo que se hayan implementado. El *Help Desk* será el primer elemento que recibirá la notificación de dicho incidente.

Se tienen preestablecidas unas categorías para poder calificar cada incidente por el nivel de su gravedad. Se obrará en consecuencia, pudiendo pasar la incidencia a niveles de responsabilidad más altos para lograr su solución.

El trabajo se desarrolla de la siguiente manera:

- Detectar por monitorización cualquier mal funcionamiento de la red.
- Mantener una escucha sobre los posibles avisos de los usuarios.
- Registrar y clasificar, por orden de importancia o nivel de criticidad, los incidentes detectados.
- Asignar personal y recursos necesarios para resolver la situación.

Por otro lado, en lo que se puede llamar gestión de problemas, se intentará prevenir las incidencias, eliminar sus causas subyacentes y su repetición, y minimizarlas si no es posible su eliminación total.

Para todo esto y lo anterior es necesario mantener un registro histórico, en forma de base de datos, con todos los incidentes ocurridos y su solución.

Flujo de trabajo de gestión de incidencias

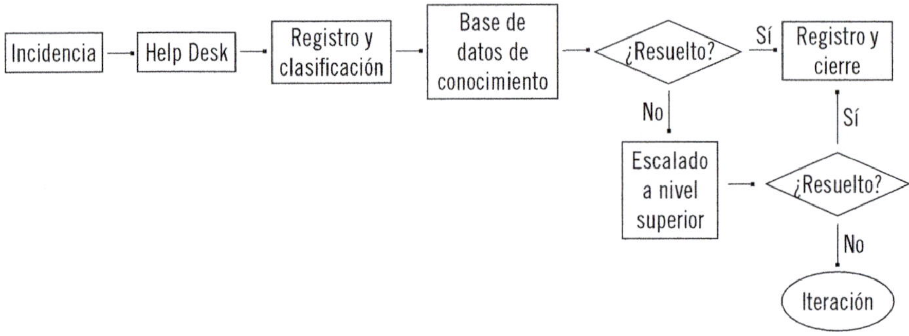

Actividades

7. Siguiendo los pasos señalados anteriormente, realice un simulacro de incidente en el cual deba dar respuesta a un usuario que ha tenido un problema.

5. El centro de operaciones de red

El centro de operaciones de red (NOC) es el centro neurálgico de la administración de la red.

Normalmente se encontrará en una sala perfectamente comunicada por medio de conexiones redundantes, tolerante a fallos y con los sistemas y personas que permitan que las funciones del centro se realicen con normalidad.

5.1. Explicación de sus funciones

Es un punto crítico para la red por lo que deben idearse soluciones de redundancia por si dejase de funcionar. Muchas empresas contratan el centro de operaciones como un servicio externo, con lo que ya no se preocupan por su mantenimiento. Todo depende del dinero disponible y de lo que se considere de importante el NOC. Crear una réplica exacta sería lo mejor y más caro, o se podría optar por una réplica con solo el material.

Su función principal, en general, es monitorizar y gestionar la red. De manera más detallada:

- **Gestionar las averías:** aquí se encontrará el *Help Desk* que dará respuesta a las averías detectadas, tanto por los avisos de los usuarios, como por los sistemas de detección automática.
- **Llevar estadísticas sobre el estado de la red y su comportamiento:** mediante la monitorización se reciben muchos datos. Esos datos pueden ser almacenados para realizar las estadísticas necesarias, tanto para presentar balances sobre averías, como de tipos de tráfico, épocas de mayor y menor actividad, previsiones de futuro, etc.
- **Mantener información sobre el funcionamiento actual de la red:** se necesita estar al día en todo momento. Cualquier incidencia puede precisar de una acción inmediata, y esta puede no ser eficaz si no se conoce el estado real de la red en ese momento.
- **Mantener información sobre su configuración:** la configuración de los dispositivos de red debe almacenarse por diversos motivos:
  - Para que se pueda recuperar en caso de fallo.
  - Para comprobar posibles errores.
  - Para poder hacer laboratorios experimentales fuera de la red.
- **Mantener información sobre la opinión y quejas de los usuarios:** esta es una de las vías de enriquecimiento de la base de datos de conocimiento (KDB) de la empresa.
- **Llevar una planificación sobre su evolución:** basada en los datos estadísticos y en las previsiones sobre las necesidades futuras, que se fundarán en los adelantos tecnológicos que se vayan produciendo.

- **Mantener la documentación sobre todo lo anterior:** se contará con una base de datos actualizada a la que poder acudir cuando lo precisen los diferentes sistemas de gestión.

Nota

La KDB (Knowledge DataBase) es uno de los elementos centrales de la administración de la red. Un correcto mantenimiento de la misma es fundamental para el éxito final. No se debe confundir con la CMDB (Control Management DataBase).

Aplicación práctica

Una de las situaciones más dramáticas que se pueden dar para una red es que el NOC deje de funcionar. ¿Qué opciones existen para que la red se mantenga funcionando?

SOLUCIÓN

Parte de la red funcionará con normalidad, pero está comprometida toda la estructura que se ha planteado. Las alternativas para que el sistema siga sin problemas pueden ser las siguientes:

- Tener el servicio subcontratado: la responsabilidad recae sobre un tercero que se preocupará de resolver el problema.
- Tener una réplica del NOC en otra parte plenamente funcional: así cuando se cae el "original" entra en funcionamiento el de reserva. El coste es lo que limita esta opción. Habrá que sopesar riesgos y beneficios.
- Tener una réplica, pero no funcional: se cuenta con los recursos materiales listos, pero para entrar en funcionamiento hay que arrancar el sistema y llevar los recursos humanos necesarios. Es algo más barato que el anterior.
- Tener una réplica parcial y una subcontrata parcial: algo intermedio entre las soluciones anteriores.

Actividades

8. A su juicio, ¿cuáles son las informaciones que deberían almacenarse en la KDB?
9. Intente elaborar una lista con las diferentes opciones de bases de datos existentes en el mercado.

6. Gestión de la configuración

Se trata de que la configuración de la red se mantenga actualizada y disponible para que los demás sistemas de gestión puedan utilizarla. Se podría decir que es el núcleo del sistema.

6.1. Explicación de los objetivos

El núcleo en torno al que gira la gestión de la configuración es la CMDB. Su finalidad es mantener una base de datos de activos: *hardware, software,* documentos y sus relaciones.

Los objetivos de la gestión de la configuración son:

- Proporcionar información sobre la configuración de los dispositivos de red actualizada y fiable al resto de la empresa.
- Suministrar información sobre cada responsable y cómo localizarlo.
- Mantener actualizada la Base de Datos de Configuraciones (CMDB) que contendrá atributos sobre los datos. Estos son:
  - Inventario: registros actualizados de todos los dispositivos indicando su ubicación, tipo (si es un *router,* un servidor, un PC, etc.), estado actual (si está caído, en reparación, activo, etc.) versión de *software,* fechas (última actualización, creación, etc.) y toda información que se pueda considerar interesante sin olvidar todo lo relativo al NOC.

- Un árbol con interdependencias: puede partir de un plano lógico del diseño. Es la interrelación entre los dispositivos administrados.
- Conexiones con el exterior (generalmente internet, aunque puede haber conexiones directas entre delegaciones, líneas alquiladas, etc.) y en la red local.
- Servicios que prestan los diferentes servidores. Albergan los servicios fundamentales para el funcionamiento de la red.
- Documentación de todo tipo. Es un bien muy necesario para la empresa.

- Servir de apoyo a los otros procesos.
- Mantener un control operacional sobre los dispositivos:

  - Modificar configuraciones.
  - Arrancar o parar servicios.
  - Actualizaciones.

Lo que se espera lograr con esos objetivos es:

- **Resolver rápidamente los problemas:** redunda en un ahorro de recursos, se consigue una mayor calidad del servicio y se mantiene este activo el mayor tiempo posible.
- **Aprovechamiento de recursos:** evitar incompatibilidades que se producen por diferentes dispositivos de distintos fabricantes, obsolescencia de *drivers,* tomar medidas preventivas en horas de máxima actividad, etc. Conociendo todos los elementos de configuración y sus interrelaciones se podrá responder de manera más efectiva a los problemas que surjan, o se realizarán cambios con más garantías (de manera que no se generen nuevos problemas).
- **Reducción de costes:** evitar tener servicios duplicados innecesariamente o material infrautilizado, además del ahorro de tiempo en resolución de problemas.
- **Control del estado de las licencias:** evitar que se produzcan cortes de servicio por la caducidad de las licencias de *software,* o que se incumplan requisitos legales.
- **Mayor seguridad:** detectar vulnerabilidades en la infraestructura por falta de actualizaciones, por ejemplo.

Actividades

10. Intente elaborar una lista de factores problemáticos o de inconvenientes que puedan impedir la correcta implantación de una gestión de la configuración.

Aplicación práctica

Las empresas en general, y las tecnológicas en particular, pueden tener muchas infraestructuras de red, con lo cual, si se incluyese todo en la CMDB, esta podría alcanzar un tamaño excesivo que hiciese costoso y complicado su manejo. ¿Cuáles deberían ser los datos imprescindibles que debería incluir la base de datos CMDB?

SOLUCIÓN

Puede empezarse la implantación de un sistema de gestión incluyendo solo los elementos imprescindibles:

- Servidores de red: son los equipos que dan el soporte a todos los servicios que ofrecerá la red.
- Conexiones con el ISP (Internet Service Provider): es el proveedor de servicios de internet, la compañía que da suministro a la empresa hacia el exterior. De existir otras conexiones (conexiones arrendadas, líneas directas, etc.) deben tenerse también en consideración.
- El NOC (Network Operations Center): es el centro neurálgico, y por lo tanto, imprescindible. Todo lo que contenga debe tenerse en cuenta (equipos, conexiones, etc.).
- Documentación sobre la red: con todo lo referente a seguridad, planificación, planos de red, contratos, etc.
- Lo que queda fuera son los PC de los usuarios/empleados, infraestructura general (cableados, switches, etc.), periféricos, etc.
- Con el tiempo, y mejorando los equipamientos de la red y la experiencia sobre ella, se puede ir planteando incluir más cosas siempre probando que la CMDB crezca sin problemas.

6.2. Enumeración de las actividades

Las actividades que se desarrollan durante la gestión de configuración se pueden desglosar en los siguientes puntos:

- **Planificación:** se determinan los objetivos, los planes de mantenimiento y los sistemas de nombres que empleará la gestión de la configuración.
- **Clasificación:** los dispositivos de red deben clasificarse mediante un esquema de nombres coordinado para poder localizar todo fácilmente. Se tendrá en cuenta el nivel de importancia y de detalle para cada dispositivo (no todos los detalles de un dispositivo tienen relevancia. Una base de datos excesivamente grande puede no ser operativa).
- **Control:** todos los dispositivos estarán registrados y autorizados en la base de datos conforme al convenio de nombres preestablecido.
- **Monitorización:** se monitorizan los dispositivos para conocer su estado actual.
- **Auditoría:** es una forma de asegurar que la información almacenada en la CMDB coincide con la configuración real que debe tener la red de la empresa.
- **Elaboración de informes:** para evaluar el rendimiento de la gestión de la configuración, elaborar estadísticas, y enviar información a otros órganos de gestión.

Ejemplo

Durante la planificación de la gestión de la configuración se determina el nivel de detalle de los registros que almacenan información de los recursos. Ello dependerá del nivel de importancia que se otorgue a esos recursos y de la política de la empresa. Así se definen los atributos a almacenar. En este ejemplo se tienen los atributos “Nombre del equipo”, “Placa base”, etc.

Ejemplo de información de un dispositivo
Nombre del equipo: Alumno6 **Placa base:** x64-based PC **Procesador:** Intel(R) Core(TM)2duo CPU E7400 @ 2.80 GHz (1 Procesador) **Memoria RAM:** 1 GB **Disco duro:** 1 disco duro de 30 GB **Tarjeta gráfica:** VirtualboxGraphicAdapter **Adaptador de audio:** Dispositivo de High Definition Audio **Adapatador de red:** Virtual Box Host-Only Ethernet Adapter (tarjeta virtual) **Unidad de cd:** VBOX CD-ROOM ATA Device

6.3. Identificación y comparación de herramientas comerciales y de código abierto

En este apartado se pueden ver unas cuantas herramientas que servirán, por un lado, para hacer la gestión de configuraciones y, por otro lado, para llevar el mantenimiento de diferentes versiones de sistemas.

Herramientas comerciales

Las herramientas comerciales tienen el inconveniente de su precio, habría que compararlo con el coste de implantación de herramientas libres, aunque las comerciales, en este caso, también tienen cierto costo de implantación por ser herramientas que, por su naturaleza, necesitan personal especializado. Se pueden destacar:

- *Omada Software Controller de tp-link*
- *HP BTO Software, de Hewlett Packard.*

Página principal de gestión de router usando el software Omada que permite controlar hasta 1.500 puntos de acceso desde la misma aplicación.

Software libre

Las herramientas de *software* libre para la gestión de la configuración se basan en dos sistemas: *CVS (Concurrent Versions Systems)* y *Subversion.* Son dos sistemas pensados para control de versiones de todo tipo de *software,* que también funcionan como herramientas de gestión pero que carecen de cierta ergonomía o facilidad de uso, por lo que a partir de ellos se desarrollan otros con interfaces más amigables, destacando los siguientes:

- *RANCID.*
- *WebSVN.*
- *Kali Linux.*

Escritorio de Kali Linux

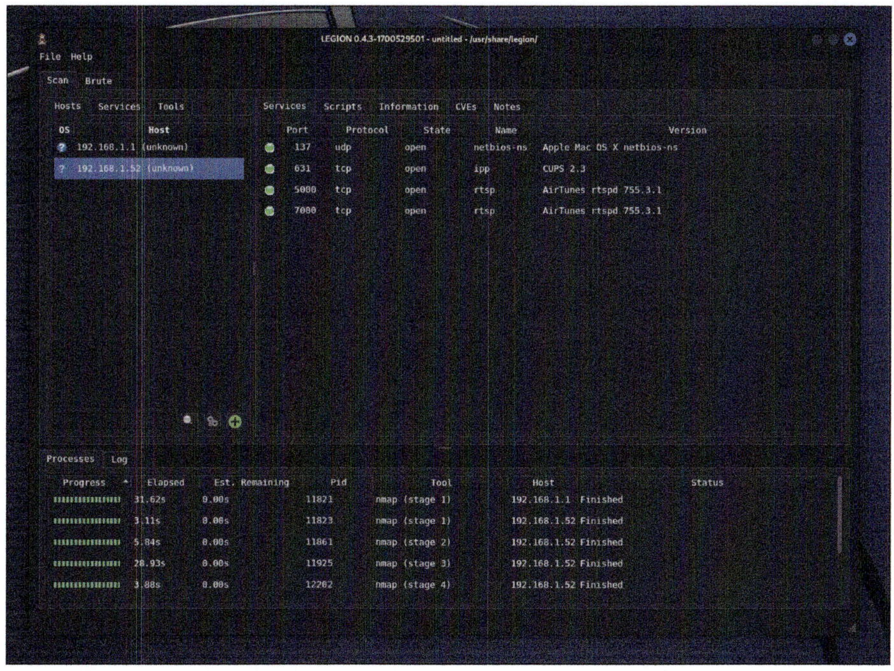

Aplicación de monitorización incluida en Kali Linux

Actividades

11. Investigue qué otras herramientas se pueden encontrar.

7. Gestión de la disponibilidad

Como ya se ha mencionado, la gestión de la disponibilidad se responsabiliza de mantener disponibles todos los servicios que ofrece la red para todos los usuarios autorizados durante todo el tiempo planificado.

7.1. Explicación de los objetivos

El objetivo primordial es mantener la red en servicio.

En ocasiones parte de la red, o toda, se subcontrata con terceros (un ejemplo clásico es la contratación de la conexión a internet). Habrá que tener en cuenta los compromisos con esa o esas empresas contratadas ya que afectarán a las posibilidades de disponibilidad de la empresa.

Se pueden distinguir los siguientes objetivos:

- Determinar los requisitos de disponibilidad. Formaría parte de la fase de planificación de la red.
- Conseguir fiabilidad: mantener los servicios el mayor tiempo posible funcionando. Se deben probar los niveles de disponibilidad establecidos en cada SLA. Se harán pruebas de funcionamiento frecuentes. Esto garantiza que se cumplan las expectativas de los usuarios, siempre que estos estén informados del alcance y uso de los servicios disponibles.
- Monitorizar la disponibilidad de los diferentes servicios. Si no se averigua si algo funciona, no se puede garantizar que lo esté haciendo.

- Intentar mejorar siempre los niveles de disponibilidad, buscando acercarse al 100 %. Esto es un ideal, pero garantiza que se busca lo mejor posible.

Aplicación práctica

Si se tiene un servicio, por ejemplo de correo electrónico, en el que se compromete una disponibilidad del 98 %, ¿cuántas horas al mes se puede quedar el servicio "caído"? ¿Cuántas en el caso de que fuese de un 96 %?

SOLUCIÓN

Suponiendo un servicio 24 x 7, es decir, todo el día cualquier día de la semana, se tiene un total de 24 x 7 x 30 = 5040 horas al mes de servicio.

Utilizando la fórmula:

$$100 \times Hr / Ht = D$$

Siendo:

- Hr = horas reales de servicio.
- Ht = horas totales.
- D = disponibilidad en %.

Se tiene que las horas reales serán: Hr = D x Ht / 100

- Para D = 98 % se obtiene: Hr = 98 x 5040 / 100 = 4939,2 horas reales.
- Luego las horas de parada serán: 5040 – 4939,2 = 100,8 horas.
- Para D= 96 % resultan: Hr = 96 x 5040 / 100 = 4838,4 horas reales.

Y queda: 5040 – 4838,4 = 201,6 horas de parada.

Como se observa, un par de puntos porcentuales implican bastantes horas de diferencia.

Recuerde

Hay un compromiso sobre el tiempo de disponibilidad especificado en la SLA (Service Level Agreement) de cada servicio.

7.2. Enumeración de las actividades

Las distintas actividades que se pueden distinguir dentro de la gestión de la disponibilidad son: planificación, mantenimiento, monitorización, informes y estadísticas.

Planificación

Durante los inicios del ciclo de vida de las redes se encuentra la fase de planificación.

Al inicio de la gestión de la disponibilidad se elabora un **plan de disponibilidad.** En dicho plan deben recogerse los siguientes aspectos:

- Previsión de las necesidades de disponibilidad: aquí se establece también la disponibilidad actual. Se planificará un programa de pruebas a realizar y el protocolo a seguir en ellas.
- Sistemas de monitorización de la disponibilidad y herramientas de análisis: para poder realizar las actividades que se requieren hay que definir con qué herramientas se actuará.
- Criterios que se utilizarán para definir la disponibilidad: qué se considerará aceptable, siempre dentro de las SLA, y objetivo deseable a alcanzar.
- Planes de mantenimiento y recuperación: esto se coordina con la planificación de otros sistemas de gestión. Incidirá en las paradas reflejadas en las SLA.
- Planes de mejora: el espíritu de todo sistema ha de ser mejorar, no evolucionar es ir hacia atrás.

Mantenimiento

Las paradas por mantenimiento son la principal causa de descenso en la disponibilidad. Una programación de dichas paradas debe tener en cuenta los volúmenes de trabajo y escoger los momentos de menor actividad. Así se puede hablar de un subsistema de gestión de interrupciones por mantenimiento.

Otra tarea importante es la coordinación con la gestión de seguridad, pues se producen muchas vulnerabilidades durante las paradas (lagunas de seguridad, accesos sin autenticar, etc.) por parar un servidor de seguridad, por ejemplo.

Monitorización

Durante esta actividad se elaboran los informes necesarios para la mejora del servicio y la planificación de paradas. Además, la monitorización puede avisar de fallas en la disponibilidad de la red.

Durante las averías puede interrumpirse el servicio. Hay que definir los tiempos de inactividad para que los informes obtenidos ayuden a tomar decisiones y reelaborar planes.

Informes y estadísticas

Al final se realizan informes para sacar conclusiones, ayudados por estudios estadísticos. Mediante la información recopilada se tomarán decisiones para modificar los planes de disponibilidad si fuese necesario. Los gráficos de actividad, por ejemplo, ayudarán a ver los momentos de mayor demanda de servicios.

Esta información se realimenta constantemente para mantener la disponibilidad en los niveles requeridos.

Flujo de la gestión de la disponibilidad

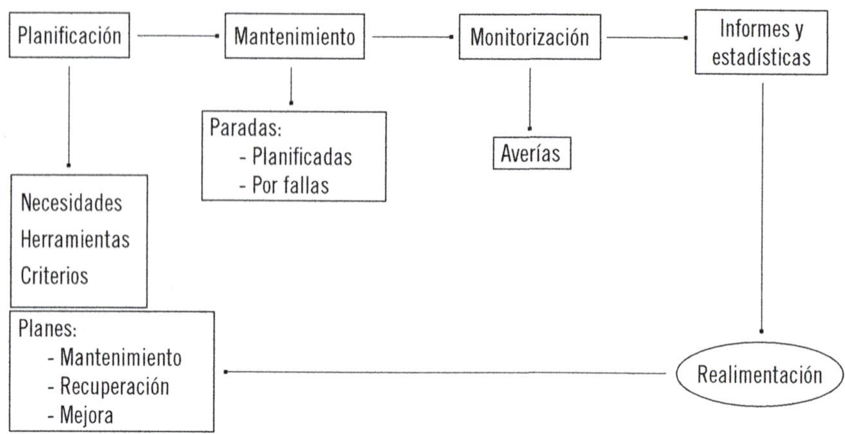

Actividades

12. Elabore una lista de servicios de red de una determinada empresa y determine cuáles deberían calcularse con disponibilidades de 24 x 7, 12 x 5, u otras. Plantee diferentes escenarios.

8. Gestión de la capacidad

La gestión de la capacidad se encarga de los recursos, entendiendo como tales la velocidad de procesamiento y la capacidad de almacenamiento de los equipos y la infraestructura que conforma la red, permitiendo el funcionamiento normal de la misma.

8.1. Explicación de los objetivos

Sus objetivos son los siguientes:

- Analizar la evolución de la tecnología para aprovechar sus ventajas en caso de que resulten interesantes.
- Hacer previsiones sobre las necesidades actuales y futuras de capacidad en función de los servicios y su evolución. Puede tener un impacto muy negativo que haya un desbordamiento de la capacidad repentino, sin tener planificada una intervención al respecto. Para esto es necesario la coordinación con otros equipos de gestión, por ejemplo el de seguridad.
- Monitorizar el rendimiento de la red y analizar su evolución. Esto puede formar parte de las previsiones de capacidad.
- Realizar pruebas experimentales y laboratorios con diferentes escenarios para prevenir posibles situaciones problemáticas.
- Racionalizar el uso de los recursos de acuerdo con los requerimientos de los diferentes servicios. Para ello se debe planificar la capacidad necesaria de cada uno de ellos.

Ejemplo

Una empresa puede tener bien cubiertas sus necesidades actuales de capacidad, pero puntualmente pueden surgir momentos en los que se supere. Un ejemplo puede ser el caso de una multiconferencia que agrupe a multitud de usuarios. El ampliar la capacidad por algo puntual puede ser caro e innecesario. Si se prevé a tiempo se puede sacrificar algún otro servicio temporalmente para dar satisfacción a esa demanda puntual, si es posible.

Actividades

13. Busque ejemplos en los que se mejora la capacidad de una empresa redistribuyendo eficazmente los recursos entre diferentes servicios.

8.2. Enumeración de las actividades

Dentro de la gestión de la capacidad se distinguen las actividades que se describen a continuación.

Planificación

Elaboración de un plan de capacidad que permita proporcionar los servicios con la calidad definida en los SLA. Incluye la creación y posterior mantenimiento de la Base de Datos de Capacidad (CDB).

El plan de capacidad tendrá toda la información sobre la capacidad de la infraestructura de la red, previsiones sobre necesidades futuras y cambios necesarios en función de dichas previsiones.

Asignación de recursos

Asignar recursos (materiales y humanos) a cada servicio para su correcto desempeño. Se deberán tener en cuenta los niveles de servicio acordados. Así mismo se tendrá en cuenta el impacto que pueda tener la introducción de cambios.

Simulación

Elaboración de modelos de capacidad para plantear diversos escenarios y ponerlos a prueba. Se obtendrán informes en los que basar decisiones sobre la modificación de la capacidad.

Monitorización

Verificación del uso y del rendimiento de la red con la infraestructura actual. También se monitorizan las simulaciones para obtener los informes antes mencionados.

Debe realizarse en toda clase de condiciones (incluso en condiciones extremas) para garantizar el correcto funcionamiento de la red.

```
Roberto-Perez-Huguet:~ robertoperezhuguet$ ping google.com
PING google.com (142.250.200.142): 56 data bytes
64 bytes from 142.250.200.142: icmp_seq=0 ttl=117 time=13.092 ms
64 bytes from 142.250.200.142: icmp_seq=1 ttl=117 time=12.896 ms
64 bytes from 142.250.200.142: icmp_seq=2 ttl=117 time=13.066 ms
64 bytes from 142.250.200.142: icmp_seq=3 ttl=117 time=13.150 ms
64 bytes from 142.250.200.142: icmp_seq=4 ttl=117 time=13.120 ms
64 bytes from 142.250.200.142: icmp_seq=5 ttl=117 time=13.070 ms
64 bytes from 142.250.200.142: icmp_seq=6 ttl=117 time=12.885 ms
64 bytes from 142.250.200.142: icmp_seq=7 ttl=117 time=13.511 ms
64 bytes from 142.250.200.142: icmp_seq=8 ttl=117 time=12.806 ms
64 bytes from 142.250.200.142: icmp_seq=9 ttl=117 time=12.991 ms
64 bytes from 142.250.200.142: icmp_seq=10 ttl=117 time=13.098 ms
64 bytes from 142.250.200.142: icmp_seq=11 ttl=117 time=12.900 ms
64 bytes from 142.250.200.142: icmp_seq=12 ttl=117 time=12.959 ms
64 bytes from 142.250.200.142: icmp_seq=13 ttl=117 time=13.182 ms
64 bytes from 142.250.200.142: icmp_seq=14 ttl=117 time=12.951 ms
```

Se puede someter a un servidor a pruebas de estrés, y por otro lado, comprobar con el comando ping cómo afecta a los tiempos de respuesta.

Mejora

Con la información obtenida (monitorización y simulación) se redefine la infraestructura para mejorar su rendimiento. Si no hay nada que mejorar se pueden hacer previsiones de futuro. Así puede evitarse que la red quede obsoleta de forma inesperada.

Gestión de la demanda

Influir sobre la demanda procurando repartir los recursos de forma lógica y coordinada con otros sistemas de gestión. Se trata de evitar que haya servicios o usuarios que "abusen" de la capacidad disponible. También tiene en cuenta los resultados de la monitorización y la simulación. Se encarga de la redistribución de la capacidad en caso de avería para asegurar la supervivencia de los servicios críticos (o que estos funcionen bajo un mínimo aceptable). Partiendo del ancho de banda disponible se calculan los anchos de banda que reclama cada servicio, y se procura repartir a lo largo del tiempo, si se puede, dichos servicios.

Por ejemplo, con un ancho de banda de 1 Mb/s se tarda 8 segundos aproximadamente en transmitir 1 MB de información.

Actividades de la gestión de la capacidad

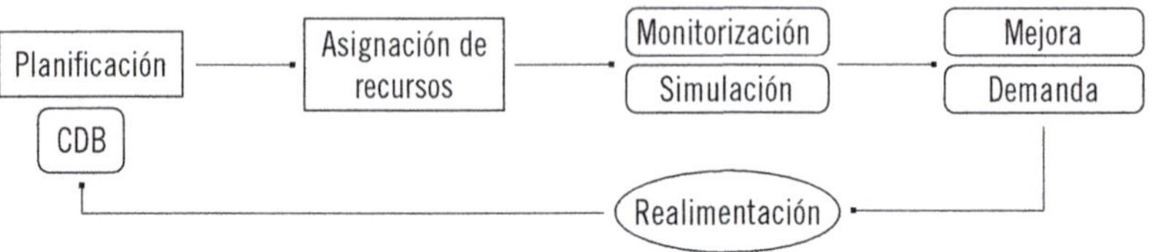

Aplicación práctica

Una empresa de *marketing* posee varios servicios de red que colapsan la red durante las primeras horas de la mañana. ¿Cómo podrían gestionarse las horas punta?

Los anchos de banda y consumos de los diferentes servicios registrados mediante monitorización son los siguientes:

Ancho de banda: 2 Mb/s.

Correo electrónico: envío masivo a 10.000 clientes de correos de 100 kB.

Copias de seguridad: se realiza una copia de unos 100 MB.

Tramas DHCP: arranque de 300 equipos. Se calcula que alrededor de 100 lo hacen de forma simultánea provocando picos de 50 kB.

Actualizaciones de software de 100 kB para los 300 equipos.

Diversos protocolos de monitorización, tramas cada 2 o 30 segundos de 1 kB aproximadamente.

¿Se tendrá que ampliar el ancho de banda de la red?

Continúa en página siguiente >>

<< Viene de página anterior

SOLUCIÓN

En este caso, es más práctico gestionar mejor el ancho actual.

El envío de correo acarrea un tráfico de unos 1.000 MB aproximadamente (100 kB x 10.000), lo que daría más de una hora (2 Mb/s suponen 4 segundos por 1 MB) ocupando todo el ancho de banda. Lo más lógico es ir espaciando el envío a lo largo del día, o iniciarlo unas horas antes de empezar el trabajo de la mañana.

En cuanto a la copia de seguridad, esta supone unos 7 minutos para su transmisión (100 MB hacen 400 segundos). No parece que sea necesario hacerlo por la mañana, se puede hacer en horas de mínimo impacto.

El trasiego de tramas DHCP parece inevitable, y no es excesivo. Lo mismo se puede decir de los protocolos de monitorización.

Las actualizaciones de *software* se pueden realizar en poco más de 2 minutos. Si se espacian durante la mañana su impacto será mínimo, o también se puede buscar una hora (la del desayuno, por ejemplo) en la que tenga menos impacto.

---

9. Gestión de la seguridad

La seguridad es un sistema que no proporciona ninguna ventaja añadida a la red, pero evidentemente es imprescindible para mantener su funcionamiento. Desde cualquier punto de vista, haya o no haya amenazas, y aunque esté muy bien diseñada funcionalmente la red, sin un sistema de seguridad no se puede estar "seguro" de que todo funcione correctamente, y lo siga haciendo.

9.1. Caracterización de la seguridad de la información como la garantía de su disponibilidad, integridad y confidencialidad

La seguridad no es solo evitar los posibles ataques de un *hacker,* que es lo que se suele pensar. El entorno de la seguridad se subdivide en tres pilares dependiendo de los posibles problemas que puedan producirse. Estos pilares se describen a continuación.

Disponibilidad

Consiste en mantener disponibles los servicios de la red. Dichos servicios pueden dejar de estar disponibles por multitud de razones: ataques de malhechores, averías, malas configuraciones, etc.

Ejemplo

Un ataque típico contra la disponibilidad es un DoS (Denied of Service) o denegación de servicio. Puede lograrse de diversas formas, la más típica es atascando con múltiples peticiones al servidor hasta que este se colapse.

Integridad

Aquí se trata de mantener la información tal como es, sin alteraciones de ningún tipo que puedan dar lugar a errores. También hay muchas situaciones que pueden llegar a poner en peligro la integridad de los datos, pudiendo ser por accidente, intencionado o no. Por ejemplo, al interceptar un cheque se podría cambiar el nombre del beneficiario.

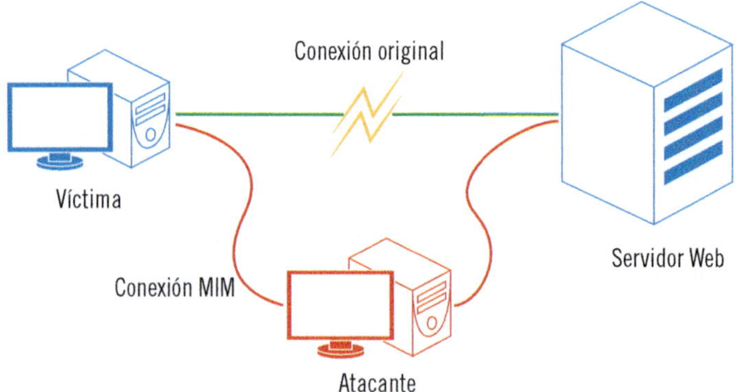

Un ataque típico contra la integridad es el denominado "hombre en el medio" o MIM (Man in the middle). Se intercepta la comunicación para alterarla.

Confidencialidad

La confidencialidad consiste en que la información solo sea accesible a quien esté autorizado. Rara vez es por accidente, aunque podría ser por descuido. Normalmente alguien accede de alguna forma ilegal, por fallo en la configuración o por vulnerabilidad del sistema. Es uno de los ataques que puede hacer el *"Man in the Middle"*.

Nota

La confidencialidad se puede perder por errores del estilo "me dejé la puerta abierta", o por espiar por encima del hombro.

Actividades

14. Busque ejemplos de diferentes ataques que se puedan hacer contra la disponibilidad.
15. Haga lo mismo en lo que se refiere a la integridad y a la confidencialidad.

9.2. Explicación de los objetivos de la gestión de seguridad

Los **objetivos** de la gestión de la seguridad son:

Diseñar una política de seguridad con el compromiso de la dirección de la empresa y con la colaboración de clientes, proveedores y empleados: la seguridad, para que funcione, debe estar presente en cada apartado de la actividad de la empresa. Existe el riesgo de los agujeros de seguridad, que pueden ser descubiertos por la mera observación de alguien "no encargado" de la seguridad.

Asegurar el cumplimiento de las políticas de seguridad establecidas: las políticas de seguridad se hacen para cumplirlas, por eso es imprescindible la implicación de los agentes afectados por ellas, que son todos los miembros de la empresa en sus diferentes ámbitos.

Minimizar los riesgos de seguridad que amenacen la continuidad de los servicios: los riesgos no siempre pueden eliminarse (vivir en zona sísmica), pero se puede intentar reducirlos (normas constructivas severas).

Nota

La seguridad no es tarea única de los empleados de seguridad.

9.3. Referencia y explicación de los objetivos de control incluidos en el control 10.6 de la norma ISO 27002

La norma ISO *(International Organization for Standardization)* 27000 es un conjunto de normas o estándares que abordan la gestión de la seguridad. En la **27001** se establecen los estándares de cómo se debe abordar la seguridad. Estos estándares pueden certificarse de forma que una empresa tenga un reconocimiento en cuanto a seguridad se refiere, o bien que un gobierno exija dicha certificación. En la **ISO 27002** se recoge un guión recomendado sobre las buenas prácticas a seguir en seguridad. Como recomendación que es, no implica obligación alguna ni certificación en sí.

El **control 10.6** de la citada norma hace referencia a la gestión de las redes.

En este control se fijan los siguientes conceptos:

- **Objetivo:** proteger la información y la infraestructura de red.
- **Gestión:** administrar la infraestructura de la red con atención al flujo de datos (de dónde salen, hacia dónde van) con sus implicaciones legales

(diferentes administraciones locales y nacionales), atención en España a la LOPDGDD (Ley Orgánica de Protección de Datos Personales y garantía de los derechos digitales), atención a los datos sensibles, etc.

Sabía que...

Las siglas de ISO (Organización Internacional de Normalización) se corresponderían en inglés con IOS, pero se escogió ISO por la expresión griega "isos" que significa "igual". Así, en la traducción a cualquier lengua se puede ver ISO en todos los organismos internacionales.

El control 10.6 se subdivide a su vez en otros dos:

- El **10.6.1,** sobre los controles de red. Se determina lo siguiente:
    - Controles: implantar procedimientos de seguridad. Por ejemplo, controles de salvaguarda de la confidencialidad, integridad y disponibilidad de datos y servicios.
    - Establecer responsabilidades en el uso de equipos remotamente. Siempre es deseable que haya alguien responsable desde el punto de vista de la seguridad. En la norma 27001 ya se indica en el equipo local.
    - Registro: se debería registrar la actividad que tuviera relevancia con respecto a la seguridad. Por ejemplo, tomar nota de quiénes acceden a un determinado archivo.
    - La gestión de seguridad debe estar coordinada con el resto de la empresa.
- El **10.6.2,** sobre seguridad de los servicios de red. Se establece:
    - En los contratos de red se deben identificar los requerimientos y niveles de servicios.

- Se debería monitorizar habitualmente la red, así como auditarla para descubrir los niveles de cumplimiento de las normas y los acuerdos (se negociaría con los proveedores de servicios externos de la red). Sería una forma de asegurar que los proveedores aplican normas de seguridad.
- Deberían utilizarse, por ejemplo, programas que buscan vulnerabilidades, sistemas de detección o prevención de intrusiones (sus siglas del inglés IDS e IPS), analizadores de red, *firewalls,* antivirus, etc.
- Aplicación de controles de autenticación, conexión y codificación. Se podría estudiar la encriptación de las comunicaciones.
- Restricciones a servicios o aplicaciones especialmente sensibles.

Nota

Se puede ver un resumen de los controles de la norma en: <http://www.iso27000.es/>.

9.4. Enumeración de las actividades

Las actividades en que se puede dividir la gestión de la seguridad se describen a continuación.

Planificación

Durante esta fase se elaboran las políticas de seguridad de la empresa. Hay que elaborar un plan de seguridad que incluya:

- Características de los sistemas a proteger.
- Identificación de amenazas y estimación de riesgos.
- Estimación del actual estado de seguridad.
- Definición de procedimientos a seguir y medidas de seguridad a tomar.

Implementación

El plan de seguridad una vez establecido debe desarrollarse y llevarse a cabo:

- El personal debe conocer y aceptar la política de seguridad de la empresa comprometiéndose por escrito. Se deben firmar acuerdos de confidencialidad donde se definan los niveles de responsabilidad según el cargo desempeñado.
- Se impartirá la formación necesaria a toda la plantilla.

Evaluación

Por medio de pruebas y monitorización del comportamiento del plan. Supervisión de los niveles de seguridad analizando tendencias, nuevos riesgos y vulnerabilidades. Esas vulnerabilidades pueden ser utilizadas para hacer ataques mediante *"exploits"*.

Definición

Exploit
Es un programa o trozo de código que sirve para "explotar" las vulnerabilidades de seguridad que presentan los programas. Suelen evitarse con actualizaciones o parches.

Mantenimiento

Se deben realizar comprobaciones periódicas mediante auditorías de seguridad. Cada cierto tiempo se descubren nuevas vulnerabilidades de sistemas y aplicaciones, por ello también es importante la consulta de boletines de seguridad.

Actividades de la gestión de seguridad

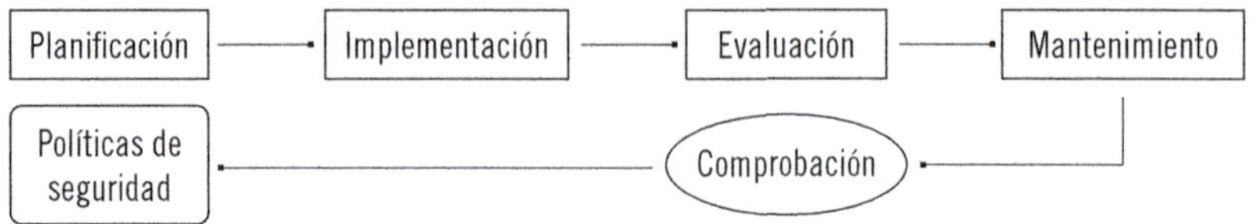

Nota

Existen numerosos boletines de seguridad, muchos de ellos gratuitos, para mantenerse informado. Se pueden consultar los siguientes:

- Microsoft: <http://technet.microsoft.com/es-es/security/bulletin>.
- CCN-CERT Centro Criptológico Nacional <https://www.ccn-cert.cni.es/es/>.
- Ciclo de vida de los productos y servicios de Microsoft: <https://learn.microsoft.com/es-es/lifecycle/products/>.
- Enlaces a diversos boletines: <https://www.elhacker.net>.

9.5. Recomendaciones básicas de buenas prácticas

Como regla general, las medidas de seguridad deben justificarse y no incluir acciones demasiado complejas cuya realización dependa de un usuario sin conocimientos. También hay que tener en cuenta, como una de las mejores prácticas en seguridad, el sentido común (no informar de la contraseña a nadie, etc.).

La seguridad debe englobar los siguientes aspectos:

- Seguridad física:
  - Controles de acceso físico a los sistemas (cerraduras, vigilantes, cámaras).
  - Condiciones ambientales: seguridad contra accidentes (incendios, inundaciones, etc.), seguridad contra defectos eléctricos (uso de SAI, Sistema de Alimentación Ininterrumpida).

    - Redundancia de equipos ante fallos de *hardware* (uso de RAID, *Redundant Array of Independent Disks,* etc.).
    - Eliminación segura de información, destrucción de soportes.

- Seguridad lógica:

    - Controles de acceso lógico, identificación y autenticación (claves de acceso, uso de tarjetas, etc.), limitaciones de los servicios (no dar más acceso que el necesario).

        - Las claves deben cumplir requisitos de seguridad, como longitud mínima, complejidad, cambio habitual, etc.

    - Asignación de roles y responsabilidades. Siempre debe haber un responsable claro de cada recurso.
    - Copias de seguridad. Incluyendo la seguridad del acceso a dichas copias que se almacenarán en un lugar distinto a donde estén los originales.
    - Borrado seguro de documentos.
    - Uso de certificados para verificar la identidad en las comunicaciones. Con esto se puede evitar, entre otras cosas, el *"phising"* o suplantación.
    - Administración de sistemas y aplicaciones (actualizaciones, parches de seguridad, configuración de cortafuegos), registro de entradas y salidas (quién entra, qué hace, dónde lo lleva, aunque tenga permiso para realizarlo).

Todas estas medidas han de hacerse con su debido procedimiento incluido en las políticas de seguridad, documentándose y poniendo especial cuidado en la normativa vigente.

Ejemplo

Si se usan datos de carácter personal, la LOPDGDD (Ley Orgánica de Protección de Datos Personales y garantía de los derechos digitales) obliga, entre otras cosas, a:

Adaptar el ordenamiento jurídico español al Reglamento (UE) 2016/679 del Parlamento Europeo y el Consejo, de 27 de abril de 2016, relativo a la protección, tratamiento y libre circulación de los datos personales de las personas físicas.

Proteger los datos y garantizar los derechos digitales de las personas físicas de acuerdo con lo establecido en el artículo 18.4 de la Constitución y en el Reglamento (UE) 2016/679.

Actividades

16. Haga una lista sobre medidas de seguridad que se puedan implementar para controlar el acceso físico a los sistemas.
17. Busque diversas alternativas para destruir información de forma segura.

9.6. Sistemas de detección de intrusiones NIDS (Nessus, Snort)

Un **NIDS** *(Network Intrusion Detection System)* es un programa informático que sirve para detectar intentos de intrusión en el sistema. Puede realizar su labor comprobando intentos de conexión, analizando tentativas de ataques conocidos como los de analizadores de puertos (programas que buscan puertos por los que acceder de alguna forma al sistema), ataques DoS (denegación de servicio) y otros. De lo que no se encarga es de detectar virus o impedir el acceso, ya que para eso hay otras herramientas. Hay muchos programas que combinan varias herramientas en una, eso puede crear confusión.

Los NIDS suelen colocarse en equipos perimetrales de la red, es decir, inmediatamente antes o después del *router* que conecta la red con el exterior. Si se tienen varios *router* se pueden colocar diversos NIDS. Otra estrategia, cuando se ofrecen servicios a través de internet, es colocar los servidores que prestan esos servicios en una sección de red separada del resto de los equipos, es lo que se llama una DMZ *(DeMilitarized Zone)* o zona desmilitarizada. Allí puede ponerse un NIDS.

Otro caso es el de los usuarios internos de la red, que también podría suponer un riesgo de intrusión (no suele considerarse esto en empresas pequeñas). En tal caso se pueden tomar medidas con los servidores internos.

Cuando se utilizan para detectar intrusiones en un único equipo concreto (como lo haría un usuario doméstico) se habla de HIDS *(Host Intrusion Detection System).* Si además de detectar, pudieran prevenir las intrusiones, se hablaría de NIPS *(Network Intrusion Prevention System)* que se puede hacer a base de cortafuegos.

Snort

Es una de las herramientas más utilizadas. Está disponible para plataformas *Linux* y *Windows* con licencia GPL *(General Public License),* aunque cuenta también con licencias de pago.

Snort es una herramienta que funciona en consola, es decir, en modo texto, pero se han desarrollado numerosas interfaces para manejarla en modo gráfico. Una de estas interfaces (a las que se les llama *front-end)* es *IDScenter,* para *Windows.* Otras son *BASE* y *Snorby* para *Linux.*

Nota

Snort puede obtenerse desde la página oficial <https://www.snort.org>.

El front-end IDScenter se puede adquirir desde <www.engagesecurity.com/products/idscenter>.

(Antes de instalar el IDScenter hay que tener instalado Snort).

Una de las ventajas de *Snort* es que su configuración se realiza con un archivo de texto, *“snort.conf”*, editable con cualquier editor de textos. Cuando se instala conviene instalar también los archivos de reglas que se almacenan en la carpeta *rules* e indican a *Snort* el comportamiento que ha de tener con los paquetes de la red que analice (que salte una alerta en caso de detectar un ataque DoS o que analice solamente los paquetes de un determinado tipo de protocolo). Todo ello se puede descargar de la página oficial.

La versión para *Windows* de *Snort* exige que se modifiquen ciertas líneas del archivo *“snort.conf”* para adaptarlo a la estructura de archivo de *Windows.*

```
##################################################
var RULE_PATH c:\snort\rules
var SO_RULE_PATH c:\snort\so_rules
var PREPROC_RULE_PATH c:\snort\preproc_rules
var WHITE_LIST_PATH c:\snort\rules
var BLACK_LIST_PATH c:\snort\rules
var EXTERNAL_NET any
var HOME_NET [192.168.15.0/24]

#==========================================
# path to dynamic preprocessor libraries
dynamicpreprocessor directory c:\snort\lib\snort_dynamicpreprocessor

# path to base preprocessor engine
dynamicengine c:\snort\lib\snort_dynamicengine\libsf_engine.so

# path to dynamic rules libraries
#dynamicdetection directory usr/local/lib/snort_dynamicrules--> esta linea comentada

#######################################################
```

Líneas modificadas del archivo “snort.conf” donde se modifican las rutas de Linux (/) por las de Windowss (\)

En modo comando se puede ejecutar Snort desde su carpeta de instalación “c:\snort\bin”.

```
C:\Windows\system32\cmd.exe

C:\Snort\bin>snort -dev -l c:\snort\log -h 192.168.15.0/24 -c c:\snort\rules\icm
p.rules
Running in IDS mode

        --== Initializing Snort ==--
Initializing Output Plugins!
Initializing Preprocessors!
Initializing Plug-ins!
Parsing Rules file "c:\snort\rules\icmp.rules"
Tagged Packet Limit: 256
Log directory = c:\snort\log

+++++++++++++++++++++++++++++++++++++++++++++++++++
Initializing rule chains...
```

Ejecutando Snort en modo IDS

En la imagen anterior se ejecuta *Snort* en modo IDS (parámetro -c). Se puede ejecutar como simple *sniffer,* o para capturar paquetes sin analizarlos ni registrarlos.

Los otros parámetros que se usan son:

- **-l** para indicar dónde se quieren almacenar los registros de actividad (archivos log).
- **-h** para indicar la dirección (una red en este caso) cuyos paquetes se quieren controlar.
- **-c** con las reglas a aplicar (icmp.rules, en este caso).

Si después de ejecutarlo se mira en la carpeta Log se verán los archivos con la actividad detectada.

El problema surge cuando la actividad que se detecta es mucha. Es posible que se haya escogido un segmento de red poco adecuado, con demasiada actividad que analizar. Por eso, a veces se piensa en colocar el IDS después de un cortafuegos, el cual ya elimina mucho tráfico innecesario.

El riesgo también es que se detecte menos actividad de la precisa por estar ubicado en un segmento que no abarca la red debidamente.

Como herramienta de texto que es, puede resultar un poco pesado su manejo, por eso se desarrollan entornos gráficos.

Para llegar a configurar el *IDScenter* hay que ir a la barra de tareas de *Windows,* y buscar un icono como este:

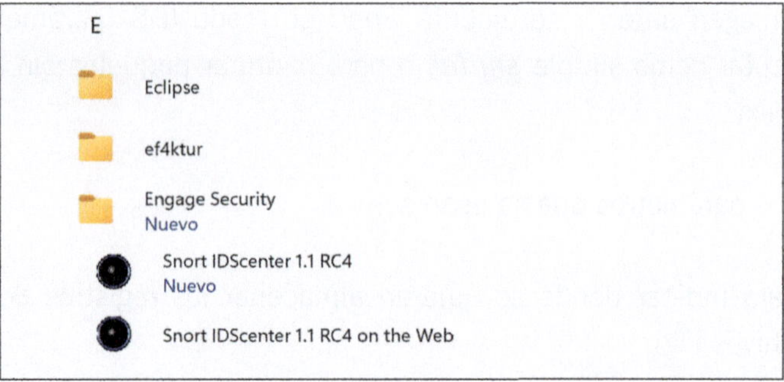

Al pulsar con el botón derecho sobre el icono se muestra el menú y se puede acceder a la configuración (Settings).

Desde el *IDScenter* se puede ver cómo se configura para que se generen registros en formato HTML *(HiperText Markup Language)* que permite visualizarlos como página web con un navegador. Así, se puede colocar en un servidor web para la consulta remota.

En la configuración hay que indicar la versión de *Snort* y entre otras cosas, la ubicación del archivo *"logs"* (por defecto llamado "alert.ids"), que si en la instalación de *Snort* no se creó, se puede hacer uno vacío para que la aplicación no "proteste".

Cuando se hacen cambios hay que darle al botón **Apply** para actualizarlos. La configuración de la aplicación se muestra aquí:

```
root@ubuntu:/home/ubuntu# snort --version

   ,,_     -*> Snort! <*-
  o"  )~   Version 2.9.15.1 GRE (Build 15125)
   ''''    By Martin Roesch & The Snort Team: http://www.snort.org/contact#team
           Copyright (C) 2014-2019 Cisco and/or its affiliates. All rights reserved.
           Copyright (C) 1998-2013 Sourcefire, Inc., et al.
           Using libpcap version 1.10.4 (with TPACKET_V3)
           Using PCRE version: 8.39 2016-06-14
           Using ZLIB version: 1.2.13
```

Versión de SNORT instalada en un sistema Linux

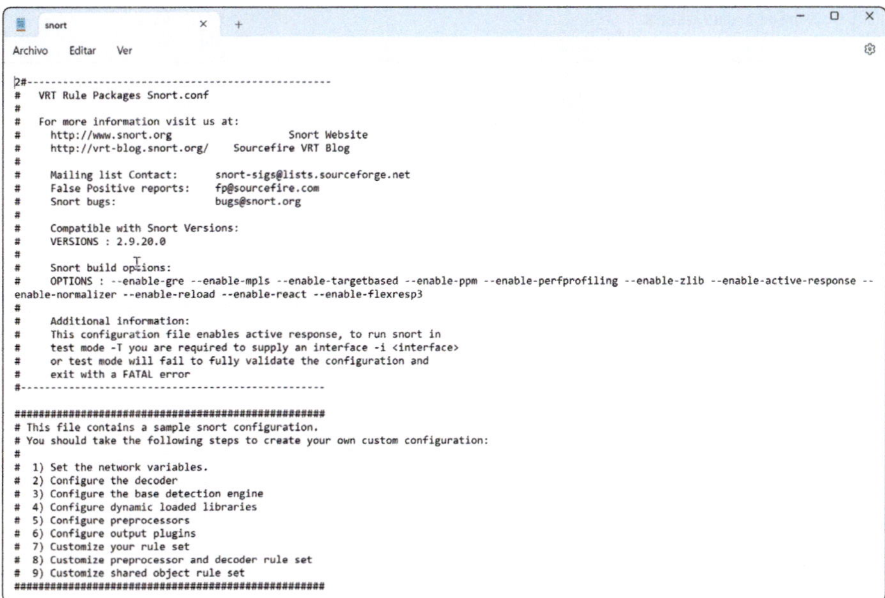

```
2#--------------------------------------------------
#   VRT Rule Packages Snort.conf
#
#   For more information visit us at:
#     http://www.snort.org                   Snort Website
#     http://vrt-blog.snort.org/    Sourcefire VRT Blog
#
#     Mailing list Contact:      snort-sigs@lists.sourceforge.net
#     False Positive reports:    fp@sourcefire.com
#     Snort bugs:                bugs@snort.org
#
#     Compatible with Snort Versions:
#     VERSIONS : 2.9.20.0
#
#     Snort build options:
#     OPTIONS : --enable-gre --enable-mpls --enable-targetbased --enable-ppm --enable-perfprofiling --enable-zlib --enable-active-response --
enable-normalizer --enable-reload --enable-react --enable-flexresp3
#
#     Additional information:
#     This configuration file enables active response, to run snort in
#     test mode -T you are required to supply an interface -i <interface>
#     or test mode will fail to fully validate the configuration and
#     exit with a FATAL error
#--------------------------------------------------

###################################################
# This file contains a sample snort configuration.
# You should take the following steps to create your own custom configuration:
#
#  1) Set the network variables.
#  2) Configure the decoder
#  3) Configure the base detection engine
#  4) Configure dynamic loaded libraries
#  5) Configure preprocessors
#  6) Configure output plugins
#  7) Customize your rule set
#  8) Customize preprocessor and decoder rule set
#  9) Customize shared object rule set
###################################################
```

Archivo de configuración de SNORT (snort.conf)

Aplicación práctica

Una empresa de gestión posee una red repartida en dos secciones, una red local y una DMZ unidas por sendos routers y un cable de pares trenzados cruzado. Necesita establecer un sistema de seguridad, tanto para sus redes internas, como para las conexiones externas. Para ello se elaboró el esquema de la figura. En dicho esquema de red indique los segmentos de red donde podría colocarse un NIDS.

Continúa en página siguiente >>

<< Viene de página anterior

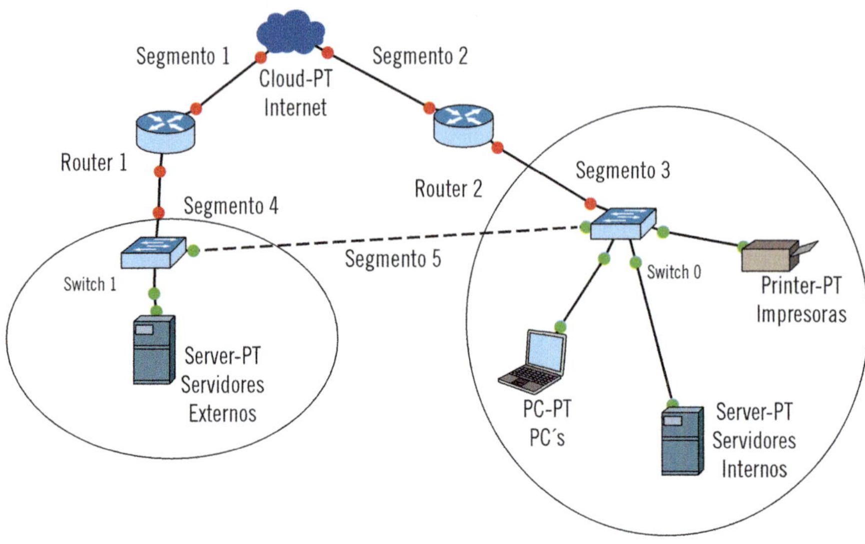

SOLUCIÓN

Por la distribución de la red de la figura podría haber varias soluciones:

Hay dos conexiones con internet. En principio podrían colocarse sendos NIDS en los segmentos 1 y 2, o bien en los segmentos 3 y 4, o incluso combinar esas opciones siempre teniendo en cuenta la protección de la red local por un lado, y la DMZ por el otro. También es de destacar el segmento 6, donde se podría proteger a los servidores internos de los usuarios de la red local.

Es decir, serían necesarios al menos 2 o 3 NIDS, a no ser que se piense en otras soluciones como podría ser la utilización de cortafuegos en algún segmento, despreciando el uso de NIDS. Aunque el uso de cortafuegos no excluye el del sistema de detección de intrusiones.

Nessus

Es una herramienta que permite detectar vulnerabilidades en los sistemas. Antiguamente era muy popular en *Linux* por su gratuidad. Ha dejado de ser libre y cuenta con versiones para plataforma *Windows* y *Linux*. Permite una versión para el hogar gratuita.

Se presenta como un complemento ideal a un NIDS *(Network Intrusion Detection System),* ya que por un lado se detectan intrusiones y por otro se evitan vulnerabilidades. Sería una forma de prevenir las intrusiones.

Durante la vida de un sistema operativo (o también para el caso de cualquier aplicación) se van descubriendo vulnerabilidades. Esas vulnerabilidades representan agujeros en la seguridad y por eso se realizan actualizaciones que resuelven esos problemas. Para asegurar que un sistema no tenga vulnerabilidades se utilizan herramientas como *Nessus,* que las busca y analiza. A veces no hay parches disponibles para las vulnerabilidades detectadas, entonces se toman medidas tales como reducir el acceso a ese recurso vulnerable, por ejemplo. Una manera de prevenirlas es mediante el uso de los boletines de seguridad (ya mencionados anteriormente).

Tampoco es necesario obsesionarse con las vulnerabilidades. Muchas veces el segmento de red a proteger (dependiendo de donde esté situado el recurso que se desea resguardar) no necesita tanta protección por ser de "confianza" (pocos usuarios fácilmente controlables, etc.).

Es evidente que esta herramienta, como muchas otras empleadas en seguridad, puede ser utilizada por *hackers* para buscar debilidades en los sistemas que quieren atacar.

Actividades

18. Las vulnerabilidades pueden explotarse por los hackers. Mire en la dirección web de <http://www.exploit-db.com/> y consulte el boletín de seguridad de Microsoft: <http://technet.microsoft.com/es-es/security/> bulletin para ver si encuentra vulnerabilidades sin su parche correspondiente. Fíjese en las fechas de parches y exploits.

Durante la fase de instalación se genera un par (usuario y contraseña) que se utiliza para gestionar el programa.

Para acceder a *Nessus* se acude a un navegador de internet y a la dirección https://localhost:8834. En lugar de *localhost,* si no está instalado en el propio equipo, se pondría la dirección del servidor donde estuviese instalado. Se autentica con el usuario antes señalado.

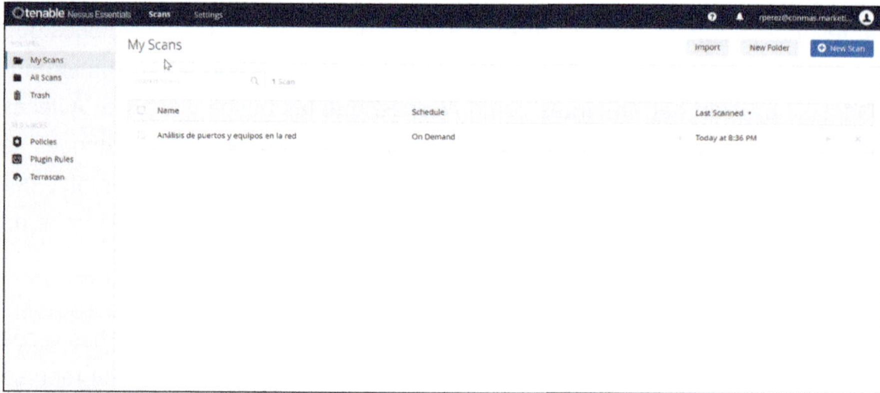

Página principal de Nessus

Nota

Una alternativa a Nessus completamente libre es OpenVas. Se pueden consultar detalles en <http://www.openvas.org>.

Las *"policies"* o políticas de escaneo definen cómo se realizará el escaneo de vulnerabilidades.

Se actúa de la siguiente manera: se configura una política definiendo lo que se quiere escanear (servicios o puertos a escanear, protocolos, etc.). Se puede elegir una de las políticas predefinidas o crear una desde cero (o copiar una predefinida y modificarla). Después se crea una consulta de escaneo *(Scan Queue)* o se escoge una que haya sido creada. En esa consulta de escaneo es donde se define el objetivo a escanear (un equipo o varios a los que se les buscan vulnerabilidades) y se escoge la política que se quiere utilizar.

Dependiendo de la cantidad de cosas que se configuren en la política y del número de equipos (y de la velocidad de la red) tardará más o menos en concluir. Al final mostrará unos resultados con las vulnerabilidades detectadas, graduadas según su gravedad. Incluirá una información sobre cómo resolverla, por ejemplo, mediante la instalación de un parche o actualización.

Un ejemplo de una política de escaneo sería:

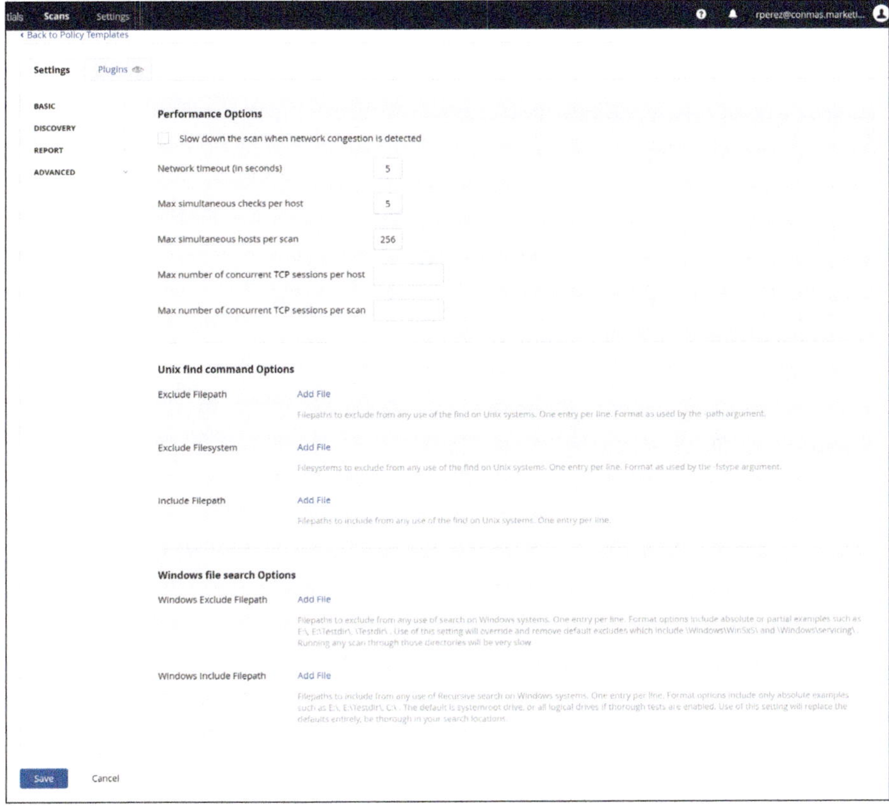

Configuración de una política de Nessus. Está creada a partir de la plantilla "Host Discovery" instalada por defecto. Mediante esta política se analizarán los puertos abiertos y los equipos conectados en la red.

A continuación se pincha en ***Scan Queue*** para indicar el destino:

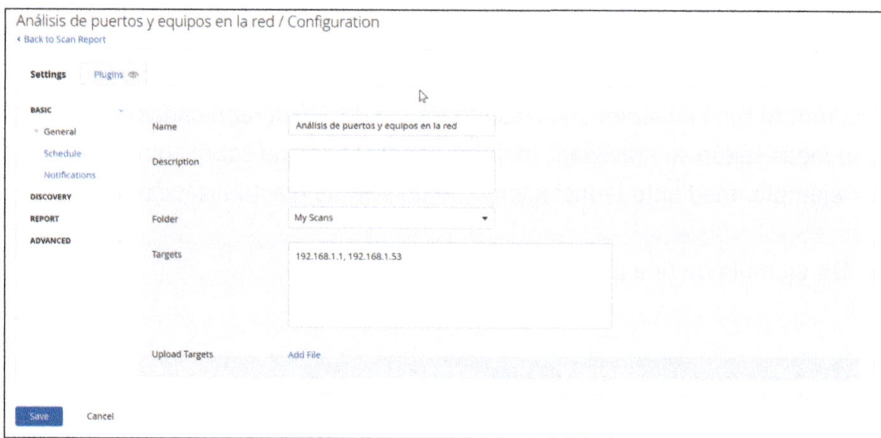

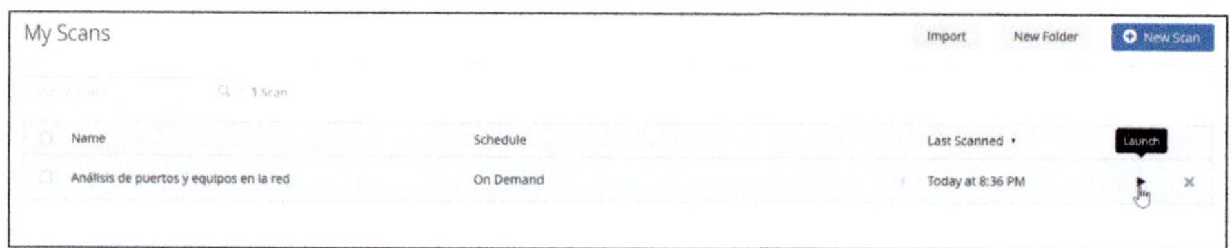

Se ha generado la política y configurado las opciones de escaneo. Una vez guardada la política, se puede iniciar el escaneo pulsando sobre el triángulo de la parte derecha de la política que se desea ejecutar.

Al final se pueden ver los resultados en la pantalla principal:

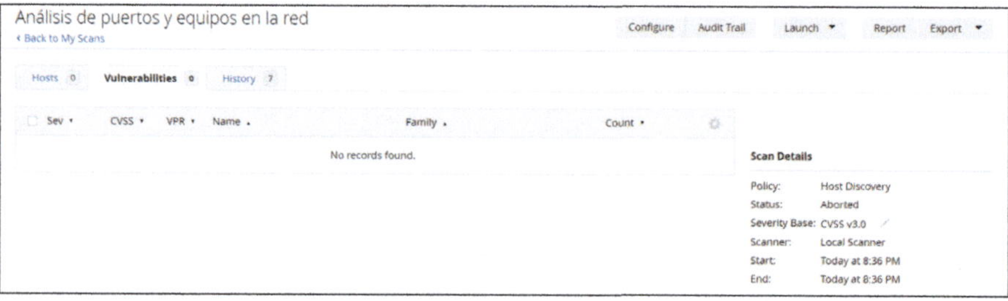

Detalles de las vulnerabilidades encontradas. En este caso no se ha encontrado ninguna.

Aplicación práctica

Al realizar un escaneo de vulnerabilidades con Nessus se encontraron un total de 30 vulnerabilidades, dos de ellas graves y el resto de tipo medio o informativas. ¿Cuál podría ser el siguiente paso?

SOLUCIÓN

Lo normal es que se quieran eliminar esas vulnerabilidades.

En el informe de los problemas detectados se encontrará alguna indicación sobre cómo resolverlos. Muchas veces bastará con la instalación de una actualización. Otras veces no habrá una solución. En estos casos habrá que ver si el servicio afectado es muy crítico y si se puede proteger de alguna forma para evitar que se pueda explotar esa vulnerabilidad.

Si la información que aporta no es suficiente, se podrá mirar en alguno de los boletines de seguridad disponibles en internet.

Habrá veces que se detecten vulnerabilidades que no afecten al servicio por tratarse de unidades que no se utilicen, o que estén en un segmento de red de confianza que hagan muy poco probable su explotación.

En principio, se tendrá especial cuidado con las dos vulnerabilidades definidas como graves y se intentarán arreglar, y posteriormente, se tratarán las de tipo medio, teniendo en cuenta el escenario en el que se encuentre.

9.7. Identificación y comparación de herramientas comerciales y de código abierto

Como herramientas IDS *(Intrusion Detection System)* se pueden enumerar las que se describen a continuación.

Netstat

Sencillo comando disponible tanto en *Linux* como *Windows.* Identifica las conexiones que se están usando en esos momentos en el equipo. Útil para descubrir alguna conexión extraña.

Un ejemplo de cómo se ejecuta en ambos sistemas se muestra a continuación.

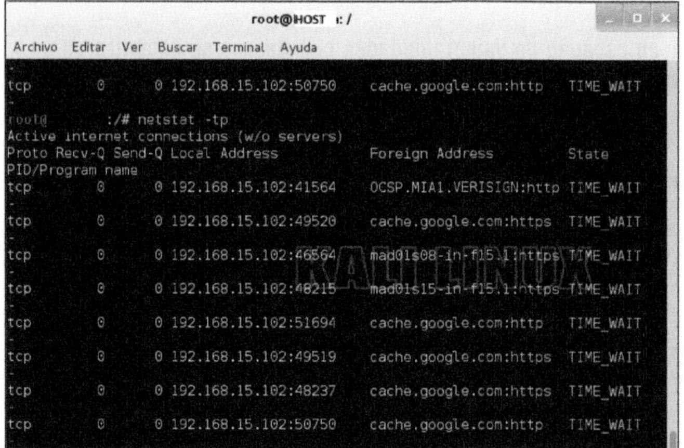

Vista de Netstat en Linux. Su funcionamiento es parecido en Windows. Se podría averiguar si hay alguna conexión "maliciosa".

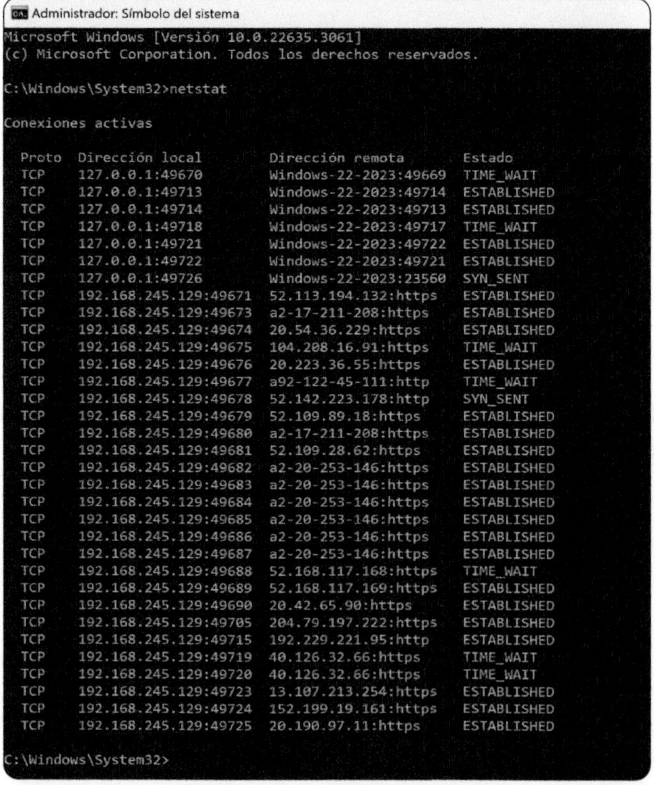

En Windows se ve el parecido. Se observan algunas conexiones establecidas y otras en espera. Todo normal, salvo si no se es consciente de haber establecido ninguna conexión.

Otros IDS

Hay muchos sistemas IDS en el mercado, algunos solo disponibles para ciertas plataformas. Se pueden destacar:

- Existen soluciones tipo *hardware* de *Cisco* y *Hewlett Packard,* los llamados ***sensores IDS/IPS.***
- Cualquier ***sniffer*** comentado se puede usar para labores de protección, aunque no se tratan de un IDS propiamente dicho.

```
ubuntu@ubuntu: ~
ubuntu@ubuntu:~$ tcpdump -D
1.ens160 [Up, Running, Connected]
2.any (Pseudo-device that captures on all interfaces) [Up, Running]
3.lo [Up, Running, Loopback]
4.bluetooth-monitor (Bluetooth Linux Monitor) [Wireless]
5.nflog (Linux netfilter log (NFLOG) interface) [none]
6.nfqueue (Linux netfilter queue (NFQUEUE) interface) [none]
7.dbus-system (D-Bus system bus) [none]
8.dbus-session (D-Bus session bus) [none]
ubuntu@ubuntu:~$
```

Vista de TCPDUMP (un conocido sniffer)

Libres

De los IDS de código libre destacan por su sencillez y eficacia:

- ***Rkhunter*** para *Linux. RootKit Hunter* descubre vulnerabilidades locales creando alertas.
- ***Tripwire*** alerta de la integridad del sistema de archivos. Para *Linux.*
- ***Arpwatch*** alerta de envenenamientos de la tabla MAC *(Media Access Control)* y así evita que un atacante al estilo MIM *(Man In the Midle)* intercepte la comunicación. Para *Linux.*

```
Open Source Tripwire(R) 2.4.3.7 Integrity Check Report

Report generated by:          root
Report created on:            lun 22 ene 2024 11:34:41
Database last updated on:     Never

===============================================================================
Report Summary:
===============================================================================

Host name:                    ubuntu
Host IP address:              127.0.1.1
Host ID:                      None
Policy file used:             /etc/tripwire/tw.pol
Configuration file used:      /etc/tripwire/tw.cfg
Database file used:           /var/lib/tripwire/ubuntu.twd
Command line used:            tripwire --check

===============================================================================
Rule Summary:
===============================================================================

-------------------------------------------------------------------------------
  Section: Unix File System
-------------------------------------------------------------------------------

  Rule Name                       Severity Level    Added    Removed  Modified
  ---------                       --------------    -----    -------  --------
  Invariant Directories           66                0        0        0
  Tripwire Data Files             100               0        0        0
  Other binaries                  66                0        0        0
  Tripwire Binaries               100               0        0        0
  Other libraries                 66                0        0        0
  Root file-system executables    100               0        0        0
  System boot changes             100               0        0        0
  Root file-system libraries      100               0        0        0
  (/lib)
  Critical system boot files      100               0        0        0
  Other configuration files       66                0        0        0
  (/etc)
  Boot Scripts                    100               0        0        0
  Security Control                66                0        0        0
  Root config files               100               0        0        0
* Devices & Kernel information    100               1238     1239     0
```

Vista de Tripwire, conocida herramienta de texto para verificar la integridad del sistema.

Otras herramientas

Otras herramientas de seguridad a destacar serían los **cortafuegos.** Con ellos se puede impedir que el tráfico identificado como no seguro pueda atravesar la red. Permiten aplicar políticas para redirigir el tráfico de red de manera que se pueda impedir que algunos usuarios o máquinas accedan a determinados sitios.

Entre los cortafuegos destacan sobre todo *ISA Server* de *Microsoft* y *Squid* de *Linux*. Aunque estos son más para ámbitos profesionales, en el ámbito doméstico hay una gran variedad. Entre los comerciales hay programas como

Zone Alarm, McAfee, Symantec, etc. Estos suelen combinar varias herramientas en una, con antivirus, IDS y cortafuegos. En el entorno libre las *IPtables* (pero solo *Linux)* y gran cantidad de antivirus gratuitos para varias plataformas, como *Avast, Kaspersky,* etc.

Nota

La diferencia entre utilidades libres y comerciales estará principalmente en el coste y en la simplicidad de uso en el caso de las comerciales, aunque no siempre es así. Depende de lo que se necesite y el tiempo a emplear (muchas soluciones, libres y robustas, necesitan tiempo y personal especializado para su implantación).

Estos cortafuegos son soluciones de *software,* pero también existen soluciones *hardware:* equipos especialmente diseñados para ese trabajo como son los de *Cisco serie 550 X* y la *serie 2810* de *Hewlett Packard,* por ejemplo.

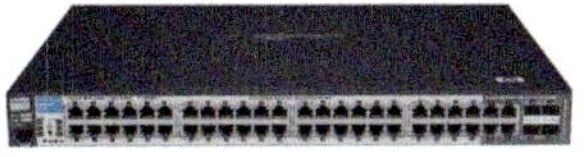

Modelos de HP (a la derecha) y Cisco (izquierda) para seguridad. Ambos incorporan funcionalidades de IDS y cortafuegos. Cada fabricante los provee de su propio sistema operativo especialmente diseñado para la seguridad.

Actividades

19. Busque las características de los equipos IDS/IPS y cortafuegos, tanto de Cisco como de Hewlett Packard, y compárelas.

10. Gestión de incidencias

La tarea encomendada a la gestión de incidencias es la de arreglar problemas. Su misión es que la red siga funcionando cuando surjan dificultades, bien reparándolas, bien buscando alternativas con el menor coste posible.

10.1. Explicación de los objetivos

Sus objetivos son:

- Detectar cualquier problema en la red: cualquier servicio que falle o que funcione de manera incorrecta, o bien que la red esté dejando de cumplir con alguna especificación mínima requerida (lentitud, etc.).
- Registrar y clasificar los problemas detectados: todo debe quedar documentado. De esa documentación se puede obtener un registro histórico de cómo se resolvieron problemas anteriormente, información valiosa para el cuerpo técnico. Además se clasificarán las incidencias para valorar las más importantes.
- Asignar el personal apropiado para resolver la incidencia: muchas veces se resolverá por medio del *Help Desk,* otras veces por escalonamiento en el sistema de respuesta a incidentes (por operarios de cada vez mayor rango).

A la hora de atender las incidencias se puede dar el caso de que se produzcan varias a la vez. Es necesario clasificarlas para tener un criterio de **prioridad:**

- Por su nivel de **impacto.** Se le dará más prioridad a la que mayor impacto tenga sobre la red (servicios calificados como fundamentales o críticos, número de usuarios afectados, niveles de calidad exigidos, etc.).
- Por su nivel de **urgencia.** Habrá servicios que necesiten ser atendidos con mayor rapidez. Dependerá del compromiso acordado. Es necesario mencionar el SLA *(Service Level Agreement).*

Nota

La urgencia es a veces un concepto subjetivo. Cualquier usuario desea que su incidencia se resuelva lo antes posible.

Habrá que establecer con estos dos conceptos una escala de prioridades por medio de un gráfico o de un cuadro de valores. Se muestra un ejemplo.

IMPACTO	PRIORIDADES			
Alto	Máxima	Alta	Media	
Medio	Alta	Media	Baja	
Bajo	Media	Baja	Baja	
	< 1 hora	1 - 2 horas	> 2 horas	Urgencia

Actividades

20. Analice diferentes criterios al hacer el escalado desde el Help Desk. ¿A quién se debe llamar?
21. Clasifique diversas incidencias que se pudieran dar en su hogar usando su propio gráfico de prioridades. Decida cuál atendería primero.

10.2. Enumeración de las actividades

Se pueden enumerar las siguientes actividades:

- **Inicio del caso:** al *Help Desk* llega una incidencia, ya sea por monitorización o por aviso (o queja) de algún usuario. Se le asignará un número identificativo y un estado (puede ser estado "nuevo", "en progreso", "cerrado", etc.) que irá variando según vaya evolucionando.
- **Clasificación y registro:** se evalúa la incidencia, se le asigna un nivel de privilegio y se revisa que la incidencia no sea igual a otra ya establecida (evitar que dos avisos por la misma incidencia creen dos casos diferentes). Se guarda un registro del caso con toda la información relevante (fechas, horas, servicios afectados, usuarios implicados, etc.).
- **Asignación del caso:** se intenta resolver inmediatamente, si no se puede se procede al escalonamiento. Para su resolución se busca en la base de datos por si ya hubiese una solución conocida. Se pueden plantear soluciones temporales mientras se arregla del todo. Se avisa de todo ello a los usuarios afectados.
- **Escalonamiento:** en caso de no poder resolver la incidencia se eleva petición del caso a otro operario de más nivel, informando de todo ello al usuario afectado. Esto se reitera hasta que se solucione la incidencia.
- **Se cierra el caso:** se almacena el registro definitivo para aprovecharlo en el futuro como referencia para resolver incidencias parecidas. Esto enriquece la KDB *(Knowledge DataBase)* o base de datos de conocimientos de la empresa. También se actualiza la CMDB *(Control Management DataBase)* si es necesario (puede haber cambiado la configuración de un dispositivo).
- **Se informa a los usuarios** involucrados si es preciso, tanto los que han informado (o se hayan quejado), como todos los demás que estuvieran afectados de alguna manera. Estos a su vez confirmarán que la solución ha sido efectiva.

Ciclo de trabajo de la gestión de incidencias. El KDB es el núcleo que garantiza el perfeccionamiento con el tiempo

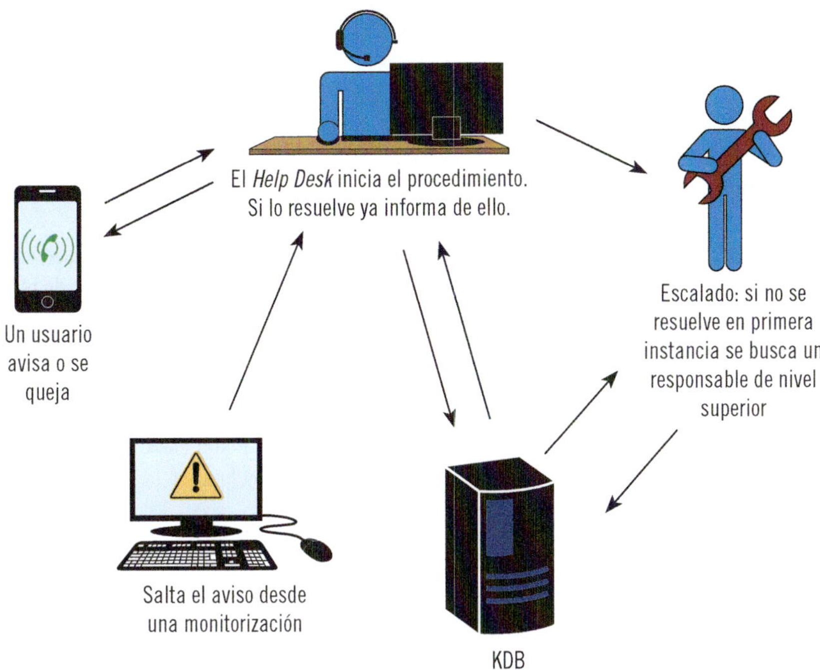

Aplicación práctica

Imagine que en la empresa ficticia "Headquarters" se recibe un aviso por parte de un usuario comunicando que el servidor de aplicaciones no le permite desempeñar una tarea importante.

Se ha decidido, de acuerdo al plan preestablecido de actuación, que se le asigne un nivel de prioridad alto, y como no hay otras incidencias de ese nivel se procede a resolverla. ¿Cómo se podría desarrollar el proceso de resolución de dicha incidencia?

SOLUCIÓN

La incidencia a estas alturas ya tiene abierto un caso con su identificación, estado, etc. Se tomarán acciones preventivas para evitar dañar a otros servicios (donde está el servidor de aplicaciones puede haber otros servicios o puede haber otros usuarios conectados, etc.).

Continúa en página siguiente >>

<< Viene de página anterior

Se determina un responsable para arreglar el problema, en principio podría ser el operario de primer nivel que atiende la incidencia. Consulta la base de datos de conocimiento (KDB) y si no puede resolverla acude a un superior.

Se establecerá un plazo de actuación de acuerdo con la criticidad de la incidencia. Se avisará al usuario y se le planteará una solución temporal mientras se resuelve la incidencia (por ejemplo, el uso de otro servidor alternativo. Esto dependerá de la urgencia).

Si la incidencia afecta a más usuarios se les informa para que dejen de usar el servidor de aplicaciones, o bien que tengan en cuenta algún inconveniente (el servidor deja de responder temporalmente, o irá más lento, etc.). También se les puede proponer soluciones temporales.

El operario de grado superior informa al Help Desk de la solución hallada y la incidencia queda resuelta. Se graba en la KDB (Knowledge DataBase). El Help Desk o el responsable (según se tenga establecido) informa al usuario de la resolución final.

Actividades

22. ¿Cuáles deben ser las mejores cualidades del personal de Help Desk teniendo en cuenta que a este departamento no solo llegan avisos, sino también quejas?

11. Resumen

A la hora de administrar una red se tiene que tener en cuenta una serie de recomendaciones básicas. Se necesita un NOC responsabilizado y concienciado, hay que monitorizar la red para tenerla controlada, poner atención especial a los cambios, cuidar la seguridad y mantener registros con las incidencias que se produzcan.

Para gestionar la red se puede escoger el modelo ITIL. Este modelo subdivide la gestión en cinco tipos de actuaciones:

- La **gestión de configuración** controlará las configuraciones de los equipos, manteniendo un seguimiento sobre cómo se relacionan y tomando como referencia la base de datos CMDB.
- La **gestión de disponibilidad** se encargará de que lo que ofrece la red esté al alcance y funcionando para los usuarios de la misma, debiendo respetar los acuerdos de disponibilidad establecidos.
- La **gestión de capacidad** se responsabilizará de que los recursos de la red sean suficientes y estén bien utilizados.
- La **gestión de seguridad** analizará riesgos y reducirá vulnerabilidades. Descansa sobre los pilares de la confidencialidad, integridad y disponibilidad. Se pueden usar las recomendaciones de la normativa ISO 27002. Hay programas específicos para mantener la seguridad como los IDS/IPS, cortafuegos y antivirus.
- La **gestión de incidencias** está para arreglar averías y dar respuesta a los usuarios cuando surgen problemas. Todo se almacenará en la base de datos de conocimiento (KDB) para ayudar en los problemas del futuro. Todo se llevará desde el NOC, donde reside el *Help Desk*. Aquí se controla y supervisan todas las actividades de la red.

Ejercicios de repaso y autoevaluación

1. **¿Qué fases del modelo PDIOO se refieren a la administración de red?**

2. **La documentación de la red debe guardarse en...**

   a. ... la LOPD.
   b. ... el NOC.
   c. ... la KB.
   d. Todas las opciones son incorrectas.

3. **La disponibilidad consiste en mantener los servicios de red disponibles para cualquier usuario. ¿Verdadero o falso? Razone su respuesta.**

4. **¿Sobre qué pilares descansa la seguridad de la red?**

5. **¿Cómo debe llevarse a cabo el control de cambios en la red?**

---

6. Se puede encontrar un patch panel en...

a. ... la CMDB.
b. ... la KB.
c. ... un armario *rack*.
d. ... un servidor.

7. Señale si las siguientes afirmaciones son verdaderas o falsas.

a. El *Help Desk* es responsable de establecer las medidas de seguridad de la red.

☐ Verdadero
☐ Falso

b. La legislación vigente no afecta a la implantación de las medidas de seguridad.

☐ Verdadero
☐ Falso

8. En la CMDB se puede almacenar...

a. ... solamente datos no sensibles.
b. ... las nóminas de la empresa.
c. ... las copias de seguridad de los discos duros.
d. ... las configuraciones de los *routers*.

9. La gestión de capacidad, ¿gestiona también la demanda? Razone su respuesta.

____
____

10. Indique al menos dos herramientas de gestión de configuraciones, una de *software* libre y otra comercial.

____
____

---

11. Entre los objetivos de la disponibilidad figura...

a. ... racionalizar el uso de los recursos.
b. ... gestionar los cambios del software.
c. ... retirar el material en mal uso.
d. ... llegar al 100 % de disponibilidad.

12. La norma ISO 27002...

a. ... solo es un guión de buenas prácticas.
b. ... sirve para que las empresas obtengan un certificado.
c. ... solo se puede aplicar en la Unión Europea.
d. Todas las opciones son correctas.

13. ¿Las políticas de seguridad las lleva a cabo un único departamento de la empresa? Justifique su respuesta.

____
____
____
____

14. Relacione cada gestión con el elemento correspondiente:

a. Configuración	1. Exige un compromiso
b. Capacidad	2. Maneja prioridades
c. Seguridad	3. Utiliza la CDB
d. Incidencias	4. Utiliza la CMDB

15. Un NIDS...

a. ... es un sistema que evita las infecciones por virus.
b. ... previene que se produzcan intrusiones.
c. ... sirve para que salten alertas cuando se produce una intrusión.
d. ... aumenta la velocidad de los enlaces.

Capítulo 3

Protocolos de gestión de red

Contenido

1. Introducción
2. Explicación del marco conceptual
3. Componentes de la infraestructura y arquitectura
4. Grupos de estándares
5. Resumen

1. Introducción

Para la gestión de redes es necesario establecer un conjunto de normas o reglas para que los objetos administrados (potencialmente, todos los que compongan la red y participen en ella) puedan comunicarse con los equipos y sistemas que los administren.

Para eso se desarrollan los protocolos de gestión de red. Con este propósito diversas entidades internacionales han desarrollado varios estándares. Al estandarizarse se facilita la gestión, ya que se permite el cambio de sistema de gestión o la comunicación entre diferentes sistemas.

2. Explicación del marco conceptual

Como se ha visto, será necesaria la estandarización de la gestión de la red, y a la hora de llevar a cabo dicha estandarización habrá que definir una serie de elementos que intervienen en la gestión para así hacerla más fácil (se podrán agrupar dispositivos, se clasificará mejor la información, se podrá simplificar una red con mucha variedad de elementos, etc.). Asimismo, habrá que definir unas estructuras y unas reglas de comunicación que permitan que diferentes tecnologías puedan interactuar. Hay que tener en cuenta que en una red pueden estar presentes multitud de tecnologías distintas.

Los elementos que serán descritos en los diferentes estándares son los siguientes:

- **Entidades:** aquellas que intervienen de alguna manera en la gestión.
- **Estructuras de datos:** cómo son los datos a manejar y cuál es su formato.
- **Protocolos de comunicación:** marcarán las reglas de la comunicación definiendo de qué manera se realizará para hacer la administración de la red lo más eficaz posible.

2.1. Entidades que participan en la gestión

Los primeros conceptos a definir son los elementos que participan en la gestión de la red. Es lo que se llamarán **entidades.** Se distinguirán tres tipos de entidades diferentes:

- **Entidad gestora:** es el equipo (pueden ser varios equipos) donde se encuentra el *software* (servicio administrador de red) que se utiliza para controlar la gestión de la red. Será el punto desde donde trabaja el administrador de la red. Ese *software* realiza las siguientes tareas:
  - Recoger información de los dispositivos gestionados.
  - Procesar y analizar la información obtenida.
  - Presentar dicha información para su interpretación y para la toma de decisiones.
- **Dispositivos gestionados:** contienen los objetos gestionados. Por ejemplo, puede tratarse de un equipo (dispositivo gestionado) que contiene diversos elementos que se quieren gestionar, como la CPU *(Central Unit Processor),* la tarjeta de red, la memoria, etc. La entidad gestora obtiene y, a lo mejor, modifica la información de esos objetos. Para hacer esto, en el dispositivo gestionado se encuentra el agente de gestión, el *software* que permite la gestión remota en el dispositivo gestionado. Un dispositivo gestionado puede ser cualquier equipo que se pueda conectar a la red y comunicarse, cualquier ordenador, impresora, servidor, etc.
- **Protocolos de gestión:** son los que establecen las reglas de comunicación entre la entidad gestora y los agentes de gestión. Mediante estas reglas se definen los tipos de mensajes, las secuencias de comandos que se pueden emplear y la seguridad a utilizar en la comunicación.

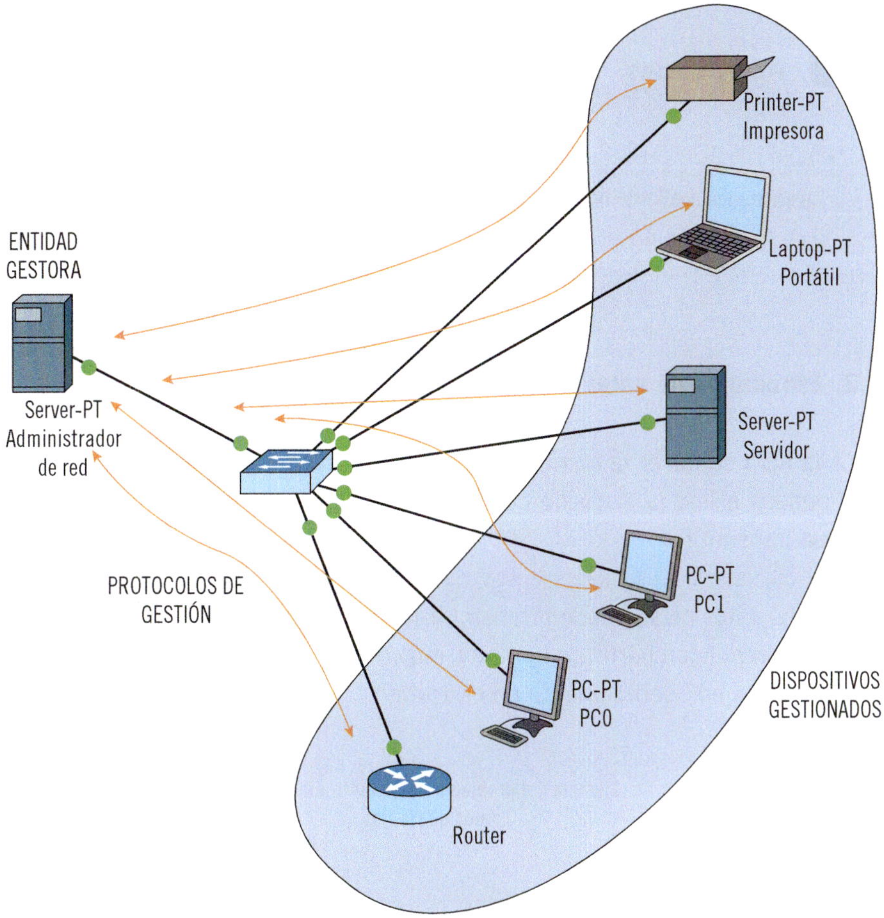

Entidades de gestión de red. El switch también podría estar incluido entre los dispositivos administrados.

Nota

El administrador de la red será el máximo responsable de la gestión de la red. Su presencia en el sistema se identifica con un usuario con plenos poderes para la toma de decisiones. El rol del administrador de la red (quién será, cuáles son sus responsabilidades, etc.) debería definirse en las políticas de seguridad de la empresa. Puede, y es aconsejable, que haya más de uno por si se bloquea su cuenta, se produce una baja laboral, por vacaciones, etc.

Actividades

1. Aparte de los dispositivos mencionados, imagine otros dispositivos que pudieran ser gestionados mediante un sistema de administración.

2.2. Estructuras de datos utilizadas

A la hora de hacer la comunicación entre entidades gestoras y dispositivos gestionados existe la duda de cuál va a ser el formato y la estructura de los datos a transmitir.

Dichos datos no se pueden transmitir tal cual porque los dispositivos en comunicación pueden partir de formatos muy diferentes, y al transferirlos, puede que no "encajen" debidamente en el destino.

Ejemplo del problema de dos estructuras de datos diferentes

TABLAS DE DATOS

Dispositivo administrado	
Nombre	PC1
Códigos	1ab
	523
	2b6

→

Gestor	
Nombre	PC1
Códigos	2b6
	523
	1ab

El administrado almacena los datos en un orden, el gestor en otro distinto.

Esto hace necesario definir estructuras de datos estandarizadas para esas transmisiones. La cuestión es que los dispositivos origen y destino puedan entenderse.

Un estándar de representación de datos muy usado en informática es **ASN.1** *(Abstract Syntax Notation).* La norma está fijada por la ITU (Unión Internacional de Telecomunicaciones). Un subconjunto de ASN.1es **BER** *(Basic Encoding Rules)* donde se define la manera de cómo deben transmitirse los datos, de tal forma que cualquier máquina pueda interpretarlos correctamente. Cada elemento (cada dato) se codifica con un Tipo, Longitud y Valor (TLV).

- **Tipo:** sería el tipo de datos definido por la norma ASN.1. Estos pueden ser booleano, entero, etc.
- **Longitud:** es el número de bytes que ocupan los datos. Así se sabe cuándo se termina el bloque de datos transmitidos.
- **Valor:** es el dato en sí que se quiere transmitir.

Por ejemplo, en la norma (concretamente la ITU X.680) se fijan para los primeros 9 tipos de datos los siguientes códigos:

CODIFICACIÓN DE LA NORMA ITU X680	
1	Boolean type
2	Integer type
3	Bit string type
4	Octet string type
5	Null type
6	Object identifier type
7	Object descriptor type
8	External type and Instance-of type
9	Real type

Es una norma relativamente sencilla. En principio solo se utilizaría para transmitir y almacenar datos, pero servirá como base para los diferentes protocolos de gestión que definirán sus propias estructuras a partir de esta norma. De ahí es de donde sale la norma **SMI** *(Structure of Management Information)* que será de donde "beberán" los estándares más importantes de la gestión de redes.

Ejemplo

Para transmitir el dato del nombre de usuario de una cuenta como esta: "Usuario: admin", la codificación sería:

El tipo de datos es "octet string", octeto de caracteres, la longitud es de 5 (admin tiene 5 caracteres, cada carácter ocupa 1 byte), la transmisión podría ser como se indica en la figura:

Ejemplo de un transmisión de bytes codificada en formato TLV

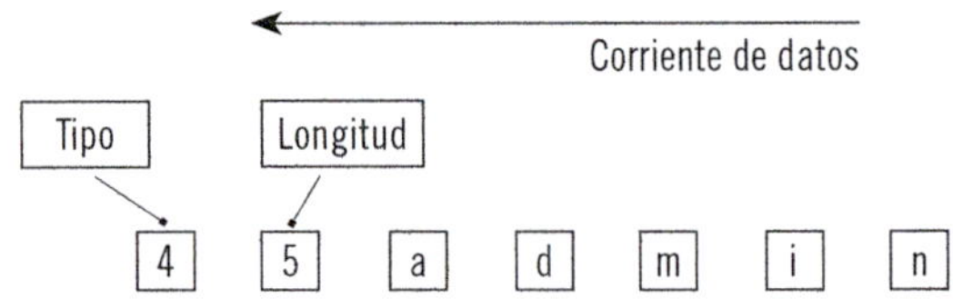

SMI *(Structure of Management Information)* está basado en el estándar ASN-1. Se utilizará como lenguaje de definición de datos para la gestión de red. Está definido en la norma RFC 2578 de la IETF *(Internet Engineering Task Force).*

Nota

RFC responde al acrónimo "Request for Comments". La IETF emite multitud de normas sobre internet en estos documentos. Las RFC 2579 y 2580 también complementan la norma SMIv2.

SMI define la sintaxis de los datos de administración. Por ejemplo, los tipos de datos, los objetos (elementos administrados), la semántica de dichos objetos y las reglas que rigen sus cambios.

Una cosa importante que aporta SMI es la unicidad en el esquema de nombres para todos los objetos al utilizar una estructura de nombres en árbol (que recuerda al sistema DNS aunque no tenga nada que ver con él).

Los tipos de datos incluyen, además de los ASN-1, otros como "IPaddress" (dirección IP), "Counter32" (entero de 32 bits), "Counter64" (entero de 64 bits), etc. Como se muestra, se van añadiendo tipos muy apropiados a la gestión de dispositivos.

También se definen dentro de SMI otras estructuras llamadas **módulos** que agrupan objetos. Como se ha dicho, todos los objetos administrados (y los módulos también) tienen un identificador único que depende de una jerarquía en árbol.

Entre esas estructuras de datos figuran los módulos MIB *(Management Information Base).* MIB es una base de datos distribuida con información de los **nodos** de la red. Es distribuida porque cada nodo almacena una parte, la que corresponde con él mismo, y luego el nodo la pone disponible para el sistema de administración conforme a unas determinadas reglas.

Definición

Nodo

Un nodo de la red es cualquier dispositivo (router, PC, impresora, etc.) susceptible de poder comunicarse con cualquier otro.

2.3. Protocolos de comunicación

Para las comunicaciones se definen reglas y normas que indican cómo se deben realizar dichas comunicaciones. Esto es lo que se conoce como **protocolo.**

En una comunicación suele emplearse más de un protocolo, cada uno controlando un aspecto concreto de la comunicación. Así, por ejemplo, hay un protocolo que indica cómo deben ser los conectores y cableados, y hay otro que indica cómo se establecerá una conexión entre dos nodos.

Definición

Protocolo
Conjunto de normas y procedimientos útiles para la transmisión de datos conocido por el emisor y el receptor.

Para clasificar los protocolos en función de las diferentes funcionalidades que realizan se usan unas estructuras llamadas **capas de comunicación.** En cada capa actúa un protocolo encargado de la labor de dicha capa. Por eso en ocasiones se habla de "pila" de protocolos.

Dentro de cada capa se podrán utilizar diferentes protocolos en función del objetivo final (no es lo mismo enviar un correo electrónico que hacer una consulta a una página web, por ejemplo).

Hay dos modelos de capas, uno es el modelo OSI *(Open System Interconnection)* de 7 capas de la ISO *(International Organization for Standardization),* y el otro es el TCP/IP de 4 capas de la IETF. El modelo OSI se usa más como referencia, y el modelo más implementado es el TCP/IP, ya que es el que se usa en internet.

Cada capa introduce unos datos para realizar su tarea (encabezado) que luego en el destino, una vez realizada su labor, se desecha, siendo este un proceso transparente para el usuario.

Como puede comprobarse, el modelo TCP/IP simplifica muchas tareas de diversas capas en una sola. Por ejemplo, la capa de acceso del modelo TCP/IP designa las normas constructivas de la capa física de OSI y además las normas de encapsulamiento de datos para transmitirlos, que se haría en la capa de enlace de OSI.

Comparación y equivalencias entre ambos modelos de capas

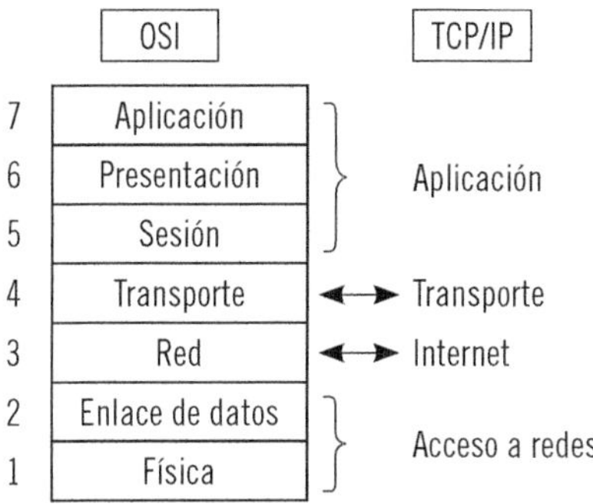

Ejemplo

En la capa de acceso se encuentra el protocolo Ethernet que indica las normas constructivas de cierta tecnología de redes de área local, así como las normas de cómo se colocan los datos en el medio de transmisión, pero no especifica nada sobre cómo se tienen que enviar los paquetes de datos a equipos remotos. Para eso está el protocolo de la capa de internet. Esto hace posible el uso de diferentes tecnologías físicas con las mismas tecnologías lógicas, es decir, se puede utilizar el protocolo IP (Internet Protocol) independientemente del tipo de tecnología empleada en la capa de acceso (cable de cobre, fibra óptica, inalámbrica y sus variantes).

La capa de transporte es la responsable del establecimiento de comunicación entre dos dispositivos (aunque estén remotos), del control del flujo de datos y de asegurarse de la entrega de paquetes de información (a través de acuses de recibo), entre otras cosas. En esta capa se pueden emplear dos protocolos: TCP *(Transmission Control Protocol)* y UDP *(User Datagram Protocol).*

UDP es un protocolo muy sencillo. Solo utiliza números de puerto para identificar los servicios de la capa de aplicación responsable de los datos. Su diseño hace que no se preocupe del flujo de datos, del establecimiento de la conexión, ni de asegurarse de la entrega de datos (todo esto sí que lo haría TCP). Por eso se dice que UDP no es un protocolo confiable ni orientado a conexión. UDP se utiliza cuando no se requiere una entrega confiable ni hay que asegurarse de que se establece conexión. TCP, por el contrario, espera recibir acuses de recibo cada cierto tiempo después de cada envío y en caso de no recibirlos reenvía los datos.

```
> Frame 1: 55 bytes on wire (440 bits), 55 bytes captured (440 bits) on interface \Device\NPF_{D6D230F3-14D9-43C9-8346-F899A0399B70}, id 0
> Ethernet II, Src: VMware_8a:1b:d0 (00:0c:29:8a:1b:d0), Dst: VMware_e5:e4:2a (00:50:56:e5:e4:2a)
> Internet Protocol Version 4, Src: 192.168.245.129, Dst: 204.79.197.239
> Transmission Control Protocol, Src Port: 49744, Dst Port: 443, Seq: 1, Ack: 1, Len: 1
```

Captura de datos de Wireshark. Se puede ver una trama cualquiera con los encabezados de cada capa del modelo TCP/IP.

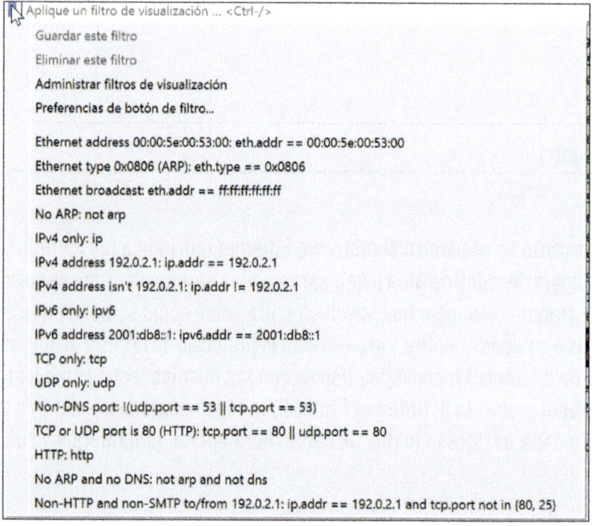

Distintos tipos de protocolos que puede capturar Wireshark

Actividades

2. Busque información sobre las funciones de cada una de las capas de los modelos OSI y TCP/IP.

En la capa de aplicación hay multitud de protocolos: DHCP, SMTP, DNS, FTP, SNMP etcétera. Cada uno de ellos depende de la capa de transporte de TCP o bien de UDP. En esta capa de aplicación es donde trabajan los protocolos de gestión, el más conocido es SNMP *(Simple Network Management Protocol).*

A continuación se señalan algunos protocolos de la capa de aplicación en función de la capa de transporte que usan:

PROTOCOLOS DE LA CAPA DE APLICACIÓN	
Transporte	**Aplicación**
TCP:	FTP, HTTP, SMTP, Telnet
UDP:	SNMP, DHCP, TFTP

Aplicación práctica

Si se utiliza el protocolo SNMP para le gestión de una red, ¿se puede decir si la comunicación en ese sistema de gestión será confiable? ¿Qué conclusión se podrá sacar de ello?

SOLUCIÓN

El protocolo SNMP depende del protocolo UDP de la capa de transporte. Por ello se puede considerar que no es confiable, ya que no va a utilizar, entre otras cosas, acuses de recibo. En esas transmisiones no se podrá asegurar que las entregas de datos llegarán bien a su destino.

Se puede concluir que los sistemas de gestión que usen SNMP transportarán la información confiando en que la red funcione sin problemas. En el caso de que se pierdan datos, estos no serán considerados tan importantes como para que ello cause un grave trastorno (el administrador no recibirá en un determinado momento un dato sobre el estado de un objeto gestionado). En caso contrario se debería implementar alguna alternativa para hacer el sistema más confiable.

3. Componentes de la infraestructura y arquitectura

Los componentes de la infraestructura son las entidades en que se divide la gestión. En cuanto a su estructura se pueden diferenciar tres estrategias en función de cómo se colocan las entidades gestoras: una arquitectura centralizada, otra distribuida y otra en árbol.

3.1. Entidad gestora

La entidad gestora se podría definir como el conjunto de *software* y *hardware* que llevará la administración de la red. Será la que albergue el NMS *(Network Management System)* o servicio administrador de red. Es el sistema informático que administrará la red.

El NMS puede residir en un único equipo (estructura centralizada) o en varios (en árbol o distribuida).

Estructura distribuida y estructura en árbol o jerárquica

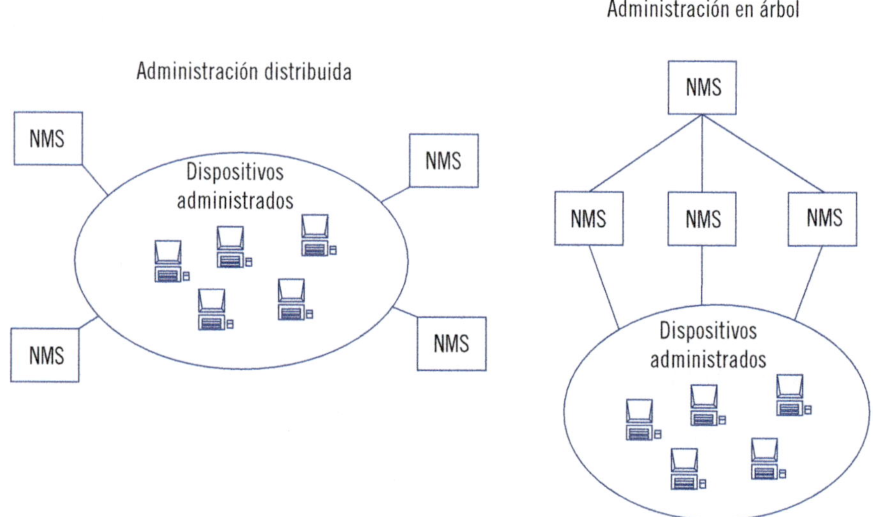

La complejidad del diseño del NMS se reduce cuando está más centralizado.

El NMS se comunicará con los dispositivos administrados, recogiendo la información de los diversos módulos MIB que posea. Dependiendo de una política de permisos, la entidad gestora tendrá más o menos posibilidades de ejecutar acciones sobre los objetos administrados, desde cambiar valores en ellos, hasta simplemente poder consultar esos valores.

3.2. Dispositivos gestionados

Los dispositivos gestionados son todos aquellos elementos de la red de los que se desea mantener información para gestionarlos. Normalmente serán todos los servidores y dispositivos de red *(routers, switches),* así como ordenadores de trabajo, impresoras, periféricos diversos, etc.

El dispositivo gestionado contiene el "agente de gestión". Se trata de un *software* que se comunica con la entidad gestora para transmitirle información, y también permite manipular el objeto gestionado. Es decir, a través de él desde la entidad gestora se pueden ejecutar acciones en el dispositivo gestionado.

En cada dispositivo hay una serie de objetos o propiedades que serán de interés para la gestión, son los denominados objetos gestionados. Estos pueden agruparse en módulos u objetos más complejos. El nombre del dispositivo y su dirección IP son ejemplos de objetos gestionados (o gestionables).

A la hora de decidir qué dispositivos se deben gestionar se debe tener en cuenta el volumen de información que puede generarse y la eficacia de su tratamiento. En principio debería irse poco a poco, gestionando primero los elementos más importantes de la red, para luego, si se desea o se considera conveniente, gestionar otros dispositivos. Lo mismo podría decirse sobre los objetos de cada dispositivo.

Actividades

3. Elabore una lista de posibles objetos gestionados que puedan ser de interés de un dispositivo gestionado, por ejemplo un PC.

El agente de gestión se comunicará normalmente con el NMS *(Network Management System)* ante solicitudes de este, pero además podrá hacerlo me-

Tipos de mensajes entre el agente y el NMS

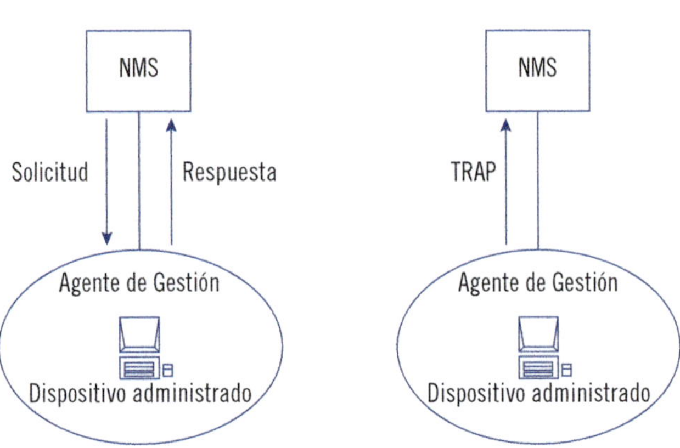

diante mensajes de aviso también llamados mensajes trampa (o *trap* en inglés) en el caso de que se desencadene algún tipo de evento programado, como algo que falle, por ejemplo.

El proceso habitual es que la entidad gestora sondee periódicamente a los agentes de gestión solicitándoles información por medio de un protocolo de gestión. El administrador de la red puede usar esa información para tomar decisiones. Para facilitar el trabajo, los sistemas de gestión incorporan funcionalidades para presentar la información, elaborar informes, herramientas de análisis, etc.

3.3. Protocolos de gestión

Son los protocolos de comunicaciones encargados de la parte concreta de la administración de la red. Es decir, serán protocolos específicos para la transmisión de datos de gestión (datos de configuración de dispositivos, de estado, de alarmas, etc.).

Estos protocolos formarán parte de la capa de aplicación.

Los protocolos de gestión han de cumplir con las siguientes **tareas:**

- **Administrar el rendimiento:** en la administración de la red, vigilar el rendimiento de la misma es una de sus funciones principales. Cualquier usuario demanda ante todo un buen rendimiento, y eso es lo que le exigirá al responsable de la administración.
- **Monitorizar:** es indispensable para realizar lo que se le exige. Realmente, es de donde parte casi todo el conocimiento de la red. Podrá averiguar:

    - Nivel de utilización de cada enlace.
    - Tipos de tráfico que circulan por la red (voz IP, datos normales, telefonía, video, etc.).
    - Si se pierden paquetes de información.
    - Utilización de los recursos. Cómo y cuándo se utilizan los diferentes recursos.

- **Analizar:** del análisis se podrán sacar conclusiones.

    - Si hay abusos de recursos.
    - Si hay tráfico inusual.
    - Cuáles son los servicios más demandados.
    - Valores para establecer QoS (calidad de servicio).
    - Control de tráfico para balancear carga por enlaces menos demandados/saturados.

- **Administrar fallas:** arreglar problemas. Pruebas de diagnóstico y localización de fallas.
- **Administrar informes:** para toma de decisiones.
- **Administrar seguridad:** para que los servicios funcionen como se espera.
- **Administrar alarmas:** establecer alarmas de seguridad y contra fallas.

Tareas de los protocolos de gestión

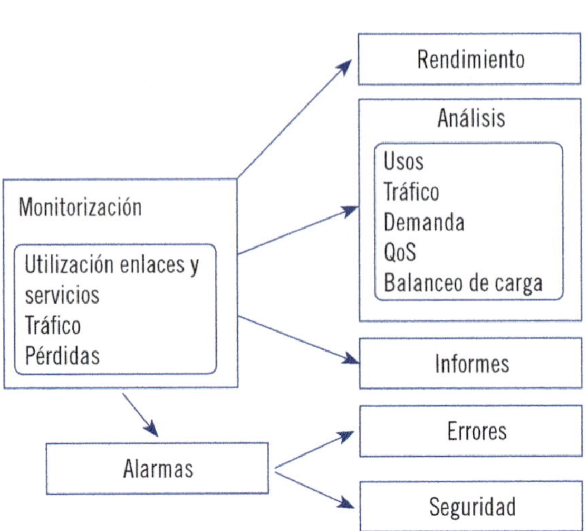

Existen tres grandes **estándares de gestión de redes** de comunicaciones:

El CMISE/CMIP *(Common Management Information Service Element/ Common Management Information Protocol)* de OSI, el SNMP *(Simple Network Management Protocol)* de TCP/IP (de la IETF) y el TMN *(Telecommunications Management Network)* de la UIT *(International Telecommunications Union)*. Este último es más para telecomunicaciones en general, los otros son más específicos para informática.

Así pues, puede decirse que hay dos protocolos de gestión que se usan principalmente en el mundo de la informática, CMIP y SNMP. De este último se ha desarrollado otro protocolo que lo complementa, RMON *(Remote MONitoring)* para suplir ciertas carencias. La versión de CMIP para TCP/IP se denomina CMOT *(CMip Over Tcp/ip)*.

Herramientas comerciales y de código abierto que usan o pueden usar estos protocolos son: *IBM Tivoli, Hp Openview, Cisco Works, Nagios, MRTG* y muchas más.

Caso aparte merece la administración basada en web. Permite que a través de navegador web se pueda acceder a los objetos gestionados. El protocolo es WBEM *(Web-Based Enterprise Management)*. Utiliza HTTP *(Hiper Text Transfer*

Protocol) para la comunicación a nivel de aplicación final, lo que le da mucha interoperabilidad, y XML *(eXtensible Mark-up Language)* para el formato de la información. WBEM fue desarrollado por la *DMTF (Distributed Management Task Force)* basándose en el modelo CIM *(Common Information Management)* para los datos de gestión.

Los componentes básicos de WBEM son: el modelo (CIM), el formato (CIM-XML), un lenguaje de consultas (CIM *Query Language),* un protocolo de descubrimiento de servicios (SLP *Service Location Protocol)* y un sistema identificador de objetos WBEM (URI *Universal Resource Identifier).*

Las **ventajas** de WBEM se podrían resumir en las siguientes:

- Presenta una estructura de información orientada a objetos, ideal para la gestión de redes.
- Al ser administración por web resulta transparente, no se "nota" la tecnología subyacente.
- Bastante escalable. Aunque resulta complejo, una vez en marcha no es difícil ir ampliándolo.
- Presenta una única interfaz para manejar todas las redes, sistemas y aplicaciones.

Entre las **desventajas** figura su grado de complejidad y el consumo elevado de recursos.

Actividades

4. Intente elaborar una lista de las herramientas de gestión más utilizadas clasificándolas entre las de *software* libre y las de *software* propietario.
5. Busque soluciones WBEM de diferentes fabricantes.

4. Grupos de estándares

Como se indicó anteriormente, los estándares más importantes de gestión de redes son el CMISE/CMIP de OSI y el SNMP de TCP/IP.

Además de estos estándares, hay fabricantes que han desarrollado su propia tecnología de gestión independiente, como las empresas IBM y ATT entre otras. El riesgo reside en la interoperabilidad con diferentes tecnologías y en qué hacer si la marca desaparece.

4.1. CMISE/CMIP de OSI

CMIP *(Common Management Information Protocol)* es un protocolo de gestión desarrollado por ISO que se basa en los servicios aportados por CMISE *(Common Management Information Service Element).*

CMISE es el servicio que se emplea para informar de eventos, manipular datos de administración y generar peticiones del administrador al agente. CMISE hace uso de las prestaciones proporcionadas por otros dos servicios, ACSE *(Association Control Service Element)* y ROSE *(Remote Operation Service Element).*

ACSE sirve para establecer y liberar las asociaciones entre los agentes y los administradores. Es el procedimiento de transferencia de datos establecido.

ROSE sirve para hacer llamadas a procedimientos remotos. Consiste en la solicitud de una operación remota por parte del administrador (en el dispositivo administrado), el agente intenta ejecutar esa operación y devuelve el resultado al sistema administrador.

Pila de protocolos de CMIP

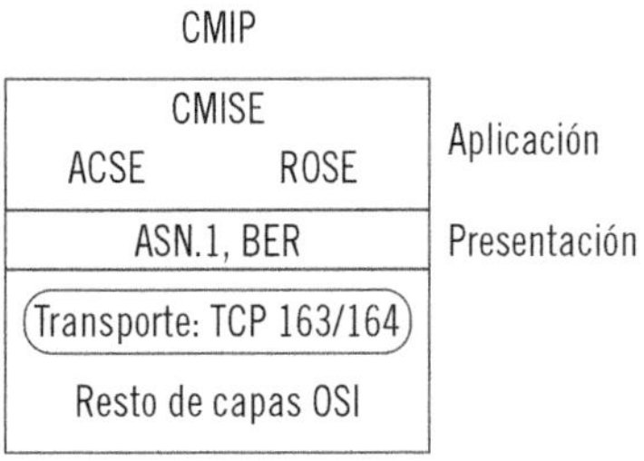

CMIP	
CMISE ACSE ROSE	Aplicación
ASN.1, BER	Presentación
Transporte: TCP 163/164 Resto de capas OSI	

Entre las **características** de CMIP destacan:

- Trabaja con la estructura de sistema administrador (el llamado NMS) y agente (que se ejecuta en el dispositivo gestionado).
- Las cabeceras que emplea son más complejas que con otros protocolos. Es un protocolo orientado a conexión y confiable (es una de las razones de su mayor complejidad). Se asegura del establecimiento de la conexión y de que los paquetes de datos lleguen a su destino.
- Su estructura es distribuida.
- Trabaja en las capas más altas del modelo OSI.
- Tamaño máximo del paquete 64kB.
- Puertos de escucha: el agente en el 164 de TCP *(Transmission Control Protocol),* el administrador en el 163 TCP. Se usa tanto el procedimiento de solicitud-respuesta, como el de trampas (o *"traps")* del agente al sistema administrador para notificaciones sobre determinados eventos. El protocolo TCP le suministra la confiabilidad y establecimiento de conexión. Por eso no realiza continuos sondeos.
- Los agentes son los encargados de monitorear los objetos gestionados.
- Permite múltiples peticiones de un solo mensaje (mejora su efectividad).
- Utiliza MIB *(Management Information Base)* dinámicas. Le da mayor facilidad para representar elementos relacionados.
- Se le considera relativamente caro de implantar por su complejidad, aunque luego es más fácil ampliarlo.
- Tiene una versión para TCP/IP llamada CMOT *(CMip Over Tcp/ip).*

4.2. SNMP de TCP/IP

Es el protocolo de gestión más implantado, quizá por ser nativo de TCP/IP, el protocolo de internet.

SNMP *(Simple Network Management Protocol)* sigue la filosofía de cierta simplicidad en los encabezados de datos, pero ello le pone ciertas trabas, de manera que a veces se complica su configuración dependiendo del nivel de control que se desea sobre la red. Se define en las RFC de la 3410 a la 3418 en las versiones más recientes.

Las **características** de SNMP son:

- Trabaja con la estructura de sistema administrador (el llamado NMS) y agente (que se ejecuta en el dispositivo gestionado).
- Las cabeceras que emplea son relativamente simples. No es confiable ni orientado a conexión.
- Estructura cliente-servidor. El servidor es el equipo gestionado que utiliza el agente de gestión para servir datos al cliente. El cliente es el NMS *(Network Management System).*
- Trabaja en la capa de aplicación del modelo TCP/IP.
- Tamaño máximo del paquete 64kB.
- Puertos de destino: para todos los paquetes es el 161 de UDP *(User Datagram Protocol),* salvo para los mensajes trampa *(Trap)* que utiliza el 162. Entre cliente y servidor se usa tanto el procedimiento de solicitud-respuesta, como el de trampas del agente al sistema administrador para notificaciones sobre determinados eventos. El protocolo UDP no le suministra confiabilidad y por eso realiza continuos sondeos. El NMS envía mensajes de consulta para mantener actualizada la información.
- Hace una petición por cada dato que necesite (no puede usar solicitudes múltiples).
- Utiliza MIB *(Management Information Base)* estáticas.
- Por su relativa sencillez se le considera barato de implantar, pero luego es más costosa su ampliación.

Pila de protocolos de SNMP

SNMP	Aplicación
UDP, puerto 161/162	Transporte
Resto de capas TCP/IP	

Importante

Aunque los puertos estándar son los señalados, 163 y 164 TCP para CMIP, y 161 y 162 UDP para SNMP, no es raro que los administradores de la red configuren los servicios en otros puertos, generalmente por motivos de seguridad.

Aplicación práctica

Una de las cosas que se debe determinar es cuál es el sistema de gestión que menos recursos de red consumirá. Los mensajes de administración y monitoreo de los diferentes protocolos pueden consumir ancho de banda. ¿Cómo se podría saber esto?

SOLUCIÓN

Una manera de averiguarlo sería consultando los manuales de administración de las diferentes herramientas de gestión. De hecho se considera que CMIP consume más ancho de banda por usar mensajes más complejos y acuses de recibo, aunque SNMP realiza consultas más numerosas.

Una forma de comprobar esto sería utilizando un analizador de protocolo como el Wireshark.

Se podrían hacer capturas de tramas con el Wireshark en un entorno de laboratorio de pruebas, por ejemplo, para ver si en el escenario de la red a gestionar los mensajes de uno u otro protocolo acaparan el uso de la red en algún momento.

A continuación, en la siguiente tabla se muestra una comparativa entre SNMP y CMIP:

COMPARATIVA ENTRE SNMP Y CMIP	
SNMP	**CMIP**
Se basa en sondeos	Se basa en eventos
No orientado a conexión	Orientado a conexión
No confiable	Confiable
Carga reducida	Carga importante
Peticiones simples - numerosas	Peticiones más eficientes
MIB estática	MIB dinámica
Menos escalable	Más escalable
Barato de implantar	Caro de implantar

5. Resumen

La estandarización en la gestión de redes beneficia la interoperabilidad entre diferentes tecnologías.

En los estándares se definen diferentes entidades que participan en la gestión. Estas son:

- La entidad gestora que manejará el administrador (con el *software* del servicio de administración de red, NMS).
- Los dispositivos gestionados que contendrán los agentes de gestión que informan al NMS.
- Los protocolos de gestión que marcarán las reglas de comunicación entre los elementos.

También se definirán las estructuras de datos que emplearán comúnmente el estándar ASN.1, utilizado en la norma SMI para varios protocolos.

Los protocolos de comunicación estarán clasificados en torno a dos modelos principales, OSI y TCP/IP, siendo este el más utilizado por ser el nativo de internet.

Las transmisiones de datos de gestión, en general, se realizan de dos formas:

- Por petición y respuesta entre el NMS y el agente.
- Por trampas y mensajes de eventos del agente.

Cada protocolo enviará y utilizará estos mensajes de manera diferente.

De los protocolos de gestión se destacan CMIP y SNMP, cada uno de un modelo distinto. CMIP, más confiable y complejo (se apoya en los servicios de CMIS, ROSE y ACSE) y SNMP, más simple (usa mensajes con menos funcionalidad y realiza sondeos para comprobar los cambios).

SNMP es el más utilizado por participar de la misma estructura de protocolos que internet.

Ejercicios de repaso y autoevaluación

1. **¿Qué elementos se deben definir en los diferentes estándares de gestión?**

2. **Una entidad que participa en la gestión es:**

    a. La estructura de datos.
    b. El SMI.
    c. Un dispositivo gestionado.
    d. Todas las opciones son incorrectas.

3. **El agente de gestión está instalado en todos los dispositivos gestionados. ¿Verdadero o falso? Razone su respuesta.**

4. **¿Cuáles son las capas en las que se divide el modelo OSI?**

5. **¿Para qué sirve la SMI?**

6. **Una de las tareas de los protocolos de gestión es:**

    a. Acelerar la red.
    b. Controlar el acceso a los servicios.
    c. Administrar cuentas de usuario.
    d. Administrar alarmas.

---

7. Señale si las siguientes afirmaciones son verdaderas o falsas.

a. Una entidad gestora es una máquina con el software adecuado para que el administrador pueda operar.

☐ Verdadero
☐ Falso

b. Los protocolos de comunicación establecen el formato de los datos que se van a transmitir.

☐ Verdadero
☐ Falso

8. Un servicio que corre con CMISE es:

a. SNMP.
b. CMIP.
c. ROSE.
d. RMON.

9. Explique las ventajas de la estandarización de los protocolos de gestión.

____
____

10. Indique al menos dos protocolos de gestión que se utilicen en la gestión de redes.

____
____

11. El protocolo de la capa de transporte en SNMP es:

a. TCP.
b. UDP.
c. CMIP.
d. IP.

---

12. La codificación TLV...

a. ... forma parte del estándar ASN.1.
b. ... sirve para establecer el formato de datos.
c. ... se corresponde con las siglas de tipo, longitud y valor.
d. Todas las opciones son correctas.

13. ¿Deben gestionarse todos los dispositivos que hay en la red? Razone su respuesta.

____

____

14. Relacione cada elemento con el correspondiente:

a. Entidad gestora.
b. Protocolo de gestión.
c. Agente de gestión.
d. Dispositivo gestionado.

__ Envía trampas.
__ Regula la comunicación.
__ Contiene objetos gestionados.
__ Controla la gestión.

15. Una capa que se encuentra dentro del modelo TCP/IP es:

a. Presentación.
b. Física.
c. Red.
d. Transporte.

Capítulo 4

Análisis del protocolo simple de administración de red (SNMP)

Contenido

1. Introducción
2. Objetivos y características de SNMP
3. Descripción de la arquitectura
4. Comandos básicos
5. Base de información de administración (MIB)
6. Explicación del concepto trap
7. Comparación de las versiones
8. Ejemplificación de usos
9. Resumen

1. Introducción

Se ha visto que uno de los protocolos que más se usa (si no el que más) en la administración de redes es SNMP. Se ha convertido en el estándar de referencia para cualquier herramienta de gestión de redes.

En este capítulo se analiza con más profundidad. Se examinará su estructura, su forma de funcionamiento, las diferentes versiones que existen, sus comandos y también otros protocolos relacionados. Se busca profundizar en el interior de la gestión de una red.

2. Objetivos y características de SNMP

Los objetivos que pretende SNMP (*Simple Network Management Protocol*) son los que perseguiría cualquier protocolo de gestión. Podrían desglosarse en los siguientes:

- Hacer que la red se use eficientemente, utilizando mejor sus recursos.
- Establecer mecanismos de control y monitorización para garantizar la resolución de problemas a tiempo y suministrar recursos cuando sea necesario.
- Aumentar la seguridad de la red. Se trata de conocer lo que está pasando.
- Controlar cambios y actualizaciones evitando posibles perjuicios.
- Cumplir con todo ello con la máxima sencillez posible.

Nota

La base para conseguir esos objetivos es la monitorización. Con ello, por ejemplo, se controla la utilización del ancho de banda, se comprueba el estado de los enlaces, se detectan cuellos de botella, se pueden resolver ciertos problemas de infraestructura, fallos, etc. También es un buen punto de partida para planificar la seguridad.

Las características básicas de este protocolo son:

- Trabaja en la capa de aplicación del modelo TCP/IP. Es decir, está en el último eslabón para que se entreguen los datos a la aplicación que los maneje.
- Las cabeceras que emplea son relativamente simples. Trabaja con el protocolo UDP en la capa de transporte, lo que indica que no es confiable ni orientado a conexión. Usa los puertos 161 y 162 (este último para los *"traps").*
- Estructura cliente-servidor. El servidor es el equipo gestionado que utiliza el agente de gestión para servir datos al cliente, el cliente es el NMS *(Network Management System)* o sistema administrador.
- Utiliza un tamaño máximo de paquete de 64 kB.
- Mensajes por petición-respuesta y por "trampas" del agente de gestión. Realiza continuos sondeos al carecer de confiabilidad.
- Hace una petición por cada dato que necesite (no puede usar solicitudes múltiples).
- Utiliza MIB *(Management Information Base)* estáticas.
- Por su relativa sencillez se le considera barato de implantar pero de costosa ampliación.

Tipos de mensajes del protocolo SNMP

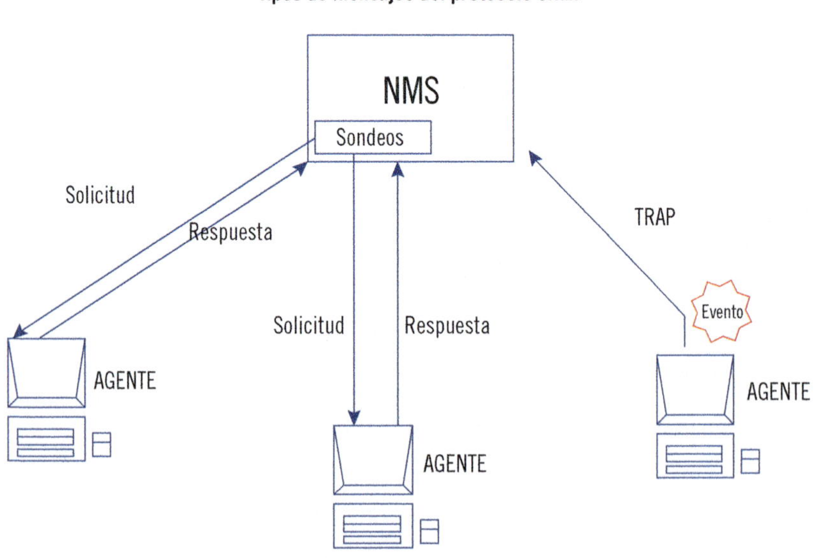

3. Descripción de la arquitectura

Se va a describir la arquitectura a través de los elementos que intervienen en la gestión. Los elementos que se van a considerar son los siguientes: los dispositivos administrados, los agentes de gestión y el sistema de administración.

3.1. Dispositivos administrados

Se trata de todos los dispositivos que se considera que hay que gestionar, y por lo tanto se necesita recabar información sobre ellos.

Para la obtención de información se utilizan los agentes, el *software* que se comunicará con el NMS *(Network Management System)* para que este pueda hacer su labor.

En los dispositivos no todo es importante, hay cosas que interesa monitorizar y otras no. Por eso surge el término de objeto administrado.

Los objetos administrados (o gestionados) son los elementos de los dispositivos administrados de los que se recoge la información de administración. Puede tratarse, por ejemplo, de la ocupación de memoria RAM, del consumo de CPU, etc. Pueden ser tanto elementos de *hardware* como de *software*.

Actividades

1. Imagine dispositivos de su vida diaria que podría administrar. ¿Qué objetos de esos dispositivos administraría?

El dispositivo administrado tiene la responsabilidad de ir recolectando y almacenando la información de sus objetos administrados para poner esa información a disposición del NMS. Toda esa información se almacena en una base de datos **MIB** *(Management Information Base)* distribuida por todos los dispositivos administrados, donde cada uno es responsable del mantenimiento de la información de sus propios objetos.

Cuando se define un objeto gestionado se deben incluir las operaciones permitidas sobre él. El estado o las propiedades del objeto pueden determinar dichas operaciones.

El modelo de definición de los objetos en SNMP se basa en cuatro características:

- **La sintaxis:** indica el formato y los tipos de datos según el estándar SMI.
- **El acceso:** las acciones que la entidad gestora puede realizar sobre el objeto.
- **El estado:** indica si los objetos gestionados del dispositivo tienen algún requisito.
- **El nombre:** identificador único del objeto.

Pilares de la definición de un objeto administrado

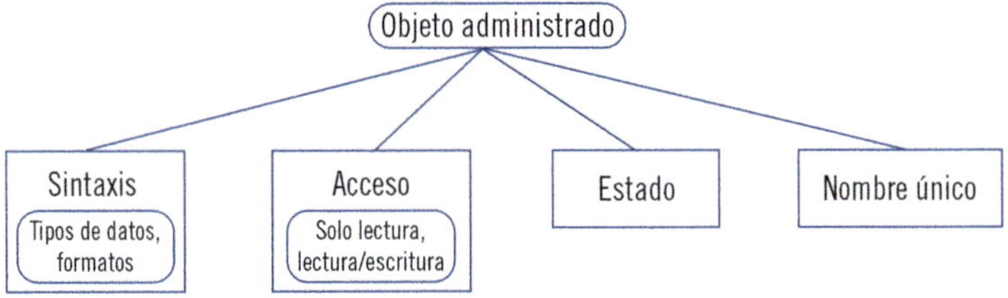

Para la supervisión de los dispositivos gestionados en SNMP se utilizan cuatro comandos básicos: lectura, escritura, notificación y operaciones transversales.

3.2. Agentes

El agente de gestión se encuentra en el dispositivo administrado. Es un *software* que se comunica con la entidad gestora para transmitirle información. Además, también permite manipular los objetos gestionados. Es decir, a través del agente, desde la entidad gestora se pueden ejecutar acciones en el dispositivo gestionado.

Evidentemente, habrá tantos agentes como dispositivos administrados se quieran tener. Estos dispositivos actúan con el rol de servidor de datos de administración al ponerlos a disposición del cliente NMS. Los datos los almacena el agente en forma de su propia base de datos MIB *(Management Information Base).*

Se comunican con el NMS a través de mensajes de solicitud-respuesta (solicitud del NMS por sondeo, respuesta del agente) y de trampas o *traps* del agente, desencadenadas por algún evento en el dispositivo administrado.

Las funciones de los agentes son las siguientes:

- Gestionar las peticiones de los NMS.
- Controlar el acceso mediante los permisos sobre los objetos.
- Resolver nombres.
- Creación, modificación y eliminación de objetos gestionados.
- Envío de notificaciones.

Muchos fabricantes, basándose en SNMP, elaboran sus propios agentes de administración.

Existen unos agentes "especiales" llamados agentes *proxy* que sirven para permitir la coexistencia de diferentes versiones de SNMP.

El caso es que no haya compatibilidad entre las diferentes versiones de SNMP, el agente *proxy* convierte mensajes de una versión en otra para que puedan coexistir, por ejemplo, administradores de red de la versión 2 con agentes de administración de la versión 1. El agente *proxy* es el intermediario entre ambos.

Ejemplo de un agente proxy en un entorno de varias versiones de SNMP

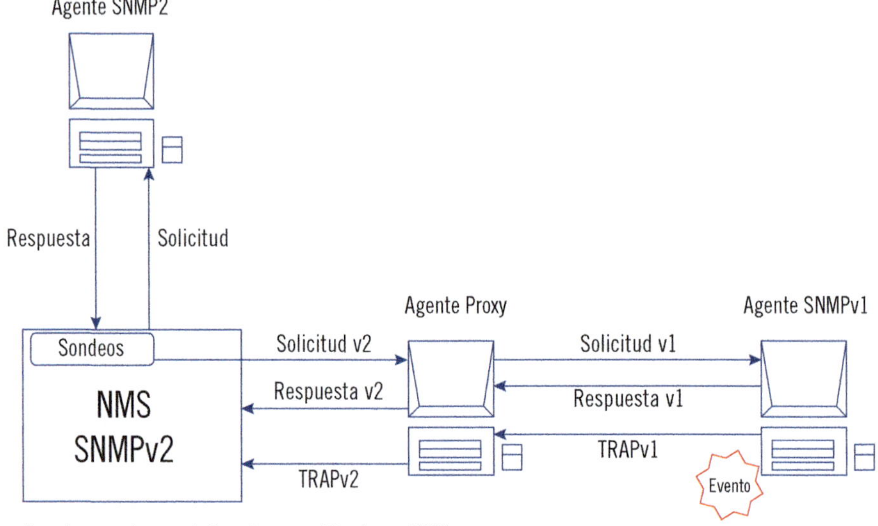

Para ahorrar envíos por red, el agente proxy podría estar en el NMS.

Nota

El papel del agente proxy podría servir también para comunicar el sistema de administración de SNMP con un agente que no utilizase este protocolo (un protocolo propietario, por ejemplo).

El agente en *Linux* es el demonio "snmpd" y se puede instalar con "net-snmp".

En *Windows* se tiene que activar una característica del sistema, SNMP de WMI *(Windows Management Instrumentation).* WMI también es el protocolo de *Windows* para WBEM *(Web Based Enterprise Management).*

Actividades

2. Intente encontrar algún otro ejemplo de servicio proxy semejante al que se ha comentado.

3.3. Sistema de administración

El sistema de administración o NMS *(Network Management System)* será el equipo que tendrá instalada la parte cliente del sistema SNMP, es decir, desde donde se administra la red.

Los programas de administración que residen en los NMS y los elementos de red que se comunican con otros a través de SNMP se denominan entidades de aplicación de SNMP. Las entidades de aplicación se comunican por medio de los mensajes de sondeo comentados además de los "*traps*".

Las funciones de los sistemas de administración son:

- Interactuar con el operador humano, el administrador de la red, mediante la interfaz de usuario y las aplicaciones para la elaboración de informes, estadísticas, etc.
- Comunicarse con los agentes.
- Realizar las operaciones de administración sobre los objetos gestionados a través de los agentes.

Ejemplos de aplicaciones que existen en el mercado que actuarán como sistema de administración son: *Cisco Works, HP BTO (Business Technology Optimization), MRTG* (libre, con versiones *Linux* y *Windows), Cacti* (también libre y con versiones para *Linux* y *Windows),* etc.

Otro ejemplo de cosas que se pueden hacer desde el sistema de administración:

- Cambiar valores de atributos de objetos administrados (como reiniciar contadores de actividad).

- Encender y apagar puertos de comunicaciones (de *switches*, *routers*, etc.).
- Apagar y reiniciar equipos.
- Automatizar tareas de administración.

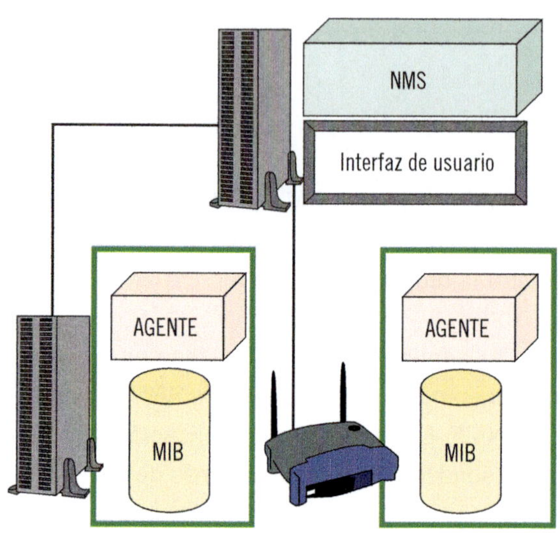

El sistema de administración (NMS) se convierte en el elemento central de la red.

El formato de la **PDU** *(Protocol Data Unit)* de la trama SNMP sería el siguiente:

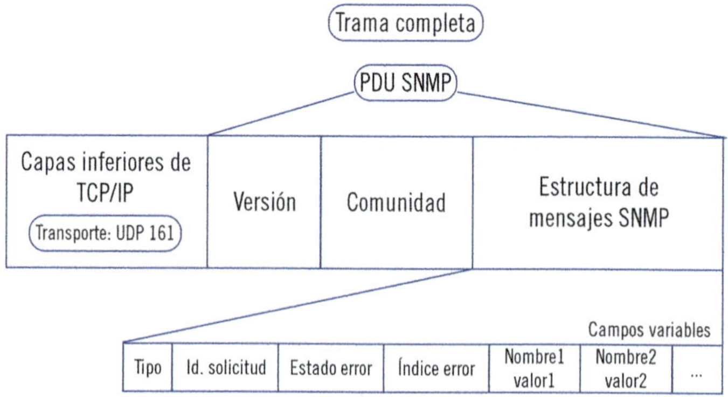

El campo tipo del mensaje especificará el comando SNMP que se empleará.

En el campo versión figura el número de la versión (1, 2 o 3) que se corresponde con la trama.

El nombre de comunidad define el dominio administrativo del NMS. Todos los NMS del mismo dominio usan la misma comunidad (sistemas distribuidos o en árbol), que en versiones antiguas se usaba como sistema de autenticación. Históricamente existía una comunidad llamada "*public*" con permisos de solo lectura, y otra "*private*" con permisos de lectura y escritura.

En las comunidades de solo lectura el agente permite leer los valores de datos, pero no permite al NMS modificarlos. En las de lectura y escritura permite la modificación. Hay dos tipos más de comunidad, el de notificación, para el envío de notificaciones del agente al NMS, y el de lectura y creación.

Los campos de la PDU restantes:

- **Tipo:** especifica el tipo de PDU (el código del comando).
- **ID solicitud:** asocia las solicitudes y respuestas SNMP. Es un número utilizado por el NMS y el agente para enviar solicitudes y respuestas diferentes de manera simultánea.
- **Estado error:** indica uno de una serie de errores y los tipos de errores.
- **Índice error:** asocia un error con una instancia de objeto en particular.
- **Campos variables:** son los campos de datos de SNMP, aquí va la información de los parámetros gestionados con sus valores, codificados por medio del estándar SMI *(Structure of Management Information).*

Definición

PDU

Unidad de datos de protocolo. Conjunto de datos que se utiliza para la comunicación entre las mismas capas entre dos computadores.

4. Comandos básicos

Hay varios comandos básicos con los que en SNMP se desempeñan sus funciones. Cada uno de ellos se manifestará por un mensaje específico dentro de la estructura de SNMP. Dichos mensajes van codificados en la PDU de SNMP en el campo tipo:

COMANDOS BÁSICOS	
Tipo	**Comando**
0	GetRequest
1	GetNextRequest
2	GetResponse
3	SetRequest
4	Obsoleto
5	GetBulkRequest
6	InformRequest
7	Trap

4.1. Lectura

La lectura consiste en obtener el valor de un parámetro específico de un objeto administrado.

Para hacer esto se puede utilizar el tipo de PDU *GetRequest*. A través de este mensaje el NMS solicita al agente que le envíe el dato de ese objeto que le interesa. El agente responderá con una PDU tipo *GetResponse* con el dato, si puede, o avisando de que no puede servir el dato por la razón que sea.

Siempre hay un *GetResponse* del agente para todos los mensajes del NMS. Por los campos de error codificados informa de los motivos por los que no puede satisfacer la petición. Esos campos están a cero en los mensajes que envía el NMS.

Recuerde

Los mensajes del NMS siempre se realizan por sondeo, es decir, cada cierto tiempo realiza una petición esperando una respuesta del agente.

Para no perder la correlación de mensajes de solicitud con sus respuestas se utilizan los campos de identificación ID.

Ejemplo del mecanismo de lectura de SNMP

4.2. Escritura

La escritura se corresponde con el cambio del valor de un determinado atributo de un objeto administrado.

La PDU de SNMP que puede hacer esto es *SetRequest.* El NMS envía una lista al agente con los atributos y valores a cambiar.

Ejemplo del mecanismo de escritura de SNMP

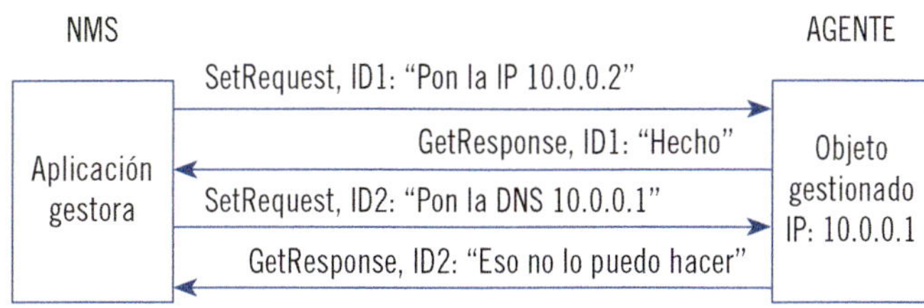

No todos los objetos de las MIB admiten el comando **Set.** Hay MIB que están definidas como solo lectura para consultar información (por ejemplo, el valor de los paquetes entrantes en una interfaz no tiene sentido que se pueda manipular).

Un buen ejemplo de aplicación es RMON *(Remote MONitoring).* Esta dispone de MIB modificables para la construcción de alarmas, entre otras funciones.

4.3. Notificación

La notificación se corresponde con el proceso de aviso de incidencias por parte de los dispositivos administrados. Es el único proceso en el que no se manejan mensajes de solicitud y respuesta.

Aquí se utiliza una PDU específica de SNMP llamada *Trap.* El agente le envía al NMS un mensaje de este tipo avisando de alguna incidencia asíncrona (puede producirse en cualquier momento).

Ejemplo del mecanismo de notificación de SNMP

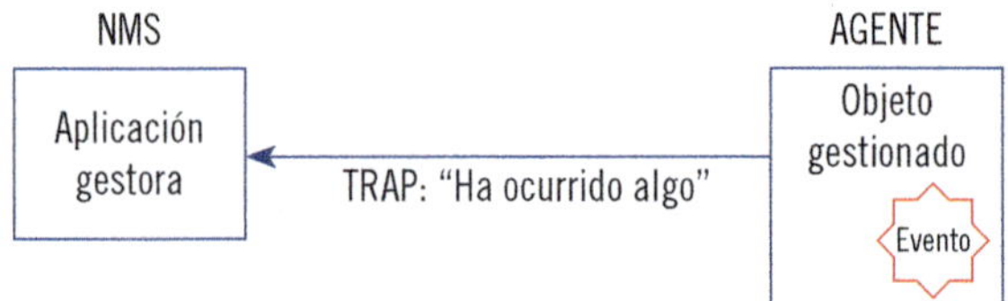

Otro tipo de notificaciones se producen con el comando **InformRequest,** que básicamente es lo mismo que el *trap*, pero en este caso se exige un acuse de recibo, lo que le da la confiabilidad de la que carecen las "trampas". Esto solo sucede a partir de la versión 2, modificándose algunos campos de la trama genérica.

Además, para mantener la concordancia en sistemas de gestión no centralizada los **InformRequest** pueden ser enviados desde un NMS a otro.

Ejemplo del mecanismo de notificación de SNMP con acuse de recibo

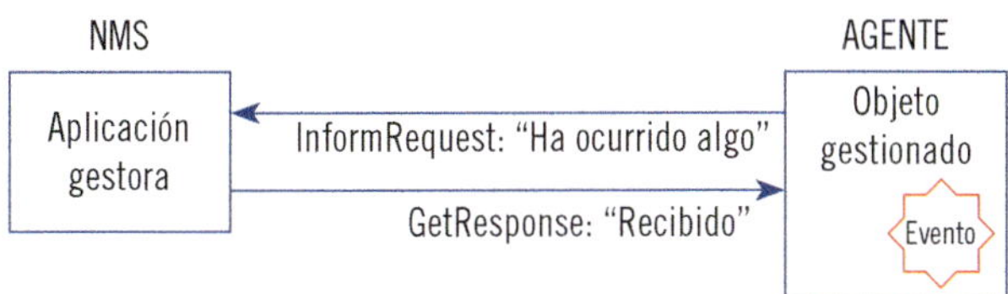

Actividades

3. Piense en qué casos sería más interesante usar mensajes de tipo "trap" o mensajes de tipo "inform".

4.4. Operaciones transversales

Se utilizan para conocer las variables que soporta un dispositivo administrado, y también, para recabar información de tablas de datos.

Para la recolección de datos de tablas se puede recurrir al mensaje **GetRequest,** y posteriormente, **GetNextRequest,** que va solicitando valores referidos al anterior hasta terminar la tabla.

Otra forma más conveniente, en versiones 2 y 3 de SNMP, es mediante el mensaje **GetBulkRequest,** que con un solo mensaje solicita toda la tabla.

Ejemplo de petición de una tabla

Importante

Las tramas de versiones posteriores de SNMP van incluyendo campos nuevos para las operaciones de los comandos nuevos. La estructura de la trama genérica se mantiene añadiendo dichos campos.

5. Base de información de administración (MIB)

La administración de la red se basa en el mantenimiento, por parte del agente de administración, de una base de datos distribuida alojada en cada uno de los nodos administrados de la red con datos de todos los objetos administrados. MIB *(Management Information Base)* es el nombre de dicha base de datos. Su función es alojar esa información de forma estandarizada evitando la duplicidad en los nombres.

Actualmente, para SNMP se utiliza la base de datos MIB-2.

5.1. Explicación del concepto

El mantenimiento de la MIB suele realizarse de manera remota desde una aplicación de administración en el NMS. Cada nodo está responsabilizado del mantenimiento de los datos de los objetos administrados que alberga.

La base de datos contiene los atributos de configuración y funcionamiento de los objetos administrados. Por eso lo más cómodo es que se almacene en cada uno de los dispositivos administrados.

Para definir los objetos que figuran en la base de datos MIB se utiliza una estructura jerárquica, en árbol, en donde cada objeto se describe por su pertenencia a sucesivas familias de objetos, relacionados por aspectos comunes.

Nota

La estructuración de la MIB se basa en diversos estándares en función de la versión y del protocolo que se utilice para la administración. Se pueden consultar algunos estándares para SNMP en los RFC 1213, 1156, 2863, 3418, 4293, 4022, 4113.

Pero ¿qué tipo de objetos son esos? Precisamente son los objetos administrados, de manera que al hacer la gestión se pueden elegir diversos productos de *software* bajo el mismo protocolo de gestión.

Ejemplo

Una variable MIB es ipInAddrErrors. Esta almacena el número de paquetes perdidos por culpa de una dirección IP incorrecta. Pertenece al grupo IP, junto con otras variables semejantes.

La estructura de datos de la MIB se rige por el estándar SMI, de manera que se evita toda posible duplicidad de nombres en el árbol de objetos MIB. Los objetos se identifican con un OID *(Object IDentifier)*. Cada una de las definiciones de objetos en ese árbol recibe el nombre de variable MIB. Las variables se almacenan en grupos, los cuales pertenecen a determinadas ramas del árbol MIB. Dicha ramificación es bastante intrincada. En la definición de las variables se indica además el permiso de lectura y/o escritura sobre la misma. Un objeto administrado puede estar definido por más de una variable.

Se trata de una estructura estandarizada, en donde algunos fabricantes han incluido definiciones de sus propios productos.

5.2. Organización jerárquica

La estructura en árbol marca una cierta jerarquía en la distribución de las variables MIB. Ello ayuda a evitar las duplicidades de nombres, su principal objetivo.

Los identificadores de los objetos ubicados en la parte superior del árbol pertenecen a diferentes organizaciones internacionales de estándares, como ISO, mientras muchas ramas inferiores son incluidas por organizaciones asociadas y algunas empresas que incluyen sus propias definiciones acomodadas a sus productos. Hay un objeto, "*private*" con un subárbol llamado "*enterprises*", donde los fabricantes pueden almacenar sus extensiones propias.

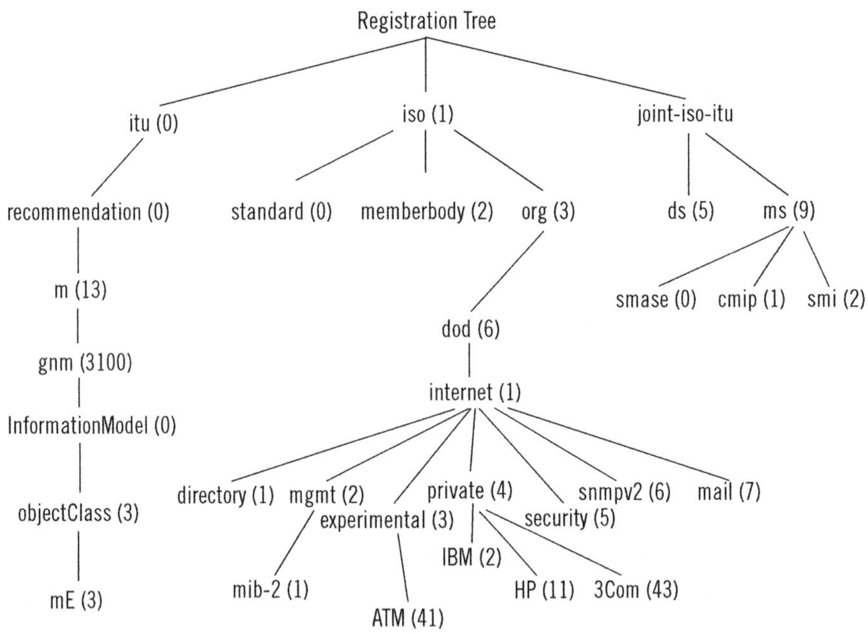

Ejemplo del árbol MIB. En el primer nivel pueden verse las organizaciones internacionales ITU e ISO

En la imagen anterior puede observarse la estructura parcial del árbol ramificándose en grupos y subgrupos sucesivamente.

Se parte de una raíz con tres objetos principales numerados desde cero en adelante. Luego de cada uno de ellos cuelgan más objetos, siempre empezando la numeración en cero, salvo los elementos finales, las variables, que se inician en uno.

Para la nomenclatura de un objeto se puede actuar de dos maneras:

- **Por nombres:** para conseguir el nombre completo de un objeto se actúa recorriendo el árbol desde la raíz hasta donde esté el objeto, siempre separando los nombres de los nudos por puntos. Por ejemplo "iso.org.dod".
- **Por números:** se sigue el mismo procedimiento pero utilizando los números estandarizados en lugar de los nombres de los nudos. Por ejemplo 1.3.6.

Los elementos finales (las hojas del árbol) son variables, los intermedios son los grupos a los que pertenecen.

Nota

Se puede consultar el árbol MIB bastante completo en:

https://www.tamps.cinvestav.mx/~vjsosa/clases/redes/MIB.pdf

Sabía que...

La organización jerárquica de las MIB es muy parecida a la que se establece en los servicios DNS *(Domain Name System)*. Dichos servicios traducen las direcciones IP de las máquinas en nombres, para que se puedan manejar estos en lugar de números. Así es más fácil para las personas acceder a dichas máquinas (servidores, PC, etc.).

Aplicación práctica

Utilizando como apoyo la imagen adjunta, ¿cómo se nombrará la variable ipInDelivers en la estructura MIB, tanto en notación numérica, como la nominal? ¿A qué grupo pertenece? ¿Puede indicar cuantas variables hay en su grupo?

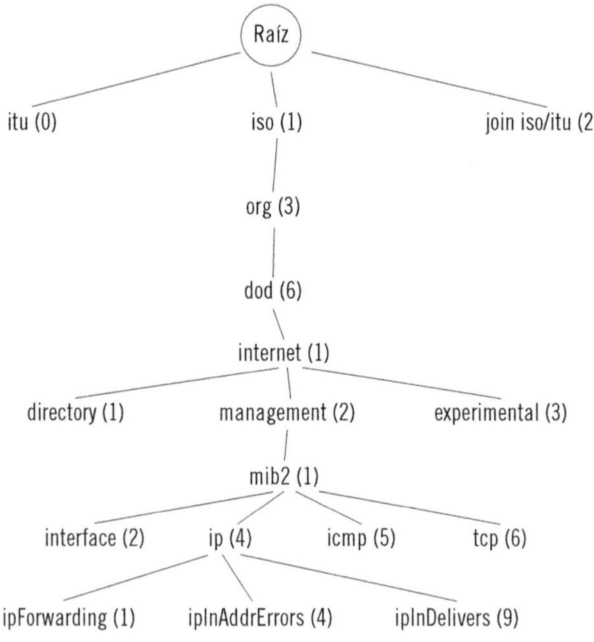

SOLUCIÓN

En notación nominal: .iso.org.dod.internet.management.mib2.ip.ipInDelivers.

En notación numérica:1.3.6.1.2.1.4.9.

Se trata de una variable (es un elemento final del árbol, una "hoja") y pertenece al grupo IP, junto a las variables ipForwarding, etc. Al tener el número 9 se puede asegurar que al menos son 9 variables. En realidad en ese grupo hay muchas más.

6. Explicación del concepto trap

Como se ha visto, "*trap*" es el tipo de mensaje asíncrono que el agente envía al NMS para advertirle acerca de un evento que ha tenido lugar en un dispositivo administrado.

La filosofía de los *trap* es evitar el consumo excesivo de ancho de banda por los mensajes de administración. Por eso se envían sin acuse de recibo, lo cual genera cierta incertidumbre sobre si el mensaje llega con éxito a su destino. Para la comunicación se usa el puerto 162 de UDP. Los mensajes *InformRequest* quedan más para el uso entre NMS.

El mensaje *trap* se envía en cualquier momento (asíncrono), en cuanto una variable alcanza un valor determinado.

Ejemplo

El envío de un mensaje de trampa puede producirse cuando una variable alcanza cierto valor por desbordamiento, es el caso de un contador de errores, como ipInHdrErrors, o cuando adquiere un valor por cambio de estado, es el caso de una variable de tipo entero, revelando un enlace que se cae, como *ifAdminStatus.* Estos avisos son de gran utilidad para los NMS.

Puede ser además que se tengan multitud de dispositivos administrados y no sea práctico realizar continuas consultas por parte del NMS. Aquí los *trap*s adquieren mayor relevancia.

Las tramas de tipo *trap* difieren de las normales, tienen el código de tipo 7 y algunos campos diferentes.

Esquema de una trama de tipo trap genérica

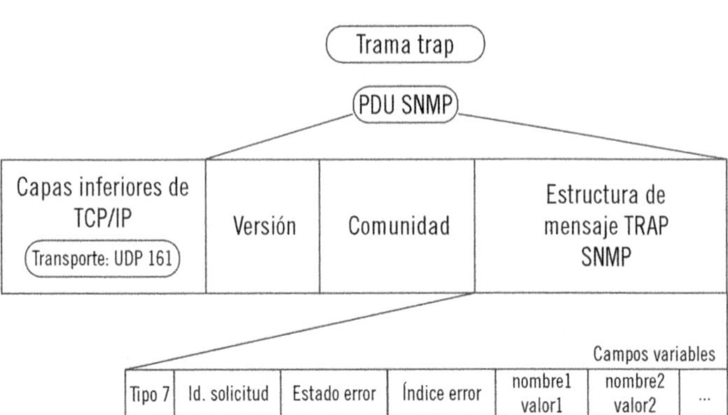

Los campos que incorpora el mensaje:

- **Empresa:** indica el tipo de objeto administrado que provoca la notificación.
- **Agente:** la dirección IP del agente que envía el mensaje.
- **Código genérico:** una primera clasificación de los tipos de *traps*. Por ejemplo: *Cold start* (código 0) indica un reinicio del agente habiendo podido cambiar la configuración, *Warm start* (código 1) podría indicar un reinicio sin cambio en la configuración, etc.
- **Código específico:** clasificación más concreta sobre el tipo de *trap*.
- **Tiempo:** el transcurrido desde la última inicialización del agente.
- **Campos variables:** información concreta sobre los valores afectados.

RESUMEN DE LOS TIPOS DE MENSAJE DEL SNMP

Mensaje	Sentido	Operación
GetRequest	NMS → Agente	Lectura
GetNextRequest	NMS → Agente	Lectura
GetResponse	Agente → NMS	Respuesta
SetRequest	NMS → Agente	Escritura
GetBulkRequest	NMS → Agente	Lectura
InformRequest	NMS → NMS y Agente → NMS	Notificación
Trap	Agente → NMS	Notificación

Actividades

4. Intente encontrar unos cuantos ejemplos de eventos que puedan provocar un mensaje "*trap*".

7. Comparación de las versiones

Existen tres versiones de SNMP que son las siguientes:

- **SNMPv1.** La primera versión incorporaba las funciones *GetRequest, GetNextRequest, GetResponse, SetRequest y Trap.*

  Entre los problemas de esta primera versión figuraba la imposibilidad de conseguir los datos de una tabla con una sola petición. Se tenían que hacer sucesivos *GetRequest* y *GetNextRequest.*
  Otro problema era la seguridad. La única manera de establecer cierta seguridad era a través del nombre de comunidad y los permisos de acceso a los objetos. La comunidad define el dominio de administración del sistema SNMP, se trasmite como una contraseña y no es difícil de averiguar pues viaja en texto plano (sin cifrar). Se ve en la obligación de acudir a otras funciones adicionales a SNMP para garantizar la seguridad.

- **SNMPv2.** La versión 2 sigue confiando la seguridad en las comunidades.

  En esta versión se modifica el uso de algunos campos de la trama genérica para adaptarla a nuevas funcionalidades. Esas nuevas funciones son *GetBulkRequest* y *InformRequest*, y mejorando además, el comportamiento de las órdenes de la versión 1.
  Con *GetBulkRequest* se consigue hacer peticiones para volúmenes de datos mayores, y así permite que se puedan solicitar tablas sin tener que hacer continuas solicitudes.
  Los *InformRequest* permiten la comunicación entre NMS y que los agentes envíen avisos con acuse de recibo.

- **SNMPv3.** Resuelve problemas de seguridad de las versiones anteriores. Es como la versión 2, incorporando características de seguridad.

  Para ello se basa en un modelo de seguridad de usuario con gestión de claves y autenticación *(User-based Security Model* o USM). Además, el control de acceso a los objetos se hace por un modelo de vistas donde se define a que MIB se puede acceder y con qué permisos. Los mensajes van acompañados de huellas digitales generadas con una función *hash* (MD5 o SHA) para garantizar la integridad. También incorpora mecanismos para cifrar la información.

Nota

MD5 (Message Digest) y SHA (Secure Hash Algoritm) son funciones criptográficas especialmente diseñadas para salvaguardar la integridad en las comunicaciones.

El formato de la trama SNMP se amplía para aportar la seguridad mencionada.

Esquema de una PDU de tipo SNMP3. Se excluyeron los campos de las capas inferiores

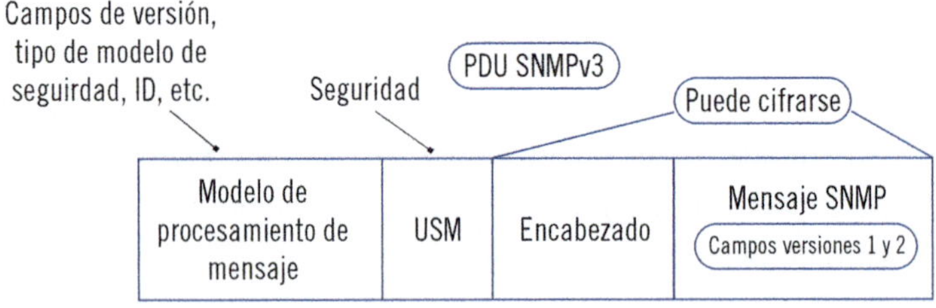

Esta versión de SNMP no está siendo masivamente implantada. Se usa más la versión 2. La seguridad que aporta puede ser sustituida por

otros métodos, y muchos dispositivos suelen venir con capacidades de SNMPv2.

Aplicación práctica

El administrador de la red de una compañía de distribución se enfrenta al reto de implantar SNMP en la red de comunicaciones con el objetivo de mejorar la gestión de los recursos disponibles. ¿En qué circunstancias elegirá una versión u otra de SNMP para administrar la red?

SOLUCIÓN

Dependerá del tiempo para el despliegue del sistema, la seguridad a emplear, y los dispositivos a gestionar.

En general, siempre es mejor utilizar las versiones más recientes, esto decantaría la decisión hacia el uso de la versión 3.

Muchos dispositivos incorporan SNMP. Se puede aprovechar esto para utilizar la versión que tengan. Si es una versión demasiado antigua se puede plantear el emplear tiempo en actualizar a alguna versión más reciente.

Si la seguridad de la red está garantizada por algún producto que ya está en uso (cortafuegos correctamente configurados, sistemas de detección de intrusiones, etc.) puede ser interesante "renunciar" a la versión 3 y quedarse con una versión más sencilla.

Generalmente con la versión 2 se consigue un buen resultado.

8. Ejemplificación de usos

Para utilizar SNMP hay que configurar por una parte los agentes, y por otra los NMS.

Los agentes en *Linux* se configuran por el archivo "/etc/snmp/snmpd.conf", y hay que tener activado el servicio o demonio "snmpd".

Un archivo "snmpd.conf" sencillo podría ser:

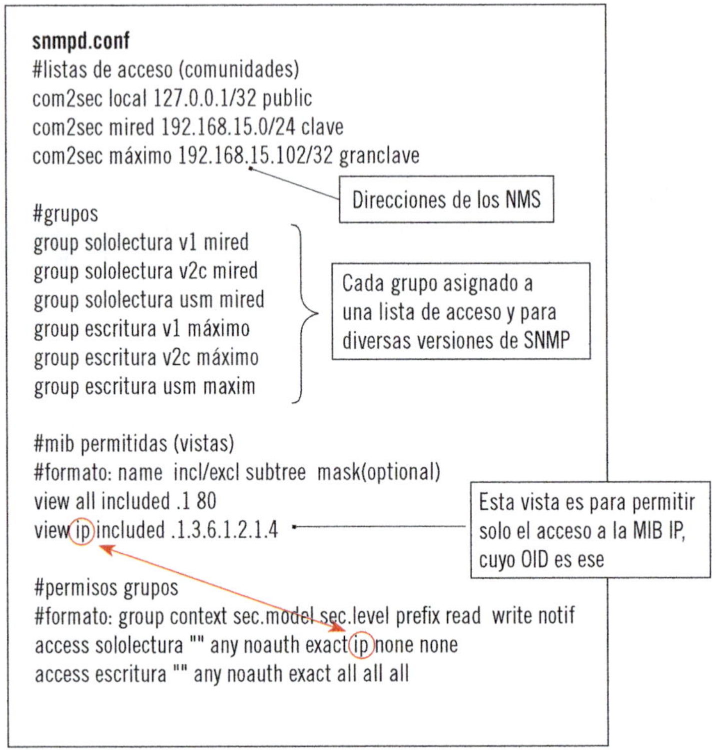

En este ejemplo hay 3 comunidades, de las que solo hay dos aplicadas a sendos grupos (clave y granclave). La comunidad "clave" queda adscrita a un grupo que solo le da acceso de lectura al grupo IP de las MIB. La comunidad "granclave" no tiene esas restricciones.

Desde el NMS se pueden ejecutar comandos para recabar información.

Se pueden usar los comandos **snmpstatus** para comprobar el funcionamiento y **snmpwalk** para coger datos. Con **snmpget** se pueden solicitar varios OID *(Object IDentifier)* seguidos. La sintaxis de ***snmpwalk*****:** *snmpwalk* –c *comunidad* –v *versión ip_agente OID.*

Ejemplo

snmpwalk -c granclave -v 1 192.168.15.101 1.3.6.1.2.1.4.1

Este comando devuelve: iso.3.6.1.2.1.4.1.0 = INTEGER: 2 → en este ejemplo se le ha pedido al agente (192.168.15.101) el valor de la variable ipForwarding, y muestra que es un entero de valor actual 2.

La comunidad "clave" está restringida al grupo IP, no puede hacer consultas sobre otras MIB:

snmpwalk -c clave -v 1 192.168.15.101 1.3.6.1.2.1.1 → grupo "interfaces", no muestra los interfaces, muestra el mensaje de End of MIB.

Se puede ejecutar sin indicar el OID, con lo cual vuelca el contenido de toda la información a la que puede acceder. Se puede hacer que lo vuelque en un archivo de texto para posterior análisis:

snmpwalk -c granclave -v 1 192.168.15.101 > archivo.txt.

En el caso de *Windows* el agente se instala como un complemento del sistema operativo que se puede encontrar dentro de los servicios de *Windows,* ejecutando el comando services.msc y una vez dentro de la pestaña servicios se podrá activar o desactivar este servicio.

Para configurar el servicio se debe pulsar con el botón derecho sobre el servicio y abrir las propiedades para configurar la seguridad (comunidades) y capturas (a dónde irán los traps).

Para conocer si está instalado el servicio SNMP o si, por el contrario debe instalarse en la página de masterhacks indican el proceso para llevarlo a cabo. <https://blogs.masterhacks.net/geek/tutoriales/como-activar-el-servicio-snmp-en-windows-10-y-windows-11-con-powershell/>.

Configuración del agente en Windows

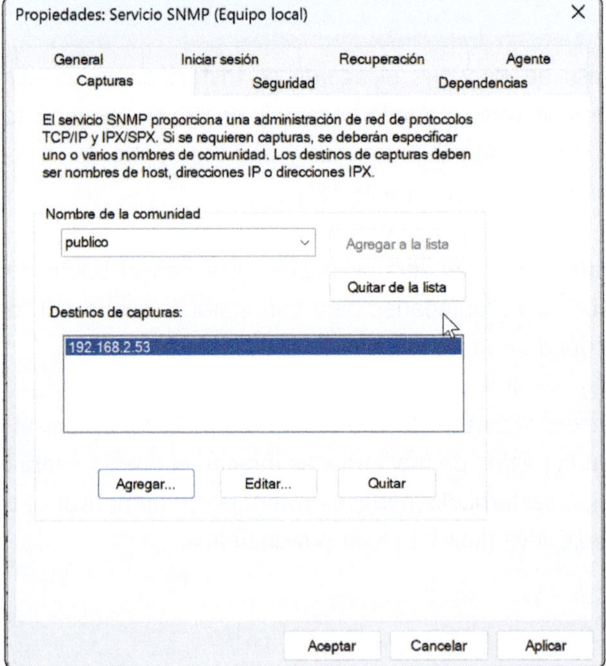

Configuración de los traps

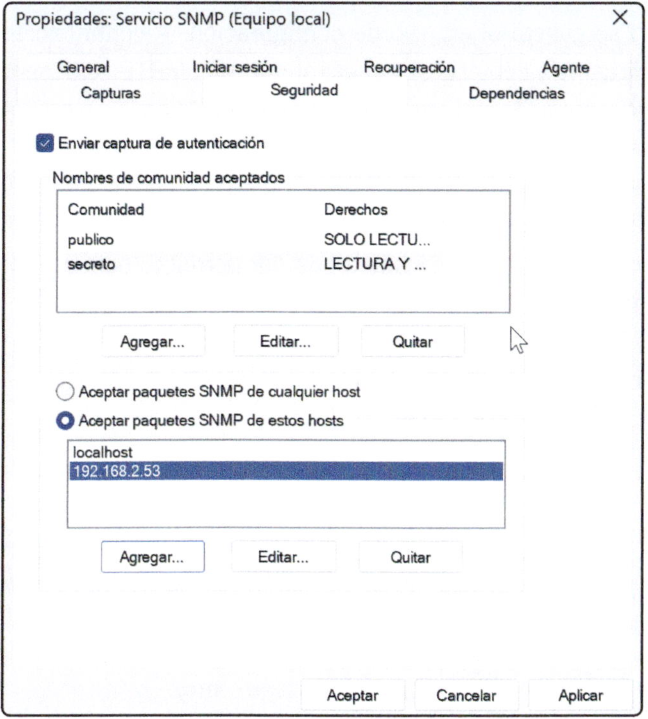

Configuración de las comunidades

Todas estas funcionalidades y comandos de SNMP son aprovechadas por herramientas de gestión para hacerlo más manejable. Por ejemplo, se podría instalar MRTG, ya sea en *Windows* o en *Linux*, como entidad gestora (NMS).

MRTG necesita un intérprete *Perl* y el servicio web *(Internet Information Services*, IIS, de *Windows*, o *Apache*, por ejemplo) para mostrar sus informes.

La configuración en *Windows* con IIS se puede hacer así:

La carpeta de MRTG se descomprime en el raíz, por comodidad, **C:\mrtg,** por ejemplo, y se ejecuta en modo comando, desde la subcarpeta *bin*, la secuencia siguiente:

```
C:\mrtg-2.17.4\bin>perl cfgmaker granclave@192.168.15.101 -global "WorkDir: c:\
inetpub\wwwroot\mrtg" -output mrtg.cfg
```

cfgmaker *sirve para generar el archivo de configuración de MRTG. En este caso para la comunidad "granclave" del agente 192.168.15.101, en el directorio web del IIS por defecto.*

Con eso se genera el archivo de configuración. A continuación se ejecuta **perl mrtg mrtg.cfg** y con esto se genera el informe. MRTG se debería establecer como servicio automático (como demonio) que se ejecutase solo para no tener que hacerlo manualmente, y así vaya haciendo los sondeos. Ya estaría listo para consultar por web, accediendo a dicho servicio en el NMS.

En la configuración del IIS habrá que dar permisos para acceder a la página. En el navegador se podrá escribir **http://localhost/mrtg/.**

Se podría hacer una carpeta con cada dispositivo administrado dependiendo de su naturaleza y del número de los mismos.

El archivo de configuración "mrtg.cfg" puede modificarse con un editor de texto, para, por ejemplo, modificar o añadir los OID de las MIB que se quieran consultar.

Como puede comprobarse, se pueden tener agentes y NMS de diferentes plataformas, unos de *Windows*, otros de *Linux*, etc.

Actividades

5. Intente instalar y configurar el servicio SNMP junto con el gestor MRTG. Descárguelo de la página oficial http://oss.oetiker.ch/mrtg/.
   Si lo hace con *Windows* instale el Perl desde el enlace:
   http://www.activestate.com/products/perl/
6. Utilice un sniffer para observar los intercambios de paquetes SNMP que se producen.

Informe de PRTG (alternativa de MRTG para Windows)

Aplicación práctica

Un despacho de abogados en expansión posee unas instalaciones grandes, lo que ha llevado a pensar en la necesidad de administrar eficazmente la red de comunicaciones. A la hora de realizar la administración de la red, ¿cuál deberá ser la plataforma elegida para instalar el *software* de gestión, *Windows* o *Linux*?

Continúa en página siguiente >>

<< Viene de página anterior

SOLUCIÓN

Evidentemente, a la hora de instalar los agentes depende de los dispositivos a gestionar, ahí no hay elección posible, incluso muchas veces habrá que utilizar agentes de marcas específicas.

La elección viene dada a la hora de decidir dónde estará el NMS.

Puede utilizarse un equipo ya instalado para otros propósitos, un servidor, por ejemplo, en cuyo caso la decisión tampoco es libre. Solo hay que decidir si el sistema de gestión puede resultar excesivo para el servidor en cuestión.

Finalmente, puede que se tome la decisión de instalar un equipo (o más de uno) dedicado a la administración (aparte de otros usos que se puedan plantear), entonces cabe pensar en términos de coste-beneficio, donde el *software* libre parte con ventaja.

---

9. Resumen

El protocolo SNMP es un estándar de TCP/IP muy utilizado por ser parte de la pila de protocolos que se emplean en internet. Su filosofía es la sencillez, por eso utiliza el protocolo UDP en la capa de transporte, huyendo de acuses de recibo y de complejidad en la estructura de protocolos.

Trabaja con una estructura cliente-servidor, en donde los clientes (llamados NMS) gestionan a los servidores (llamados agentes).

Se transmiten mensajes unos a otros, no son muy variados, básicamente los NMS solicitan datos a los agentes por medio de sondeos (mensajes *Get)*, o que cambien ciertos valores *(Set).* Las respuestas de los agentes pueden incluir mensajes de error si los hubiera *(Response).* Además, los agentes pueden lanzar mensajes de aviso sobre eventos *(traps* e *Inform),* siendo el más empleado el *trap,* por su escaso consumo de ancho de banda.

El resultado es un sistema que consume poco ancho de banda, aunque no tiene confiabilidad y cuenta con poca seguridad.

Para el almacenamiento de datos se utilizan las MIB, bases de datos distribuidas en los agentes con la información sobre sus objetos administrados. El hecho de estandarizar las MIB hace que se puedan emplear herramientas de muy diferentes fabricantes para usar SNMP.

La estructura de MIB es en forma de árbol, donde se puede utilizar nomenclatura numérica o nominal para hacer referencia a todos los objetos y variables del árbol, de manera unívoca.

Existen 3 versiones de SNMP, no compatibles, en donde la segunda mejora el rendimiento de las órdenes de la primera, y la última resuelve en parte el problema de seguridad, siendo la más utilizada la segunda por su mayor sencillez.

Por último, cabe destacar que se puede disponer de muchas soluciones comerciales, libres y de pago para múltiples plataformas.

Ejercicios de repaso y autoevaluación

1. **¿Qué elementos intervienen en la arquitectura de SNMP?**

____

____

2. **Un objetivo de SNMP es:**

   a. Aumentar la velocidad.
   b. La transmisión confiable.
   c. La sencillez.
   d. Todas las opciones son incorrectas.

3. **El agente proxy está instalado en todos los dispositivos gestionados. ¿Verdadero o falso? Razone su respuesta.**

4. **Señale si las siguientes afirmaciones son verdaderas o falsas.**

   a. El NMS es el sistema servidor.

      ☐ Verdadero
      ☐ Falso

   b. Los trap los envía el dispositivo administrado.

      ☐ Verdadero
      ☐ Falso

5. **¿Cuáles son los mensajes que puede enviar un NMS a un agente?**

____

____

---

6. ¿Cuál es la función de MIB?

____

____

7. ¿En qué capa opera SNMP?

a. Acceso a red.
b. Internet.
c. Transporte.
d. Aplicación.

8. La nomenclatura utilizada en la MIB...

a. ... puede realizarse con números separados por puntos.
b. ... puede realizarse con nombres separados por puntos.
c. ... es unívoca, ningún nombre se repite en todo el árbol.
d. Todas las opciones son correctas.

9. Explique dónde se almacena la base de datos MIB.

____

____

10. Indique al menos dos maneras de que dispone el NMS para solicitar una tabla.

____

____

11. Los puertos que usa SNMP son:

a. 161 y 162 UDP.
b. 163 y 164 UDP.
c. 163 y 164 TCP.
d. 161 y 162 IP.

---

12. Las versiones que incluyen el comando GetBulkRequest son:

a. La 1.
b. La 2 y la 3.
c. La 3.
d. La 1 y la 2.

13. ¿Los trap se envían de manera confiable? Razone su respuesta.

____

____

14. Relacione cada elemento con el correspondiente:

Nombre de MIB	NMS
SNMPv3	GetResponse
Agente	1.3.6.1.1.4
MRTG	Seguridad USM

15. Un trap se envía:

a. Cada cierto tiempo.
b. Cuando ocurre algo relevante en el agente.
c. Cuando ocurre algo relevante en el NMS.
d. Cuando el usuario administrador lo decida.

Capítulo 5

Análisis de la especificación de monitorización remota de red (RMON)

Contenido

1. Introducción
2. Explicación de las limitaciones de SNMP y de la necesidad de monitorización remota en redes
3. Caracterización de RMON
4. Explicación de las ventajas aportadas
5. Descripción de la arquitectura cliente servidor en la que opera
6. Comparación de las versiones indicando las capas del modelo TCP/IP en las que opera cada una
7. Ejemplificación de usos
8. Resumen

1. Introducción

RMON *(Remote MONitoring)* es una especificación estándar de monitoreo que permite a los diversos monitores de red el intercambio de datos que están monitorizando.

Es un protocolo que permite unas funcionalidades extendidas a las que presenta SNMP al utilizar MIB adicionales. Fue desarrollado por el IETF *(Internet Engineering Task Force)* para mejorar el monitoreo y el análisis de redes de área local.

Con SNMP se pueden monitorizar los dispositivos de red, pero presenta ciertas limitaciones cuando la red es muy grande, o cuando se quieren monitorizar muchos parámetros.

Para superar dichas limitaciones se desarrollaron nuevas MIB, como una extensión, formando el llamado protocolo RMON. También se superan problemas con redes remotas que para SNMP podían resultar conflictivas.

2. Explicación de las limitaciones de SNMP y de la necesidad de monitorización remota en redes

SNMP solo tiene conocimiento de los dispositivos de la red por separado, de forma individualizada. No puede hacer análisis de los tipos de tráfico que pasan por una red, ni del estado de ocupación de los diferentes segmentos de red.

Es decir, SNMP no tiene un conocimiento global del estado de la red. Además, para dispositivos remotos podía ser un incordio, y un consumo de ancho de banda excesivo, el envío continuo de solicitudes, típico de SNMP.

Si hay demasiados elementos remotos puede atascarse la red con información de administración, por ejemplo cuando varias máquinas a la vez envían "*traps*" para informar de eventos determinados (como cuando hay un enlace que falla y afecta a varios equipos).

Sería interesante tener un monitor que avisara de ello, o que filtrase la información de los *traps*.

Recuerde

Los traps son mensajes que envían los agentes SNMP sin que hayan sido solicitados previamente. Se producen cuando hay algún evento que los desencadena en función de la programación del agente.

En SNMP, el sistema de administración (NMS) corre con todo el procesamiento de la información de administración, lo que hace que sea necesario transmitir toda esa información completa desde los agentes.

Sería interesante que se pudiera procesar antes y enviar la información justa, o algo simplificada, para su representación en el NMS (ahorrando los recursos de la red).

Red con SNMP

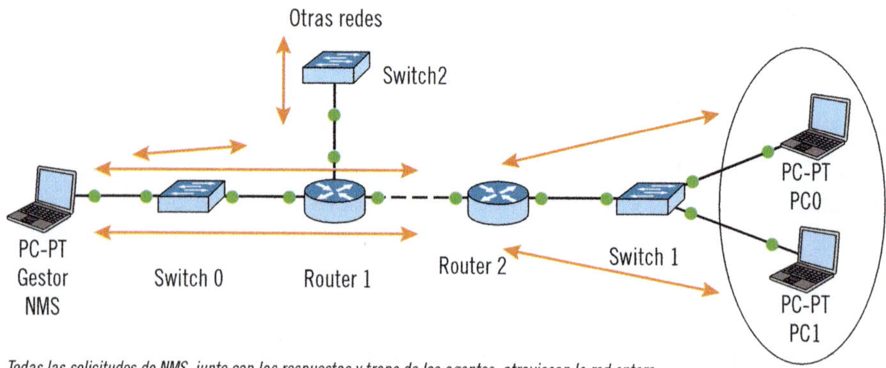

Todas las solicitudes de NMS, junto con las respuestas y traps de los agentes, atraviesan la red entera.

Ejemplo

La caída intermitente de un enlace puede producir una avalancha de mensajes por parte de los agentes que se ven afectados.

Ejemplo de estaciones de una red remota enviando continuas alarmas de reinicio

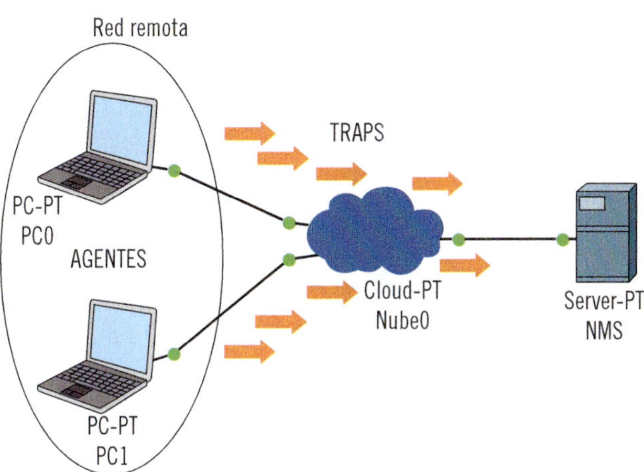

En ocasiones interesa más lo que atraviesa globalmente la red, que el estado concreto de un dispositivo, por ejemplo para analizar el uso del ancho de banda.

Para poder conocer a fondo el estado de la red, con SNMP podría ser necesario consultar todos los dispositivos, lo cual desembocaría en un uso intensivo de la red por la información de administración. Al final los datos de ocupación de la red estarían falseados por el propio uso del sistema de gestión.

3. Caracterización de RMON

RMON es un protocolo que inicialmente trabajaba en las capas más bajas del modelo OSI *(Open System Interconnection)*, pero que ya cuenta con funcionalidad a nivel de todas las capas. Viene definido en varias RFC *(Request For Comments)* partiendo de la 1757 por sus diferentes versiones, como las 2613 (SMON), 2819, 3278 y 4502.

Mantiene el protocolo SNMP subyacente. Se le puede considerar como una extensión de dicho protocolo. En realidad, es un módulo MIB para SNMP.

El objetivo de RMON es el de conseguir una visión sobre el tráfico de red en el segmento de red en el que se encuentra el monitor (el equipo con RMON instalado). Se ocupa principalmente de los patrones de tráfico en lugar del estado de los dispositivos individuales.

Para ello usa una MIB especial (la 1.3.6.1.2.1.16) para guardar información de monitorización de segmentos de red diferentes. Cada monitor trabaja en un segmento de red, pero pueden comunicarse remotamente para informar de redes remotas.

Nota

Puede consultar una descripción de los objetos de la MIB de RMON en:

- http://www.oidview.com/mibs/0/RMON2-MIB.html.
- https://polaridad.es/guia-completa-de-rmon-mib-para-la-gestion-remota-de-redes/.

Se pueden utilizar equipos especiales, puede venir pre-instalado en *routers* y *switches*, o bien se pueden emplear ordenadores de propósito general. A los monitores de red se les suele llamar **sondas RMON** porque sondean su segmento de red recabando información para luego servirla al NMS. A veces se les denomina **agentes RMON.**

Las sondas RMON recopilan información de administración de la misma forma que lo hace un agente SNMP, transmitiendo la información periódicamente. Además, también pueden procesar previamente la información a enviar a la estación de administración (NMS).

En el mercado hay múltiples soluciones de *software* para instalar equipos informáticos como *Network Instruments* y *SolarWinds*.

Ejemplo de switches con funcionalidades de RMON

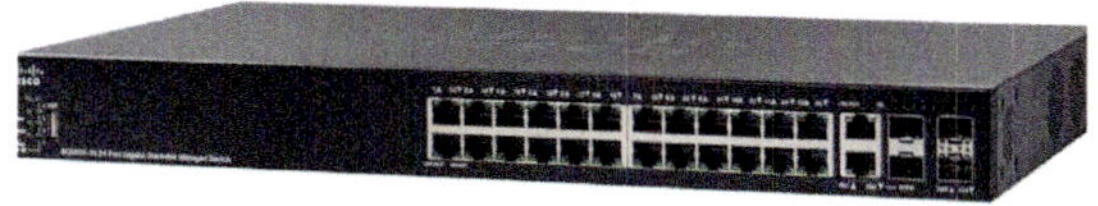

Cisco 550X Series. Modelo SX550X-16FT

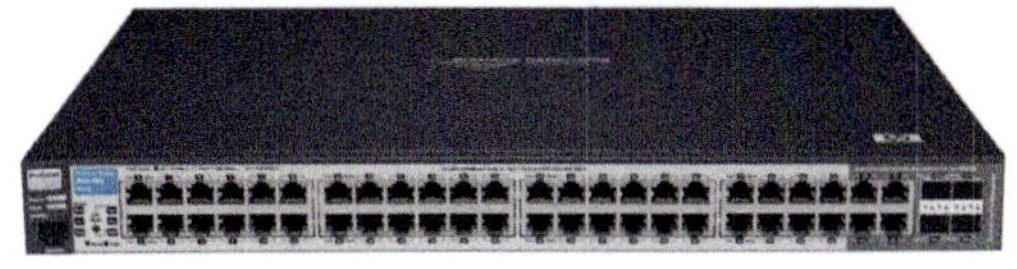

Switch HP 2810-48G

3.1. Características de RMON

En cuanto a las principales **características** de RMON pueden distinguirse las siguientes:

- **Gestiona subredes completas,** es decir, dentro de un segmento de red recaba la información de los agentes presentes. En redes segmentadas (con *switches)* se utiliza la versión SMON.
- **Trabaja por medio de SNMP.** Necesita que el protocolo SNMP permanezca subyacente, ya que utiliza sus comandos y sus procedimientos.
- **Funcionamiento en modo promiscuo.** Captura toda clase de tráfico, no solo el que tiene destino en el equipo donde está instalado.
- La **información de administración se almacena en la base de datos distribuida,** MIB RMON.

Nota

Una solución para redes segmentadas es aprovechar la funcionalidad de puerto SPAN *(Switched Port ANalyzer)* de algunos switches, lo que permite monitorizar todos los puertos del *switch* por ese puerto. No todos los modelos soportan esa característica.

El problema de las redes segmentadas es que monitorizando un puerto del *switch* no se puede monitorizar el tráfico de los restantes puertos, salvo si presenta esa funcionalidad SPAN (o si el *switch* se comportase como un hub).

Actividades

1. Busque otras soluciones de *software* RMON en el mercado.

3.2. Modos de operación de RMON

Durante su trabajo RMON puede operar de diferentes formas:

- **Modo *Off-line*:** el monitor recoge información del segmento de red que monitoriza continuamente. Fuera de línea quiere decir que lo hace sin enviar nada al NMS, salvo que se produzca un evento relevante.
- **Monitorización anticipada:** el monitor tiene la capacidad de realizar diagnósticos registrando la actividad en la red, comunicándose con el NMS si sucede algo relevante.
- **Detección de problemas e informes:** el monitor realiza parte del procesamiento de la información de red. Realiza informes con lo que se ha encontrado. Libera con ello parte del trabajo del NMS.
- **Generando datos de valor añadido:** se analizan los informes realizados anteriormente, sacando conclusiones sobre posibles problemas, cuellos de botella, uso de la red, etc. Aquí se libera aún de más trabajo al NMS.

Una forma de distribuir las sondas RMON puede ser poniéndolas en cada segmento de la red que se quiere monitorizar (pueden instalarse en un *host*, en un *switch*, en un *router* u otro dispositivo de propósito específico).

4. Explicación de las ventajas aportadas

Las ventajas se podrían resumir en dos aspectos: el uso más racional del ancho de banda por parte del sistema de administración por un lado, el ahorro de procesamiento en el NMS, por otro.

RMON está orientado al estudio del flujo de datos, SNMP al estudio de dispositivos puntuales.

Realiza la monitorización del segmento de red local, analiza el tráfico e informa al NMS cuando se producen eventos relevantes, o cuando lo solicita el propio NMS. Esto reduce el tráfico de administración, especialmente en el segmento en el que se encuentra el NMS, donde acabaría en otro caso toda la información.

Las **ventajas** pueden desglosarse de la siguiente manera:

- Disminución del consumo de recursos en la red y en la estación central de gestión. No se envía toda la información que se produce por la red, solo lo relevante e información ya analizada.
- El NMS no realiza peticiones continuas, solo envía las solicitudes cuando le interesa.
- Detección local de fallos informando al NMS de los mismos.
- Monitorización configurable de la sonda RMON. Se pueden programar alarmas, trabajos a realizar, filtros para reducir el volumen de información a manejar, etc.
- Realización de informes y análisis de los mismos. Parte del trabajo del NMS lo puede hacer la sonda RMON.
- Recolección de información para múltiples gestores (la sonda almacena la configuración que recibe en tablas que luego puede distribuir entre varios NMS). Cada sonda puede ser configurada para añadir redundan-

cia al trabajar con múltiples gestores, con lo que se mejora la confiabilidad de la información.

Ejemplo de una red con una sonda RMON

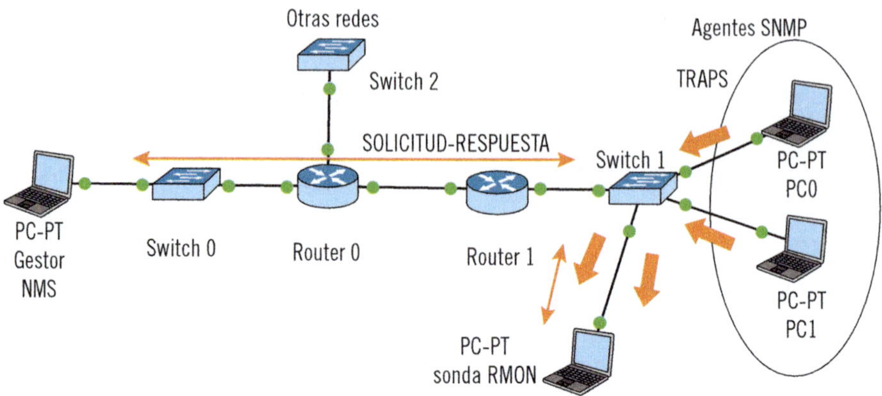

En la imagen se observa que ya no hay tantos mensajes atravesando la red.

Actividades

2. Intente diseñar un plano sencillo de una red de un edificio de oficinas y coloque sobre ese plano la ubicación del sistema NMS, agentes y sondas RMON.

5. Descripción de la arquitectura cliente servidor en la que opera

La arquitectura de RMON es muy similar a la vista en SNMP. Unas máquinas sirven los datos de administración, otras los gestionan.

Los elementos que participan en RMON son:

- **El gestor de la red,** conocido como NMS *(Network Management System)*, que ya se tenía en SNMP. Mejor si son varios por redundancia ante fallas.

- **Sondas RMON,** colocadas estratégicamente (al menos una en cada segmento de red). Estarán formadas por un agente SNMP (por el que enviará información al NMS) y la MIB de RMON, por medio de la cual se configura.
- **Protocolo SNMP y equipos agentes SNMP.** Además de lo anterior, habrá los dispositivos y protocolos habituales de SNMP.

Los servidores son los agentes SNMP que se encuentran en los dispositivos gestionados, más el de la sonda RMON, que servirán sus datos al NMS. Los agentes SNMP independientes servirán sus datos a la sonda RMON como si esta fuese el NMS que les correspondiese.

Los clientes son el NMS, que recaban la información de las sondas, y las propias sondas, que recogen la información de los agentes SNMP y todo el tráfico que pase por el segmento en el que están situadas.

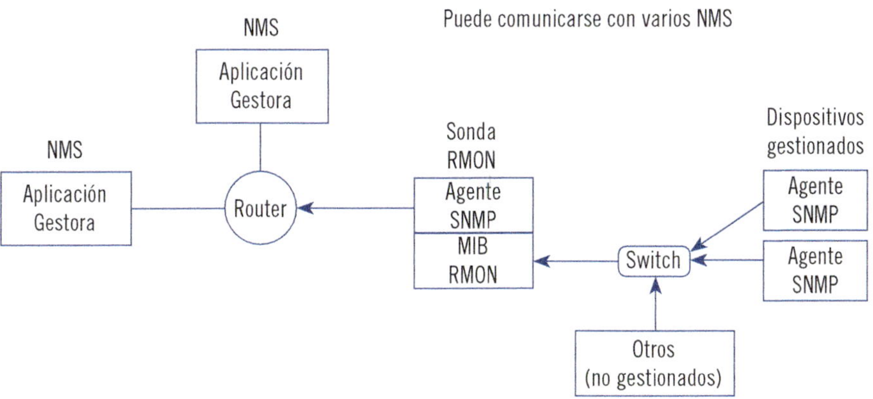

La sonda monitoriza no solo a los agentes, sino el tráfico de todo lo que pasa por su enlace.

Nota

Lo ideal es que la sonda resida en el propio switch, así es más fácil controlar todo el tráfico. Ello exige un switch configurable y de cierta calidad.

6. Comparación de las versiones indicando las capas del modelo TCP/IP en las que opera cada una

Básicamente existen dos versiones de RMON:

- La **versión RMON1** trabaja en las capas inferiores del modelo OSI correspondientes con la capa de acceso del modelo TCP/IP.
- La **versión RMON2** añade soporte de red y aplicación. Esto permite usar variables referidas a enrutamiento y servicios diversos.

Hay más versiones, "especiales", que derivan de las anteriores, como SMON para redes segmentadas, o como HCRMON para redes de alta capacidad. Se les llama mini-RMON a aquellas versiones que trabajan solo con los grupos MIB 1, 2, 3 y 9, pensadas para no ocupar muchos recursos del dispositivo. Hay fabricantes que desarrollan soluciones a medida.

Capas TCP/IP a las que se corresponde cada versión

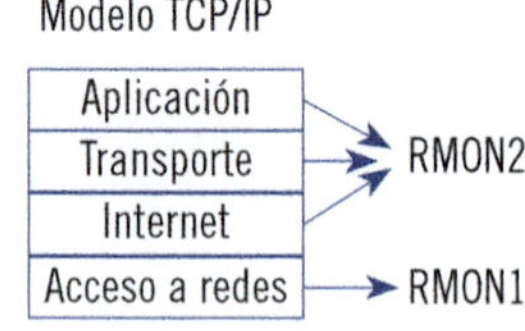

Los grupos de las MIB que utilicen las diferentes versiones y/o distribuciones de *software* le darán más o menos funcionalidad al sistema.

Generalmente no interesa utilizar todas las MIB, puesto que ello produciría mucha información innecesaria. Por eso se emplean muchas mini-RMON por defecto en dispositivos comerciales.

El funcionamiento de RMON se define por el empleo que hace SNMP de la MIB de RMON.

La MIB RMON es 1.3.6.1.2.1.16 (se corresponde con iso.org.dod.internet.management.mib2.rmon). Dentro están los distintos grupos con subgrupos y variables que definen el comportamiento de RMON.

Los grupos MIB de **RMON1** son:

1. ***Statistics.*** Estadísticas sobre paquetes, utilización de los enlaces, problemas (colisiones, errores CRC, etc.).
2. ***History.*** Almacenamiento de las estadísticas anteriores, como un registro histórico.
3. ***Alarm.*** Configuración y definiciones de "*Traps*". Umbrales de muestreo o alarma de ciertas variables.
4. ***Hosts.*** Estadísticas de un *host* (nodo) específico de la LAN *(bytes* enviados/recibidos, paquetes, etc.).
5. ***Host topN.*** Registro de las conexiones "*top* N" más activas en un periodo de tiempo (una forma de ordenar las conexiones por su nivel de actividad).
6. ***Matrix.*** Matriz de tráfico enviado/recibido (errores, utilización, etc.) entre pares de nodos.
7. ***Filter.*** Filtros, según ciertos patrones (direcciones MAC, puertos TCP/UDP, etc.), para capturar solo el tráfico de interés.
8. ***Capture.*** Recogida de paquetes que cumplen el filtro y preparación para su envío al NMS.
9. ***Event.*** Envía alarmas (SNMP *traps),* eventos producidos por el agente (por alarmas y excepciones) y genera registros *(logs).*
10. ***Token Ring.*** Extensiones para *Token Ring.*

Es decir, tecnologías relacionadas con la capa de acceso.

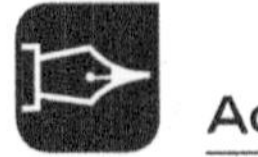

Actividades

3. Busque por la MIB RMON cuáles son las variables relacionadas con los paquetes de salida y entrada de un host. Indique su OID (Object IDentifier).

Para las capas superiores está RMON2.

Los grupos MIB de **RMON2** son:

1. ***Protocol Directory.*** Lista de protocolos que la sonda puede monitorizar.
2. ***Protocol Distribution.*** Estadísticas de tráfico por cada protocolo de capa superior (IP, UDP, SNMP, por ejemplo).
3. ***Address Map.*** Traducción de direcciones entre IP y MAC.
4. ***Network-Layer Host.*** Estadísticas de la capa 3 para cada *host* (paquetes entrada/salida, etc.).
5. ***Network-Layer Matrix.*** Estadística de la capa de red para cada par de nodos.
6. ***Application-Layer Host.*** Estadísticas sobre la capa de aplicación (y por protocolo) para cada nodo.
7. ***Application-Layer Matrix.*** Estadísticas sobre la capa de aplicación (y por protocolo) para cada par de nodos.
8. ***User History.*** Muestreo en un periodo determinado de algunas variables, definidas por usuario.
9. ***Probe Configuration.*** Configuración remota de los parámetros de las sondas.
10. ***RMON Conformance.*** Conformidad con las normas RMON. Comprobación de la RFC 2021 sobre formato y variables RMON.
11. ***Traps.*** Variables "*rising*" y "*falling*" para configurar los umbrales de alarma.
12. ***SwitchRMON.*** Especificación de SRMON.

Ejemplo

En el grupo de configuración de la sonda (Probe Configuration, cuyo OID es 1.3.6.1.2.1.16.19) se encuentran variables de configuración remota de las sondas, como probeResetControl, que controla cómo se reinicia la aplicación de control, guardando o no los cambios hechos, y otras muchas variables interesantes.

7. Ejemplificación de usos

Las sondas RMON siempre deben estar colocadas en un segmento de red (lo mejor en un *switch)* para ir monitorizando el tráfico y enviando información relevante al NMS.

La configuración de las sondas se realiza mediante comandos "*set*" de SNMP desde el NMS, sobre los objetos de la MIB RMON. Con esos comandos se pueden cambiar estados de variables, o definir valores para establecer el comportamiento de la sonda. Internamente el protocolo trabaja con dos tablas:

- **Tabla de control (de lectura y escritura).** Es donde se encuentran los parámetros necesarios para configurar los datos que aparecerán en las tablas de datos. Estos parámetros se configuran desde el gestor de red, que añade o modifica una fila en esta tabla para configurar su petición de monitorización. La sonda recolecta datos basándose en esa petición.
- **Tabla de datos (de solo lectura).** Almacena los resultados de la monitorización. Son los datos que luego se sirven al NMS, o bien se procesan antes de ser enviados.

Una de las cosas más interesantes que se pueden configurar son las alarmas en función de valores umbrales.

Nota

Otro uso interesante es el de los filtros (MIB 1.3.6.1.2.1.16.7 y 8) para capturar tráfico específico, por ejemplo para analizar el uso de la red por determinados tipos de tráfico. Ello puede dar respuesta a problemas puntuales de cuellos de botella.

Las variables de las alarmas se pueden encontrar en la MIB 1.3.6.1.2.1.16.3, donde se hallan, entre otras, *alarmRisingThreshold* y *alarmFallingThreshold,* que sirven para definir umbrales de subida y de bajada de la variable que se quiera (por ejemplo, una variable que cuente errores en los paquetes entregados, si supera cierto valor hace que salte una alarma). Las alarmas se reflejarán como eventos que se transmitirán en forma de *traps.* Para ello se cuenta con las variables *alarmVariable, alarmValue* y *alarmInterval* que configuran aspectos de las alarmas, como la variable a controlar (por ejemplo, con los de una variable que cuenta errores en la transmisión, como *etherStatsCRCAlignErrors),* o el tiempo de muestreo.

Ejemplo de cómo es la generación de eventos por variable de umbral

Los valores se corresponden con una variable a configurar.

Igualmente, son interesantes los grupos de historial (aportan información de cómo va evolucionando la red) y de estadísticas, así como los de conexiones activas (MIB 1.3.6.1.2.1.16.4 y 5) que pueden resaltar algún problema en la red.

Aplicación práctica

El administrador de una red quiere averiguar por qué se produce una ralentización de las comunicaciones cuando, teniendo ancho de banda suficiente, se realizan actualizaciones en la red de la empresa. ¿Cómo podría analizar la red con una sonda RMON para averiguar la causa del problema? Indique las MIB que podría utilizar.

SOLUCIÓN

Teniendo sondas que controlen todos los segmentos de red, puede ser de interés establecer unas alarmas con umbral (grupo *Alarm,* 1.3.6.1.2.1.16.3 y con las variables *alarmRisingThreshold* y *alarmFallingThreshold*) para que salten cuando se detecte un aumento significativo del uso de ancho de banda por parte de alguna conexión específica (grupo *hostTopN,* 1.3.6.1.2.1.16.5), y llegado el caso, filtrar el tráfico (grupo *Filter* y *Capture* 1.3.6.1.2.1.16.7 y 8) para asegurarse de cuál es el tipo de tráfico que puede estar dando problemas. Para el envío de las alarmas se utilizará el grupo *events* (1.3.6.1.2.1.16.9).

8. Resumen

RMON es una evolución del protocolo SNMP para superar ciertas limitaciones del mismo.

SNMP supone una excesiva carga sobre la red cuando tiene que monitorizar muchos elementos, por lo que la utilización de monitores de red en esos casos se hace imprescindible.

RMON analiza flujos de datos más que dispositivos puntuales (lo que hace SNMP). La buena colocación de las llamadas sondas RMON se convierte en un factor crítico. Debería haber una en cada segmento de red y el mejor sitio para ello es en un *switch*.

RMON se basa en SNMP y en el añadido de ciertas MIB que incorporan las funcionalidades necesarias al protocolo. Esto le permite liberar de mucho trabajo al NMS y, sobre todo, ahorrar recursos de red, pues solo se envía información relevante al NMS (sin estar ocupando la red con mensajes continuos).

Se dispone de dos versiones de RMON (1 y 2) de las cuales derivan otras, como mini-RMON (con unas pocas MIB), SMON y HCRMON.

RMON1 se basa en la capa de acceso del modelo TCP/IP, mientras RMON2 cuenta con funcionalidades de las capas superiores.

Se puede de esta manera conseguir información sobre el estado de la red, y se pueden utilizar variables como las relativas a filtros y estadísticas que facilitan la elaboración de informes y análisis, umbrales para avisar de eventos, etc.

Ejercicios de repaso y autoevaluación

1. ¿En qué capas opera el protocolo RMON2?

____

____

2. Una característica de RMON es:

a. Aumenta la velocidad.
b. Utiliza un conjunto propio de MIB.
c. Aumenta la seguridad.
d. Todas las opciones son incorrectas.

3. Cada sonda debe colocarse en un segmento de red. ¿Verdadero o falso? Razone su respuesta.

____

____

4. Señale si las siguientes afirmaciones son verdaderas o falsas.

a. Cada sonda se comunica con un único NMS.

☐ Verdadero
☐ Falso

b. La sonda puede estar ubicada en un router.

☐ Verdadero
☐ Falso

5. ¿Cuáles son los elementos que participan en RMON?

____

____

6. ¿Qué es la monitorización anticipada?

7. ¿En qué capa opera RMON1?

a. Acceso a red.
b. Internet.
c. Transporte.
d. Aplicación.

8. ¿Qué es la mini-RMON?

a. Una versión reducida de RMON, con solo unos grupos MIB.
b. Una versión reducida de RMON, sin agente.
c. Una versión que se actualiza sin necesidad de configurar nada.
d. Todas las opciones son correctas.

9. Explique cómo están formadas las sondas.

10. ¿Únicamente los agentes SNMP envían traps? Razone su respuesta.

11. Indique al menos dos ventajas que supone el uso de RMON.

12. Los clientes en RMON son:

a. Los agentes SNMP.
b. Las sondas y los NMS.
c. Solo los NMS.
d. Solo las sondas.

13. Un grupo de la MIB2 es:

a. Capture.
b. Token Ring.
c. Address Map.
d. History.

14. Relacione cada elemento con el correspondiente:

Grupo MIB RMON1	Host TopN
RMON2	Red segmentada
Sonda	Capa Aplicación
SMON	En cada segmento

15. Una variable de umbral sirve para...

a. ... que cada cierto tiempo se genere un evento.
b. ... que cada cierto tiempo se consulte una variable.
c. ... informar sobre el estado de la sonda al NMS.
d. ... enviar un evento al NMS cuando una variable supera cierto valor.

Capítulo 6

Monitorización de redes

Contenido

1. Introducción
2. Clasificación y ejemplificación de los tipos de herramientas de monitorización
3. Criterios de identificación de los servicios a monitorizar
4. Criterios de planificar los procedimientos de monitorización para que tengan la menor incidencia en el funcionamiento de la red
5. Protocolos de administración de red
6. Ejemplificación y comparación de herramientas comerciales y de código abierto
7. Resumen

1. Introducción

Hasta ahora se han visto protocolos que sirven para gestionar la red. Para poder utilizarlos convenientemente es necesaria la ayuda de herramientas especializadas en la administración de redes.

La monitorización de la red ha quedado justificada por criterios tanto de economía (aprovechamiento de recursos), como de gestión (facilita el trabajo de los gestores). No hay una única herramienta que lo haga todo (monitorizar rendimiento, seguridad, etc.). Se deberá utilizar la herramienta adecuada en cada caso.

Así pues, habrá herramientas especializadas en hacer diagnosis, o en analizar el rendimiento o la disponibilidad de un sistema. Además, se desarrollan protocolos específicos para determinados tipos de análisis o monitoreo, que a veces se podrán combinar para obtener una información más detallada sobre la red.

Muchas empresas intentan desarrollar programas de monitoreo que incluyan diferentes herramientas para tenerlas integradas en una sola. Esto redunda en una mayor facilidad de instalación y uso.

2. Clasificación y ejemplificación de los tipos de herramientas de monitorización

La monitorización de la red se puede hacer de muchas maneras. A veces solo se desea saber si un equipo está encendido, otras en cambio, lo que se desea conocer es cuánta memoria RAM está consumiendo.

En dependencia de eso se pueden escoger unas herramientas u otras, y se puede hacer una pequeña clasificación de las mismas.

2.1. Diagnóstico

Las herramientas de diagnóstico son aquellas que informan del estado de los dispositivos. Entre esa información figura, además de si está encendido el equipo, los puertos abiertos o cerrados, los servicios activos, e incluso podría haber información relativa a la versión del sistema operativo y aplicaciones de red que se están usando.

Se pueden distinguir las siguientes herramientas:

- ***Ping:*** informa acerca de la conectividad con un dispositivo remoto, de la calidad de la conexión y puede informar de hasta dónde se tiene conectividad (si hay un *router* caído en el camino hacia el destino). Entorno textual.
- ***Traceroute (entornos Linux), Tracert (entornos Windows):*** informa sobre lo mismo que *ping*, pero da una información más precisa sobre los *routers* por los que va pasando hasta llegar al destino. Hay herramientas gráficas que se basan en esta para mostrar un resultado más visual (como *Neotrace* o *Visual Route).*
- ***Netstat:*** se usa de forma local. Sirve para saber qué conexiones se tienen en el equipo en ese momento. Entorno textual.
- ***Nmap:*** sirve para hacer un testeo sobre los puertos que pueda tener abiertos un sistema remoto, informando sobre servicios asociados. Es de entorno textual, tiene una versión gráfica llamada *Zenmap.*
- ***Analizadores de protocolo:*** popularmente llamados "*sniffers*", permiten analizar el tráfico de red en el segmento local en el que se encuentran. *Wireshark, tcpdump* y el monitor de red de *Windows* son algunos ejemplos.
- ***Analizadores de vulnerabilidades:*** como *Nessus* y *OpenVas,* realizan un test remoto sobre el sistema y averiguan vulnerabilidades presentes.

```
PS C:\WINDOWS\system32> tracert google.es

Traza a la dirección google.es [142.250.200.131]
sobre un máximo de 30 saltos:

  1     8 ms     5 ms     1 ms  192.168.245.2
  2    10 ms     7 ms     4 ms  192.168.1.1
  3    17 ms     9 ms     9 ms  192.168.144.1
  4     6 ms     5 ms     5 ms  121.red-5-205-16.dynamicip.rima-tde.net [5.205.16.121]
  5    14 ms    15 ms    15 ms  22.red-5-205-16.dynamicip.rima-tde.net [5.205.16.22]
  6    16 ms    15 ms    15 ms  173.red-80-58-89.staticip.rima-tde.net [80.58.89.173]
  7    15 ms    15 ms    15 ms  176.52.253.93
  8    20 ms    14 ms    16 ms  5.53.0.176
  9    16 ms    16 ms    16 ms  108.170.253.225
 10    15 ms    18 ms    15 ms  142.251.51.141
 11    16 ms    20 ms    15 ms  mad41s14-in-f3.1e100.net [142.250.200.131]

Traza completa.
```

Ejemplo de uso de Tracert

Actividades

1. Puede bajarse una versión de prueba de Visual Route en http://www.visualroute.com/. Instálelo y pruebe su funcionamiento, como haría con *Tracert.*

2.2. Monitorización activa de la disponibilidad: SNMP

La monitorización activa se refiere a un proceso en el que se analiza de forma continua los dispositivos que se monitorizan para mantener lo más fielmente posible la información sobre ellos.

Esto se puede conseguir por medio de un procedimiento de sondeos repetitivos cada cierto tiempo. El mejor ejemplo de proceso que hace esto es SNMP, que normalmente se configura para que realice sondeos en espera de respuestas cada cinco minutos.

Ejemplo de uso de SNMP para recolectar datos sobre el consumo de RAM

2.3. Monitorización pasiva de la disponibilidad: NetFlow y Nagios

La monitorización pasiva se basa en la transferencia de eventos por parte de los dispositivos a administrar hacia los elementos gestores de la administración, los NMS *(Network Management System).*

NetFlow

Se trata de un protocolo patentado por *Cisco* y diseñado para la recolección de datos sobre el estado de la red. Se convierte en un estándar de la IETF *(Internet Engineering Task Force)* conocido como **IPFIX** *(Internet Protocol Flow Information eXport)* que puede consultarse en la RFC 3954.

Suele instalarse en *routers* o *switches* para generar informes que pueden ser enviados luego a un equipo centralizado para presentar los datos. Al estar estandarizado muchos fabricantes, además de *Cisco,* lo implementan en sus equipos *(Juniper, Alcatel,* etc.).

El funcionamiento es el siguiente: se activa el protocolo en las interfaces (tarjetas de red) del *router* o *switch* donde se quiera recolectar la información (se puede discriminar entre el tráfico que llega y el que sale de dicha interfaz). El sistema puede procesar los datos y generar informes resaltando las IP y puertos de origen y destino, así como el tipo de tráfico.

Toda esa información se almacena en el propio dispositivo que la recolecta en la llamada ***"caché netflow".*** Cuando se llena, o se configura de alguna manera, el contenido de la caché es enviado (exportado) al equipo centralizado que puede ser una estación de trabajo normal.

Sabía que...

Caché es un área de memoria RAM para almacenamiento intermedio. Al ser RAM, su contenido se borra con el apagado. Cuando contiene información importante se suele salvar en algún dispositivo.

Para recolectar esa información en el equipo centralizado se utilizará alguna herramienta que permita visualizarla de manera gráfica y lo más agradable posible.

Algunas herramientas pueden ser: *Scrutinizer* (para *Windows), ManageEngine Netflow Analyzer (Windows y Linux), Paessler Router Traffic Grapher (Windows), Netflow Analyzer (Linux)*, etc.

Ejemplo de funcionamiento de *Netflow*

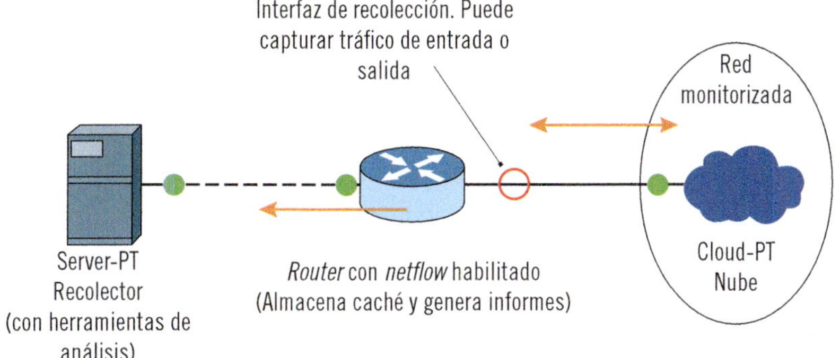

Nota

Se puede encontrar un listado con herramientas y enlaces para descargarlas en:

<https://www.itprc.com/best-free-netflow-analyzers/>.

Algunas de las ventajas de *NetFlow* son:

- Analiza flujos de datos.
- Permite monitorizar el uso de aplicaciones.
- Ayuda a los análisis de seguridad.
- Almacenamiento de datos para futuros análisis.

Nagios

Es una herramienta de monitoreo que continuamente comprueba el estado de dispositivos de red y de servicios asociados a esos dispositivos. Utiliza muchos *plugins* (complementos) para realizar las comprobaciones, lo que la convierte en una herramienta sumamente flexible y modular. Además, es de código abierto. Solo tiene soporte bajo *Linux.*

Nagios puede operar de una forma muy poco intrusiva, consultando el estado de los puertos de los diferentes servicios, pero se puede combinar con SNMP (esto es opcional) para darle mayor eficacia a costa de ser más intrusiva. Utiliza una estructura cliente-servidor, instalando el cliente en el equipo a monitorizar.

Es necesario un servidor web (como *Apache)* para albergar la interfaz de trabajo de *Nagios,* accediendo a través del navegador web.

Entre los clientes a instalar, en el caso de *Windows,* se puede utilizar *Nsclient++ o Nc-net.* En el caso de *Linux* lo habitual es el uso del cliente *Nrpe.*

Para la disponibilidad *Nagios* trabaja con dos estados, *"Soft"* y *"Hard",* siendo el estado *Hard* el que indica que la información sobre el dispositivo es estable, y *Soft* que está pendiente de comprobación, pues puede haber habido algún cambio reciente (una caída momentánea del servicio, por ejemplo). Falta confirmar si ese cambio será estable.

Actividades

2. Pruebe la demo *online* de Nagios en el enlace: http://nagioscore.demos.nagios.com. Es sumamente útil para conocer la herramienta y explorar un poco sus opciones sin instalar nada.

La estructura cliente-servidor funciona así: el programa cliente de *Nagios* en el dispositivo administrado actúa como un servicio en espera de las peticiones del servidor *Nagios*, el cual, en función de la configuración, realizará los chequeos programados. A la información del servidor se accede a través del navegador web.

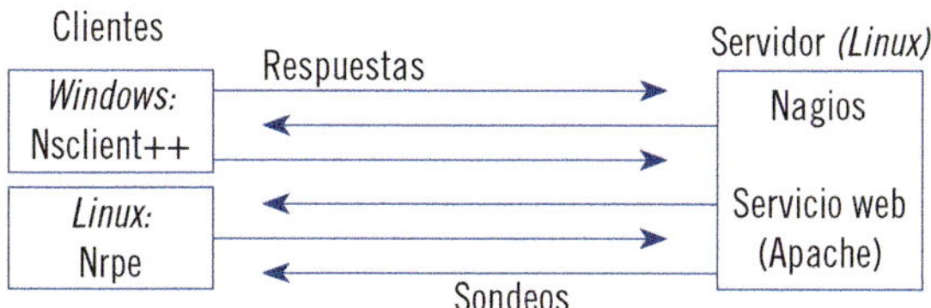

Para acceder al servidor, en el navegador se pone la dirección del mismo: *localhost* (si es de forma local).

Aspecto de la interfaz web de Nagios. En este caso se pueden ver los servicios en dos equipos o "Hosts".

2.4. Monitorización del rendimiento: Cricket, MRTG, Cacti

Para el rendimiento se va un poco más allá. No basta con que un servicio esté funcionando, hace falta saber si lo hace bien, cuáles son las demandas de ese servicio, etc.

Cricket

Es un sistema de plataforma *Linux* (tiene opciones de instalación en *Windows)* de código abierto, que sigue la evolución de la red haciendo pruebas en series de tiempo (5 minutos por defecto).

Tiene dos elementos, uno es un colector encargado de realizar las pruebas y recoger datos (temporizado por medio del *cron* de *Linux)* para pasárselos al gestor de gráficos. El otro elemento que lo compone es un complemento *(Grapher)* para visualizar la información en forma de gráficos. Necesita también un intérprete *(Perl).*

Los datos se almacenan en una estructura RRD *(Round Robin Database)* diseñada para *MRTG,* que procura almacenar la información de manera compacta y sin crecimientos en el tiempo, evitando información redundante.

Suele utilizarse para hacer más manejable la información que aportan los agentes SNMP.

El funcionamiento sería el siguiente: cada cierto tiempo, el NMS con *Cricket* lanzaría una serie de pruebas sobre los agentes SNMP, estos responderían a las solicitudes. A continuación se almacenan los datos en la RRD y se construyen los gráficos sobre el uso de la red.

Estructura de trabajo de Cricket

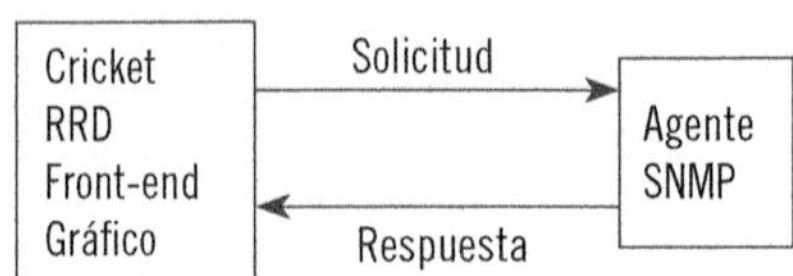

La mayor ventaja de *Cricket* es que soporta bien un aumento de la carga de trabajo y puede monitorizar muchos equipos. Aunque su instalación es compleja se puede reconfigurar la herramienta a medida que crece la red (escalabilidad).

Nota

El enlace para la página oficial de Cricket es: http://cricket.sourceforge.net/.

MRTG

Se corresponde con el acrónimo *Multi Router Traffic Grapher.* Puede utilizarse también con SNMP para dar forma a los datos recogidos. Su comportamiento se basa en un archivo de texto muy configurable "mrtg.cfg". Genera los resultados en archivos HTML con gráficos que aportan una representación visual del tráfico en los dispositivos administrados.

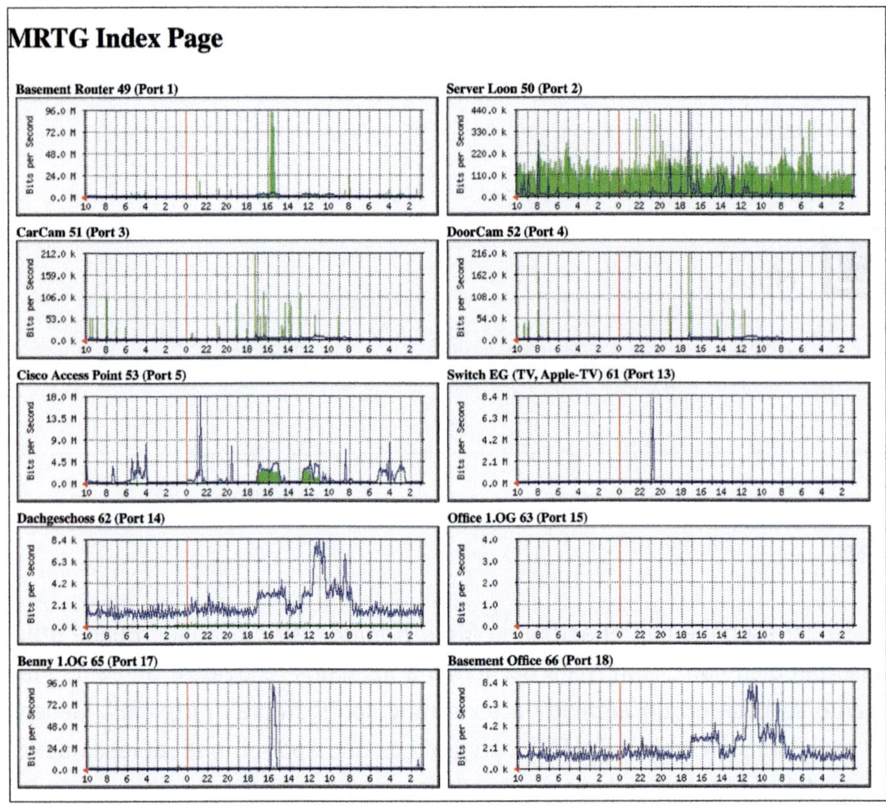

Gráficos de flujo de red obtenidos con MRTG

MRTG destaca por su comodidad y facilidad de instalación en diversas plataformas. No es tan escalable como *Cricket* ya que cambiar las configuraciones se hace algo más complejo.

Además de SNMP, *MRTG* necesita un intérprete *Perl* y un servicio web.

Cacti

Otra herramienta de código libre para múltiples plataformas, aunque más extendida en *Linux*. Permite monitorizar en tiempo real las redes, dispositivos de red, y servicios implementados en los servidores que tengan activado el protocolo SNMP. Almacena datos en una estructura RRD. Está escrito en PHP y genera gráficos utilizando la herramienta *RRDtool*.

Con muchos equipos a controlar necesita un paquete adicional *(cacti-spine)* para mejorar su propio rendimiento. Su interfaz es de lo más destacable, es muy configurable, se le pueden añadir gran cantidad de elementos a monitorizar. Suele utilizarse conjuntamente con otras herramientas, como *Nagios,* por su gran calidad de gráficos.

Trabaja a base de realizar sondeos sobre los equipos a monitorizar bajo SNMP configurables, de manera que a mayor frecuencia de sondeo, más calidad en los gráficos (y mayor carga sobre la red y el proceso). Mantiene un histórico sobre los trabajos realizados y el almacenamiento lo hace a través de *Mysql.*

Las tres fases de trabajo de *Cacti* son:

- **Recolección de datos:** a través del sondeo sobre los agentes SNMP.
- **Almacenamiento:** puede variar. Por defecto se almacena por medio de una base de datos RRD almacenada por un gestor como *Mysql.* Tiene además una buena gestión de permisos para controlar el acceso por usuarios a determinadas opciones.
- **Presentación:** realización de gráficos en entorno web al que se puede acceder por http://localhost/cacti. Tiene que tener instalado un servidor web.

Tiene muchos requisitos de instalación (SNMP, servidor web, base de datos, RRD), sin embargo no resulta demasiado compleja.

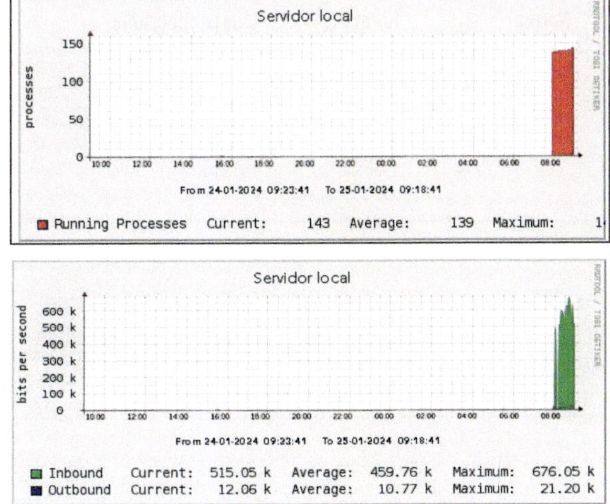

Gráficos de estados de un dispositivo de red, por Cacti

Al estar en un servidor web, se puede acceder a *Cacti* de forma remota.

Nota

Los enlaces para las páginas oficiales de MRTG y Cacti son: http://oss.oetiker.ch/mrtg/ - http://www.cacti.net/.

La única limitación reside en las MIB del agente SNMP, cuantas más tenga, más se podrá configurar.

A continuación se muestra una tabla comparativa de las tres herramientas:

ENTRE LOS REQUISITOS, LAS TRES NECESITAN SNMP Y SERVICIO WEB			
	Cricket	**MRTG**	**Cacti**
Requisitos	RRD, Perl	RRD opcional, Perl	RRD, Mysql
Calidad gráficos	Normal	Normal	Muy buena
Escalabilidad	Buena	Normal	Normal
Implantación	Laboriosa	Normal	Normal
Configurable	Normal	Normal	Muy configurable

Actividades

3. Investigue sobre la posible combinación entre las herramientas de disponibilidad y rendimiento que se han visto. Puede encontrar soluciones comerciales que se basan en ellas.

Aplicación práctica

El administrador de una red corporativa se ve en la necesidad de utilizar un software de monitorización para gestionar la red. La herramienta que necesita ha de quedar instalada en un servidor que ya cuenta con una base de datos Mysql. Se desea que sea fácil de instalar y bastante escalable.

De las herramientas ya comentadas, ¿cuál sería la más apropiada?

SOLUCIÓN

De las herramientas presentadas, la más escalable es Cricket, pero entre los requisitos no destaca por su facilidad de instalación.

En este caso quizá puede ser más aconsejable el uso de Cacti, ya que se puede aprovechar el hecho de que ya tiene instalado *Mysql*. Habría que buscar un equilibrio entre ambas soluciones para tomar una decisión, o tener en cuenta otras propiedades, como la calidad de gráficos, etc.

3. Criterios de identificación de los servicios a monitorizar

Lo mejor es monitorizar todos los servicios de red que se tengan implantados. Así no habrá detalle que se escape.

El problema surge cuando se tienen muchos dispositivos que controlar, y muchos servicios, no todos ellos indispensables. Habrá que diferenciar entre lo que es imprescindible y lo que no lo es.

Un criterio importante, si se ha realizado, es el compromiso alcanzado en los **SLA** *(Service Level Agreement)* de cada servicio. Normalmente estos compromisos se habrán logrado teniendo en cuenta los procesos de monitorización. En cada SLA se fijarán los niveles mínimos de servicio, que afectarán a la disponibilidad y la capacidad de la red.

Recuerde

El SLA durante la etapa de planificación de la red impone compromisos a cada servicio. Esto va a marcar los requerimientos de monitorización.

Durante el proceso posterior al de implantación se puede tomar como fuente de referencia, para establecer nuevos criterios de monitorización, el *Help Desk,* que podrá dar una idea de cuáles son los servicios más conflictivos o usados.

Cuando se inicia el proceso de implantación de un sistema de monitorización se debe empezar con pocas cosas, para luego ir ampliándolo a medida que se comprueba el correcto funcionamiento del sistema.

Se deben distinguir entonces cuáles son los servicios fundamentales de la red, pues habrá que mantenerlos controlados desde el principio. Ello dependerá de la naturaleza de la empresa, del uso que hace de la red, etc.

Pero, en principio, se puede considerar como fundamental la monitorización de la página web de la empresa (es parte de la imagen hacia el exterior) con los servicios que tenga asociados (clientes, proveedores, que puedan hacerse pagos desde ella, etc.). Otro servicio puede ser el de correo electrónico, y ciertos servicios de seguridad irán asociados a los anteriores. Todo depende del ambiente de trabajo, la posibilidad de utilizar cuentas de correo externas si hay problemas (*Gmail*, *Yahoo*, etc.) alojamiento temporal en sistemas de *hosting,* etc.

Definición

Hosting
Se podría definir como un servicio que se ofrece por internet a usuarios y empresas para almacenar información y servicios asociados a la misma. Cada vez tiene más uso, y grandes compañías ofrecen este servicio, muchas veces con carácter gratuito para pequeños consumos.

Pero si hay algo imprescindible en la red, es al **ancho de banda.** El uso y el rendimiento del ancho de banda es el criterio fundamental para la monitorización de la red. Cuando un servicio va mal, la primera causa que se esgrime suele ser el descenso del mismo. Su monitorización, si no es la causante, puede servir de exculpación.

4. Criterios de planificar los procedimientos de monitorización para que tengan la menor incidencia en el funcionamiento de la red

Un problema que pueden presentar los sistemas de monitorización es que, por medio de su trabajo, acaben perjudicando el uso de la red.

Una monitorización puede ser tan simple como mantener a un operario comprobando que se puede descargar cada cierto tiempo, por ejemplo, información de una página web. Puede que su intervención acabe ocupando innecesariamente el ancho de banda disponible.

Con los sistemas de monitorización pasa lo mismo. Necesitan hacer comprobaciones, consumiendo con sus mensajes parte del ancho de banda disponible. Esto sin entrar a considerar las posibles implicaciones sobre seguridad (la información que se maneja puede ser útil para un *hacker).*

Otra cosa a tener en cuenta es el requisito de consumo de recursos de cada dispositivo de red en cuanto a memoria y capacidad (tanto de procesamiento como de almacenamiento en disco). Puede que la administración del sistema gestor deba realizarse desde un equipo de altas prestaciones.

Primero se tiene que haber establecido qué cosas importantes son las que se van a monitorizar. A continuación convendría tener un plano de distribución de los dispositivos de red para planificar la colocación de los sistemas de monitorización, calculando el escenario que produzca menor cantidad de tráfico de monitorización.

La estrategia de monitorización podría ser:

- Identificar **elementos** para monitorizar.
- **Localización** del sistema gestor: distribución de los elementos de gestión, NMS, agentes, sondas, lo que se necesite.
- Qué **protocolo** utilizar: se puede intentar utilizar aquel protocolo que menos consuma. En la comparación entre SNMP y *NetFlow* puede que produzca menos mensajes *NetFlow,* pero depende de su configuración y otros factores.
- Qué **herramientas** usar: eligiendo un protocolo se puede disponer de muchas herramientas, algunas necesitan buenas máquinas para correr. Generalmente, bajo *Linux* se requieren menos recursos. También depende de la configuración.
- Qué **frecuencia** de muestreo aplicar: la frecuencia con que se solicitan o se producen mensajes es una de las configuraciones más importantes. Se puede empezar por muestreos muy espaciados e ir valorando los resultados. O simplemente, puede haber cosas que se deban vigilar por medio de alarmas, como por ejemplo a través de sondas RMON, en lugar de hacer sondeos constantes.
- **Configuraciones:** cada herramienta y protocolo tiene innumerables variables que pueden ser configuradas de manera que tenga un efecto en el rendimiento. Las pruebas de funcionamiento pueden ser fundamentales.

```
ubuntu@ubuntu: ~
top - 10:56:16 up 0 min,  2 users,  load average: 0,91, 0,25, 0,08
Tasks: 326 total,   1 running, 325 sleeping,   0 stopped,   0 zombie
%Cpu(s):  3,5 us,  1,2 sy,  0,0 ni, 95,2 id,  0,0 wa,  0,0 hi,  0,2 si,  0,0 st
MiB Mem :  3905,2 total,  2154,6 free,  1121,8 used,   851,5 buff/cache
MiB Swap:  1991,0 total,  1991,0 free,     0,0 used.  2783,4 avail Mem

    PID USER      PR  NI    VIRT    RES    SHR S  %CPU  %MEM     TIME+ COMMAND
   2485 ubuntu    20   0 3986288 457368 145016 S   5,3  11,4   0:06.33 gnome-s+
   3016 ubuntu    20   0 2775284  66892  52368 S   0,7   1,7   0:00.21 gjs
    153 root      20   0       0      0      0 I   0,3   0,0   0:00.04 kworker+
    749 systemd+  20   0   16520   6656   5888 S   0,3   0,2   0:00.05 systemd+
    822 root      20   0  242996   7928   6648 S   0,3   0,2   0:00.04 vmtoolsd
   2948 ubuntu    20   0  696876  12800  10752 S   0,3   0,3   0:00.02 xdg-des+
   3092 ubuntu    20   0  657496  59872  48852 S   0,3   1,5   0:00.27 gnome-t+
   3258 ubuntu    20   0   11616   4992   2944 R   0,3   0,1   0:00.04 top
      1 root      20   0  105012  13616   7984 S   0,0   0,3   0:00.64 systemd
      2 root      20   0       0      0      0 S   0,0   0,0   0:00.00 kthreadd
      3 root       0 -20       0      0      0 I   0,0   0,0   0:00.00 rcu_gp
      4 root       0 -20       0      0      0 I   0,0   0,0   0:00.00 rcu_par+
      5 root       0 -20       0      0      0 I   0,0   0,0   0:00.00 slub_fl+
      6 root       0 -20       0      0      0 I   0,0   0,0   0:00.00 netns
      7 root      20   0       0      0      0 I   0,0   0,0   0:00.00 kworker+
      8 root       0 -20       0      0      0 I   0,0   0,0   0:00.00 kworker+
      9 root      20   0       0      0      0 I   0,0   0,0   0:00.05 kworker+
```

Visualización de consumo de los recursos locales en Ubuntu con el comando top

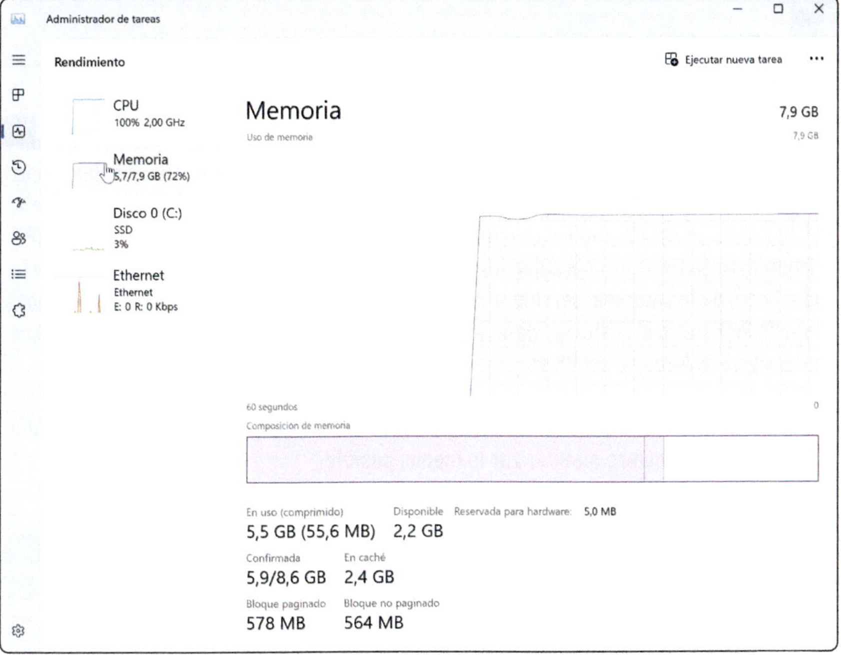

Herramientas para conocer el consumo de recursos locales

Ejemplo

Se recomienda situar NetFlow en los routers centrales de la red, ya que se basa en el análisis de tráfico. Debe estar localizado de forma que todo el tráfico de la red tenga que pasar por un router con *NetFlow* habilitado.

Otro de los factores a tener en cuenta es el económico. Uso de *software* propietario o libre, costes de implantación, mantenimiento, etc. Todo es valorable.

Por último hay que someterlo a pruebas de rendimiento (de carga normal) y de estrés (probarlo hasta hacer que "rompa"). Simular averías, provocar alarmas, etc. De la teoría a la práctica pueden surgir sorpresas.

Aplicación práctica

Una empresa de ventas por internet posee una serie de servidores para la actividad empresarial: un servidor web con la página de la empresa donde los clientes pueden hacer los pedidos a través de una base de datos en SQL, un servidor FTP para los comerciales, desde donde se descargan los catálogos y documentación en general, un servidor VPN (Virtual Private Network) para que los empleados puedan conectarse remotamente a la red interna de la empresa, servidor DHCP para configuración automática de los equipos, tanto de VPN como el resto, servidor de correo para comunicaciones internas y diversos routers y servidores de archivos.

¿Cómo se podría establecer una estrategia de monitorización para la empresa teniendo en cuenta que se quiere monitorizar lo menos posible?

SOLUCIÓN

Los servicios a priorizar serían el de web y la base de datos asociada, pues son la base del negocio. En ese sentido conviene comprobar que la velocidad de acceso a dicha web es idónea, monitorizando además de la disponibilidad, el consumo de ancho de banda con NetFlow (si se puede) o Nagios, y de espacio para la base de datos. La frecuencia de muestreo interesa que no sea pequeña para evitar sorpresas.

Del resto de servicios, para no ocupar demasiados recursos, podrían establecerse alarmas más que sondeos, quizá a través de traps de SNMP para los más importantes (el correo, los routers más críticos y la VPN junto con el DHCP para mantener la comunicación interna y el teletrabajo). Para el resto de cosas podría encargarse el administrador de la red en hacer comprobaciones de cuando en cuando, con ping o tracert, para los servicios de FTP, servidores de archivos y los routers menos críticos para la empresa.

Podría interesar una integración Nagios-Cacti para la monitorización en general, a través de SNMP.

5. Protocolos de administración de red

Se pueden enunciar los siguientes protocolos de administración.

- **SNMP:** *Simple Network Managment Protocol* es el más habitual. Marca el camino de cómo se estructura una administración de red. Casi todos los protocolos siguen unos procedimientos parecidos basados en agentes y gestores NMS *(Network Management System)*, y en sondeos con respuestas, o con mensajes por eventos *(traps)*.

- **RMON:** *Remote MONitoring.* Propiamente dicho, es una extensión de SNMP, ya que aumenta sus posibilidades con nuevos objetos MIB *(Management Information Base)*. Procura mejorar el rendimiento de la monitorización, poniendo el acento en los flujos de datos de la red, más que en los dispositivos. Se basa en la distribución estratégica de sondas (agentes SNMP con la MIB de RMON).
- **CMIP:** *Common Management Information Protocol.* Desarrollado para OSI *(Open System Interconnection)*. Dispone de versión para TCP/IP, llamada CMOT *(CMip Over TCP/IP)*. Sigue unos principios más complejos procurando aumentar la efectividad al reducir el número de mensajes necesarios.
- **WMI:** *Windows Management Instrumentation.* Es un estándar para la implementación de **WBEM** *(Web-Based Enterprise Management)* de *Microsoft.*
- ***NetFlow:*** es un estándar que nace de IPFIX *(IP Flow Information eXport)* un protocolo propietario de *Cisco*. Está pensado para estudiar los flujos de tráfico y para residir en equipos específicos, como *routers* y *switches*, aunque se puede instalar en dispositivos de propósito general.
- **IP SLA:** *Internet Protocol Service Level Agreement.* Protocolo de *Cisco* para averiguar el estado de la red a base de hacer pruebas sobre la misma para averiguar tiempos de respuesta, retardos, etc.
- ***SFlow:*** es otro protocolo que suele utilizarse en conjunto con *NetFlow*, ya que *SFlow* realiza muestreos (generando mensajes de prueba), mientras que *NetFlow* analiza el tráfico que hay. Suele estar incorporado por muchos fabricantes de *switches*.
- ***J-Flow:*** es un protocolo propietario de *Juniper Networks* para el seguimiento y recogida de flujos de datos IP. Es lo que es *NetFlow* a *Cisco*.

Muchos otros fabricantes aportan soluciones similares.

Además de estos protocolos hay muchas herramientas (como *Nagios)* que utilizan protocolos generales como TCP o ICMP sin necesidad de un protocolo de gestión específico.

Actividades

4. Averigüe qué protocolos utilizan diversas herramientas comerciales (como PRTG por ejemplo).

6. Ejemplificación y comparación de herramientas comerciales y de código abierto

Muchas herramientas comerciales incorporan diversas funcionalidades a la vez. Lo que suelen hacer es integrar varias herramientas en una interfaz común. La instalación de dichas herramientas suele ser compacta (se instalan todos los servicios y protocolos necesarios de una vez), incorporan funcionalidades de análisis, representación de gráficos, informes, alarmas, todo desde interfaces amigables.

Algunos ejemplos pueden ser PRTG *(Paessler Router Traffic Grapher)* y *SolarWinds.*

Actividades

5. Pruebe a descargar y ensayar versiones de test gratuitas de estos dos fabricantes desde: http://www.solarwinds.com/es/ <http://www.paessler.com/prtg/download>.
6. Intente instalarlos con sus opciones por defecto y explore sus posibilidades.

En las **herramientas de código libre,** cada servicio o protocolo suele instalarse por separado. Salvo excepciones, hay que tener en cuenta las dependencias de cada uno de los paquetes de instalación. Suele ser necesario modificar diversos archivos para que funcione correctamente, a veces los gráficos por defecto dejan mucho que desear. Esto suele ser un problema para muchos administradores de red, pero también permite un control muy exhaustivo de lo que se está haciendo, y redunda en un aprovechamiento mayor de todos los recursos disponibles, algo que no suele ser posible con herramientas comerciales.

Las **herramientas comerciales** suelen tener implementada toda la instalación en un solo paquete, lo que redunda en una mayor facilidad de instalación. También cuentan con el apoyo del servicio técnico de la marca. Las de código libre se nutren de los manuales publicados y de las páginas oficiales de la herramienta o la distribución *Linux*.

Un **ejemplo con *Cacti,*** sobre cómo se podría hacer una configuración manejando conceptos comunes a cualquier programa, podría ser el siguiente: generar un gráfico que muestre la cantidad de memoria disponible en un equipo (la MIB para este caso es la 1.3.6.1.4.1.2021.4.6.0).

Primero se selecciona ***New Graphs*** en las opciones de la izquierda y se escoge el *host* a monitorizar:

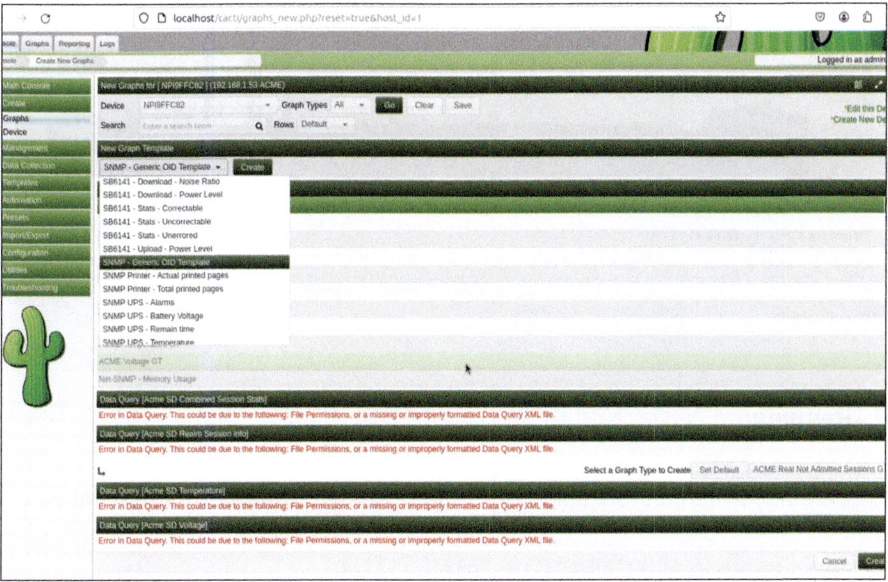

Generación de un gráfico con Cacti

Al darle a crear en la anterior pantalla aparecerá esta otra, en la que habrá que cubrir los datos que sirven para configurar cómo se mostrará el gráfico:

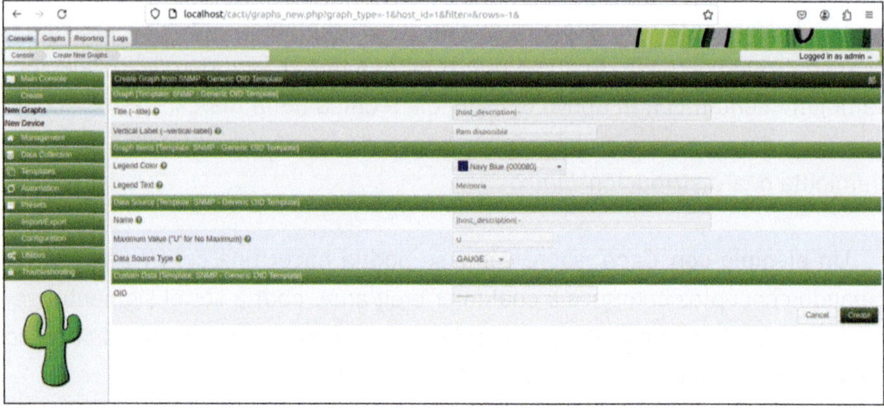

Configuración final del gráfico con Cacti. El valor máximo, si es demasiado pequeño, despreciará valores importantes.

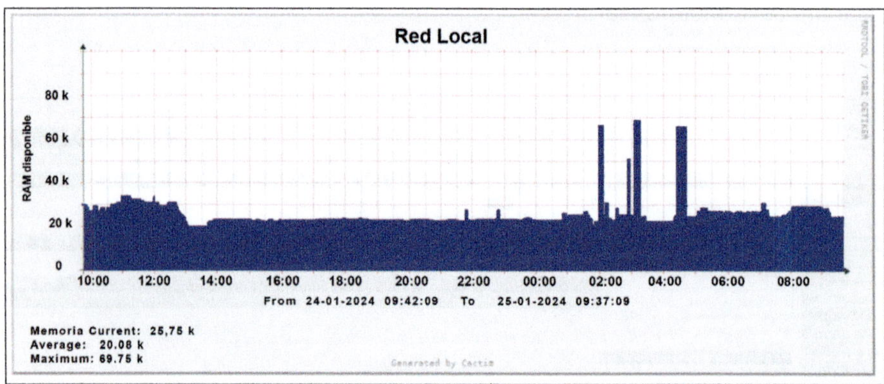

Gráfico resultante

7. Resumen

Para hacer la monitorización de una red existen múltiples herramientas.

- Herramientas de diagnóstico. Básicamente intentan averiguar los equipos y servicios que se mantienen activos.
- Herramientas de disponibilidad, ya sea pasiva o activa (en función de si esperan o no respuestas de los administrados o si los sondean acti-

vamente). Entre estas se pueden destacar los comandos SNMP (protocolo que luego aprovechan muchas herramientas), *NetFlow* (que siendo propietario acabó convirtiéndose en un estándar) y *Nagios* (herramienta libre, muy utilizada).

- Herramientas de rendimiento para centrarse especialmente en cómo se aprovechan los recursos. Destacan aquí tres herramientas libres: *Cricket, MRTG y Cacti.* Con ellas se procura obtener gráficos que resalten el rendimiento de determinadas características de los diferentes elementos de la red.

Un problema derivado del uso de estas herramientas es la gran cantidad de elementos para monitorizar. Habrá que establecer los servicios prioritarios en la monitorización, atendiendo a los compromisos establecidos en los SLA, así como el consumo de recursos que puede producir la introducción de esas herramientas. Por eso se establecen criterios de actuación para decidir qué sistemas deben monitorizarse, y cómo desarrollar la estrategia de monitorizar la red.

Se establecerán criterios que procuren, dentro de parámetros económicos adecuados, las mejores configuraciones de herramientas y protocolos que maximicen el aprovechamiento de los recursos en cada escenario que pueda plantearse.

Ejercicios de repaso y autoevaluación

1. **¿Para qué pueden emplearse las herramientas de diagnóstico?**

____

____

____

____

2. **Una ventaja de NetFlow es:**

    a. Aumenta la velocidad.
    b. Ayuda a los análisis de seguridad.
    c. Lo utiliza Cisco.
    d. Todas las opciones son incorrectas.

3. **Señale si las siguientes afirmaciones son verdaderas o falsas.**

    a. La monitorización activa implica el envío de traps por parte de agentes.

    ☐ Verdadero
    ☐ Falso

    b. Nmap es una herramienta para monitorizar el rendimiento.

    ☐ Verdadero
    ☐ Falso

4. **¿Cuáles son las tres fases de trabajo de Cacti?**

____

____

5. **Para que NetFlow funcione es necesario tenerlo habilitado en todos los routers de la red. ¿Verdadero o falso? Razone su respuesta.**

6. **¿Qué es lo que hace la herramienta Traceroute?**

7. **El criterio principal para seleccionar los servicios a monitorizar es:**

   a. Lo que diga el Help Desk.
   b. Lo que indiquen los SLA.
   c. Lo que indique el MRTG.
   d. Dependerá de lo que salga de Nagios.

8. **Con MRTG, ¿qué se puede hacer?**

   a. Instalarlo en los equipos para que envíen traps al NMS.
   b. El seguimiento de la conexión entre dos dispositivos.
   c. Un gráfico que muestra el tráfico de los dispositivos administrados.
   d. Todas las opciones son correctas.

9. **Explique qué tipo de pruebas se pueden hacer para planificar la monitorización.**

10. **¿Para usar Nagios es necesario un servidor web? Razone su respuesta.**

11. Indique dos elementos que conforman Cricket.

____

____

12. Indique un cliente de Nagios:

a. NetFlow.
b. Grapher.
c. RRD.
d. Nsclient++.

13. Para elaborar un gráfico con Cacti...

a. ... se puede configurar sin SNMP.
b. ... no necesita servidor web.
c. ... se puede escoger el OID de la MIB.
d. ... se necesita el Front-End Graph.

14. Relacione cada elemento con el correspondiente:

Zenmap	Cisco
Nagios	Testeo de puertos
Netflow	Nrpe
J-Flow	Juniper

15. Indique cuál de los siguientes es un protocolo de administración de red.

a. Nagios.
b. Cricket.
c. RRD.
d. RMON.

Capítulo 7

Análisis del rendimiento de redes

Contenido

1. Introducción
2. Planificación del análisis del rendimiento
3. Indicadores y métricas
4. Identificación de indicadores de rendimiento de la red
5. Identificación de indicadores de rendimiento de sistemas
6. Identificación de indicadores de rendimiento de servicios
7. Ejemplos de mediciones
8. Análisis de tendencias y medidas correctivas
9. Supuesto práctico
10. Resumen

1. Introducción

Se podría decir que la monitorización de la red es la primera fase de la administración de redes. La siguiente fase sería la del análisis del rendimiento.

El gran crecimiento de las redes IP y el aumento de la velocidad en las conexiones ha hecho que surjan nuevos servicios y aplicaciones que requieren de grandes prestaciones. Para garantizar los requerimientos de esas nuevas tecnologías se desarrollan herramientas de monitorización que aportan la información necesaria sobre la utilización de los recursos de la red. Es necesario conocer cómo responde la red a los requerimientos que se le exige.

Hasta ahora se ha visto cómo se podía recoger esa información, una vez recogida se puede pasar a analizarla.

2. Planificación del análisis del rendimiento

Después de haber estado monitorizando la red, seguramente se han conseguido multitud de datos. Para poder manejar toda esa información conviene planificar lo que se va a hacer con ella, pues si no resultará un ejercicio inútil.

Se podrán distinguir tres conceptos a tener en cuenta: el propósito, los destinatarios y el alcance.

2.1. Propósito

En este concepto se define para qué se quiere la información de administración obtenida. El uso que se le puede dar a esa información puede desglosarse de la manera que se describe a continuación.

Diagnosticar problemas

En una red surgen problemas muy diversos, la monitorización ayudará a resolverlos y en algunos casos a prevenirlos. El análisis de los problemas detectados permite que la base de conocimientos de la empresa vaya creciendo.

Es el punto de partida para la resolución de problemas, ese conocimiento hace posible tomar medidas tanto correctoras como preventivas.

Los tipos de problemas que se pueden destacar son:

- **Malas configuraciones:** es muy habitual que de una configuración inicial, elaborada en fase de proyecto, se deriven problemas que luego deban ser corregidos. No siempre se tiene previsto todas las posibles situaciones que puedan surgir, hasta que está en funcionamiento.
- **Averías:** en la vida diaria de cualquier red hay cosas que dejan de funcionar o que reducen el rendimiento debido a una avería. En el proceso de análisis se puede buscar la causa del mal funcionamiento, pudiendo achacárselo a algún dispositivo, por ejemplo.
- **Usos indebidos:** en las políticas de uso de la red se debería establecer cuál es su uso adecuado. Durante los procesos de análisis se puede discernir si existen usuarios que acceden a recursos de la red en momentos inadecuados, o si el uso que hacen de los recursos de red no es el esperado.
- **Ataques contra la seguridad:** un estudio de los tráficos de red pueden llevar a descubrir ataques que se están produciendo, como el intento de descubrir vulnerabilidades por parte de un *hacker*, por ejemplo. Si ya se ha producido un ataque que ocasionara daños, se puede intentar descubrir el causante. Es una de las tareas más importantes en las políticas de seguridad.

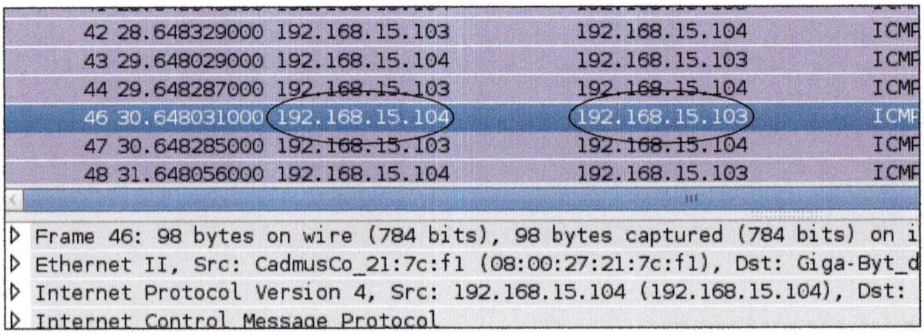

Ejemplo de captura con un analizador de protocolos. Se pueden ver las IP origen y destino de una comunicación.

Establecer una línea de base de funcionamiento

Una línea de base sirve para indicar cuál es el comportamiento de la red en condiciones normales. Su establecimiento sirve como punto de partida para hacer los análisis, ya que fija un marco de referencia para todos los estudios. Se utiliza como un punto de comparación en los análisis de diferentes momentos, y para corroborar los estudios previos que se realizaron para implantar la red.

El establecimiento de una línea de base es un proceso para estudiar la red en ciertos intervalos y condiciones, a fin de asegurar que funciona según se tenía previsto. Pueden producirse ligeras desviaciones respecto a lo esperado, que según se analicen, se necesitará corregir o no.

Cuando se haya establecido la línea de base para, por ejemplo, el rendimiento de un servidor, se compararán las estadísticas de la línea base con el rendimiento actual del servidor. Unas cifras demasiado dispares con respecto a la línea base indican que podría necesitarse un análisis más profundo.

Ejemplo

Un posible método, casi artesanal, para iniciar una línea de base es copiar y pegar en un archivo de texto los resultados de comandos como ping, tracert o similares. Estos archivos de texto se pueden clasificar por fechas y horas para su análisis posterior.

Con esa información se pueden comparar los resultados al cabo de un tiempo. Se pueden analizar los mensajes, de error si los hay, los tiempos de respuesta y demás informaciones relevantes. Con ello se puede llegar a conclusiones en función del resultado del análisis hecho.

Interpretar la evolución de la red

Una misión del análisis es adelantarse a las necesidades de los usuarios y servicios.

Para ello se pueden hacer predicciones de crecimiento en base al estudio estadístico sobre el volumen de datos, para lo que se estudian los informes y gráficos a lo largo del tiempo.

Otro estudio es el relativo al tipo de tráfico. Se pueden prever crecimientos más bruscos en función de si el tráfico es de voz, vídeo u otras características.

También tienen influencia los cambios de escenario. Los usuarios pueden estar dejando de usar determinados servicios para usar otros alternativos (aumento de las conexiones inalámbricas en detrimento de las cableadas, por ejemplo, o más conexiones desde el exterior por teletrabajo en lugar de la red local, etc.).

Todo esto ayuda a adelantarse a las decisiones que se deberán tomar, así se tiene tiempo suficiente para planificar los cambios.

Actividades

1. Aplique lo estudiado para elaborar una estrategia que analice cómo podría evolucionar el consumo de servicios de comunicaciones móviles por parte de una persona cualquiera.

Justificar el uso

Justificar el por qué se necesita la red en las condiciones actuales, y también que se está haciendo un uso adecuado de ella.

Puede que la actividad baje y haya conexiones innecesarias. Por la evolución de la red, a lo mejor se dispone de conexiones de gran ancho de banda por cable y en cambio las inalámbricas están peor tratadas.

Se puede necesitar de algún informe que justifique los cambios que se quieren emprender.

2.2. Destinatarios de la información

Los destinatarios de la información de administración serán las personas autorizadas para analizar los datos, o para ver alguna parte de los análisis realizados.

- **Dirección de la empresa:** la dirección es la dueña de la información, decide sobre ella y toma decisiones basándose en ella. Cualquier dato de administración deberá estar disponible para la dirección. Otra cosa es que haya informes muy técnicos que solo resulten útiles al personal especializado.
- **Administrador de la red:** es el máximo responsable (puede haber más de uno) de la red. Como tal, lleva a cabo las estrategias de monitorización que incluyen la recogida de datos y elaboración de informes y estadísticas. Esos informes se llevarán normalmente a la dirección, o se utilizarán para realizar los trabajos de mantenimiento de la red. Su actividad podría encuadrarse en el NOC (centro de operaciones de red).
- **Personal técnico:** habrá empleados al mando del administrador de la red que lleven a cabo operaciones delegadas por este. Su actividad también podría encuadrarse en el NOC, aunque no siempre estarán físicamente allí. El nivel de responsabilidad y el acceso a ciertos datos estará limitado en función del papel desempeñado en la jerarquía de la empresa.
- **Clientes:** las empresas que suministran servicios de internet pueden entregar información sobre el rendimiento de los servicios. Por ejemplo, si es un alojamiento web puede ofrecer informes sobre la cantidad de usuarios que visitaron el sitio, etc. El cliente podrá hacer sus propios diagnósticos si no le es suficiente. Habrá casos en los que el rendimiento de la red solo incumbe a la propia empresa y no a los clientes.

Actividades

2. Busque ejemplos de empresas que proveen servicios de internet, y vea qué información ofrecen acerca de la elaboración de informes y análisis de rendimiento de dichos servicios. Elabore un informe.

2.3. Alcance

Aquí se define el tipo de información que hay que recabar, y en qué cantidad. Incluso se puede valorar si se analizará todo lo encontrado de la información recogida.

Esfuerzo

Para definir el alcance hay que hacer primeramente un balance entre la cantidad de información necesaria y tiempo (y más recursos) empleado en recabarla. No tiene mucho sentido recopilar una cantidad de información tan grande que luego sea imposible de "digerir" por el sistema de análisis. Hay un coste económico asociado que hace interesante el uso de herramientas libres.

Ejemplo de servidores de alta gama de Dell y de IBM

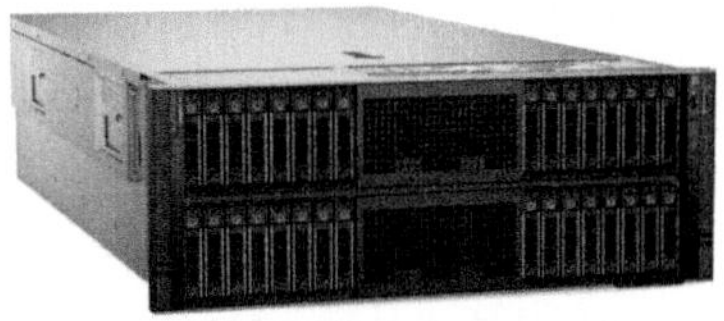

Modelo PowerEdge R960 Rack Server de Dell

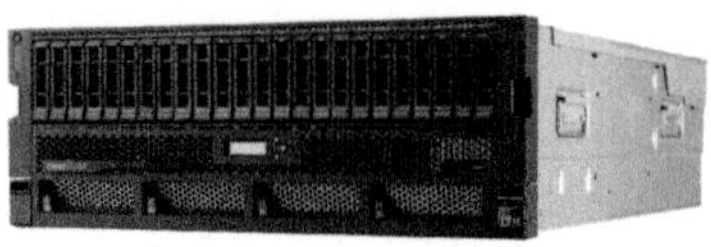

Modelo Power S1014 de IBM

Nota

Si finalmente se considerase importante recabar mucha información, se debe asumir el coste que ello supone en sistemas y equipos de alta gama.

Impacto

Otro factor a tener en cuenta es el impacto que pueda tener en los diferentes dispositivos que se ven afectados, ya sean los dispositivos administrados o los equipos que los monitorizan (los llamados NMS, sistema administrador de red). Para hacer la monitorización hay que intervenir en la red, afectando siempre de alguna forma a los equipamientos de manera que las medidas realizadas pueden quedar falseadas. La idea es planificar los análisis para que afecten lo menos posible al funcionamiento normal de la red. Aquí es donde entra en juego la elección de la herramienta a utilizar, unas más intrusivas que otras. Una combinación de herramientas con *Cacti* y *Nagios* puede ser un ejemplo de buena elección.

Equipamientos

Se debe planificar cuáles serán los equipamientos a analizar: servidores más importantes, *routers*, *switches*, conexiones diversas, como si fuese un inventario. Se destacarán los elementos que sean fundamentales en función de la actividad de la empresa (por ejemplo, si el servicio web solo cumple una función publicitaria puede no ser tan importante). Se debe tener en cuenta, que además de los servidores, las conexiones hacia ellos pueden estar implicadas en la eficacia del servicio que ofrezcan, con lo cual suele ser importante analizar el uso del ancho de banda de las conexiones, tanto internas (red local), como externas (internet), ya que pueden estar ocupadas con diversos flujos de datos.

Al final se tendrá un conjunto de elementos monitorizados de los cuales solo en un grupo de ellos se analizarán los resultados, pues otros solo se monitorizarán para mantener niveles de alerta. Aunque también se pueden almacenar las alertas de estos otros equipos para obtener estadísticas de este tipo de incidencias.

Ejemplo

Una red con dos servidores: uno de almacenamiento de archivos y otro de correo. A la empresa, a lo mejor, le interesa analizar el rendimiento en el de almacenamiento, pues realiza constantes consultas sobre él y puede afectar al trabajo diario de la empresa, sin embargo, en el de correo no interesa tanto su rendimiento, pues no afecta demasiado a la producción si un correo tarda más o menos. En este caso se priorizarán los análisis en el de almacenamiento de archivos. En el de correo puede mantenerse monitorizada alguna alerta por si se avería.

Aplicación práctica

Una empresa que se dedica a la creación de *software* posee una red con los siguientes elementos destacables:

Un servidor web con la imagen corporativa, un servidor de aplicaciones para el trabajo interno de los empleados, donde acceden continuamente y guardan sus trabajos, un servidor DHCP para la autoconfiguración de los equipos al arrancar y conexión externa a internet para empleados y el servidor web.

Se desea analizar el rendimiento de la red, pero solo de aquello que sea fundamental, pues no se dispone de mucho presupuesto para hacerlo.

El propósito es establecer una línea de base para los servicios más importantes, mantener una gestión sobre posibles problemas y comprobar la evolución de la red. ¿Cómo se podría planificar el resto del análisis?

SOLUCIÓN

Una vez definido el propósito hay que identificar los destinatarios y el alcance.

Los destinatarios serán la dirección, el administrador y el personal técnico. A los clientes no les interesa el rendimiento de la red, sino el del software que elabora la empresa.

Continúa en página siguiente >>

<< Viene de página anterior

En cuanto al alcance, se deben analizar solo los servicios más importantes, en este caso la actividad empresarial se centra en el servidor de aplicaciones. Así pues se debería analizar el rendimiento de dicho servidor. No hay información sobre cómo son las conexiones, pero habría que analizar también el uso del ancho de banda de la red interna por si pudiera poner en peligro el acceso al servidor por saturación de diversos tipos de tráfico.

El resto de servicios y la conexión externa bastaría con mantener monitorizadas alarmas de mantenimiento, por si algún sistema cae poder repararlo, pero el análisis en este caso no resulta necesario.

En cuanto al impacto, habrá que utilizar las herramientas adecuadas, sin mucho coste (código libre, por ejemplo), posiblemente con SNMP y alguna herramienta de gestión del estilo de Cacti.

---

3. Indicadores y métricas

Hace falta especificar varios conceptos sobre cómo medir el rendimiento.

En concreto, deben identificarse elementos tales como las variables a medir y las unidades empleadas en la medición. Es entonces cuando se habla de indicadores y métricas.

El concepto de indicadores y métricas se utiliza en muchos ámbitos, no solo en informática. Es una manera de medir el rendimiento de cualquier proceso.

3.1. Explicación de los conceptos

La métrica es una medida que sirve para averiguar el valor de una determinada característica de un objeto administrado. Esa medida se utilizará para compararla con otras medidas realizadas y así poder efectuar un análisis sobre su evolución. Según sea la métrica, así será la unidad utilizada.

Una definición de **métrica** podría ser: un valor asociado a una determinada característica de un objeto del que se quiere evaluar su rendimiento.

El problema de la métrica es que puede que solo dé una información parcial de lo que se necesita para el análisis. Por ejemplo, el ancho de banda, por sí solo, no puede dar ninguna idea acerca del éxito de una transmisión, aunque sí de las posibles expectativas.

Para resolver esto están los indicadores.

Definición

Indicador
Métrica o combinación de métricas que proporcionan una información completa de una característica del objeto administrado y que permite una comparación efectiva en el tiempo y con otros objetos.

Los indicadores de rendimiento son datos calculados a lo largo de intervalos de tiempo. Al compararlos reflejará si hay cambios, a través de ellos se podrá juzgar si el sistema responde como se esperaba.

Se deben elegir los indicadores adecuados para analizar la red y sus componentes. Una mala elección pude dar como resultado unos informes poco útiles para tomar decisiones. Los resultados que se obtienen, si muestran incongruencias, pueden llevar a la conclusión de que es necesario mejorar la toma de muestras.

Sabía que...

Entre los indicadores que se usan en los servidores web, figuran los que registran el número de accesos (visitas de las páginas) así como el nivel de satisfacción de los que la visitan, por medio de otros indicadores, que reflejan si los usuarios repiten la visita, si acceden a enlaces de las páginas, etc.

Ejemplo

Un indicador podría ser el número de bits transmitidos por segundo. Depende de muchos factores, pero da una buena idea de si un sistema es más rápido que otro.

Además, para obtener resultados fiables habrá que combinar diversos indicadores, no basta con saber el número de bits transmitidos, sino también la tasa de errores. No vale de mucho ser muy rápido si lo que se transmite no llega como es debido.

Como conclusión se puede decir que durante el proceso de análisis se elaboran indicadores a través de las diferentes métricas, obtenidas por monitorización, para poder obtener resultados. De esos resultados dependerá la decisión de hacer cambios, o de si es necesario realizar otro tipo de mediciones.

Flujo de trabajo del análisis de redes

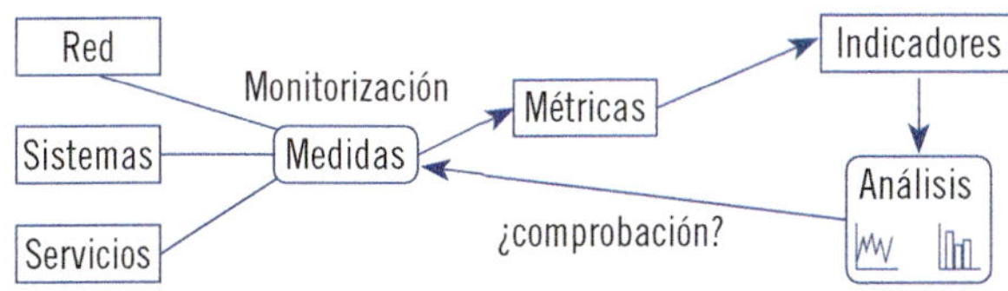

Actividades

3. Busque indicadores que le sirvan para analizar el rendimiento de su teléfono móvil en función de lo que paga o servicios que recibe, etc.

4. Identificación de indicadores de rendimiento de la red

Para obtener un análisis fiable sobre el rendimiento es necesario escoger unos buenos indicadores que aporten información útil para poder tomar decisiones en base a ellos.

Para el caso de la red, de los muchos posibles indicadores, los más utilizados pueden ser: la capacidad del canal, la utilización del canal, el retardo de extremo a extremo, la dispersión del retardo y la pérdida de paquetes y errores.

4.1. Capacidad nominal y efectiva del canal

Uno de los indicadores más importantes, en cualquier sistema físico, es el de la capacidad. En este caso servirá para saber la cantidad de información que podrá utilizarse.

Capacidad nominal del canal

La capacidad nominal de un medio de transmisión es la máxima cantidad de datos transmitidos por unidad de tiempo.

La unidad en que suele medirse es en *bits* por segundo, y sus múltiplos (kb/s, Mb/s, Gb/s, etc.), aunque hay otras unidades, como baudios, paquetes por segundo, etc.

Nota

El baudio es una unidad en desuso que mide el número de cambios de estado por unidad de tiempo. Hay sistemas que tienen más eficacia con menores cambios de estado. Pero es una unidad menos interesante que el bit/s.

Depende de muchas variables:

- **Ancho de banda del medio.** La naturaleza del medio impone restricciones físicas, y dentro de cada medio hay diversos tipos y categorías que imponen diferentes calidades. Al final cada categoría o tipo garantiza ciertos anchos de banda y presenta diferentes restricciones de uso. El medio puede ser:
  - Cable:
    - Fibra óptica.
    - Cobre.
  - Inalámbrico.
    - *Wifi.*
    - Satélite.
    - *Wimax*, etc.
- **Capacidad de procesamiento de la electrónica de control de los dispositivos de transmisión.** Las tarjetas de red necesitan un tiempo para realizar su trabajo. Los repetidores, *hubs*, antenas, etc., aunque carecen de sistema operativo y no "piensan", pueden necesitar un tiempo para procesar las señales.
- **Eficiencia de los protocolos de acceso a redes.** En el nivel inferior del modelo TCP/IP (capa de acceso a redes) se pueden encontrar muchos protocolos como *Ethernet*, *Frame Relay*, IEEE 802.11, ATM, etc. Cada uno de ellos introduce los datos en el medio de transmisión de una determinada manera que los diferencia, y que puede tener influencia en la capacidad del canal.
- **Procedimientos de señalización y de codificación del canal.** La señalización se refiere al método utilizado para representar un *bit* en el medio de transmisión. Puede ser uno o varios pulsos de luz, o eléctricos, muchas veces depende del medio de transmisión. La codificación consiste en el envío de *bits* extra de control además de los de información útil. La manera como se hacen ambas cosas impacta sobre el rendimiento de la red.

- **Procedimientos de compresión de datos.** Muchos protocolos de acceso a red comprimen los datos para aprovechar mejor el ancho de banda. Unos métodos de compresión son más eficaces que otros, aunque pueden exigir más esfuerzo de cálculo para usarlos.

Nota

Cuando se transmiten datos por una red no se envían los bits tal cual. Dependiendo del sistema de codificación de señales, los bits de información se codifican para poder establecer códigos de control que identifiquen eventos, como inicio de transmisión, fin de transmisión, posibles errores, etc. Por ejemplo, una codificación sencilla es la 4B/5B. Se debe tener en cuenta que a veces los términos señalización y codificación se utilizan como si fueran sinónimos.

Actividades

4. Investigue sobre cuáles son los protocolos de acceso a red más utilizados en la actualidad y sus características.
5. Busque otros ejemplos de sistemas de señalización y codificación como el 4B/5B. Realice una tabla comparativa.

Capacidad efectiva del canal

Podría decirse que la capacidad nominal es una medida teórica del máximo que se podría obtener en un determinado medio. Pero ese máximo teórico estará limitado por otros factores.

La capacidad efectiva será siempre una fracción de la capacidad nominal. Se puede ver limitada por los siguientes elementos:

- **Características de los dispositivos intermedios:** la CPU (unidad central de proceso) del dispositivo, la memoria RAM, las interfaces, el dispositivo que debe realizar cálculos para tomar decisiones de envío de datos. Todos estos elementos introducen retardos en la transmisión. A esto se le llama latencia.
- **Carga adicional de procesamiento de las diversas capas (internet, transporte y aplicación):** para construir la trama a enviar por la red los protocolos de las capas superiores deben procesar la información e introducir sus datos de control. Hay protocolos que pueden "pesar" más que otros por introducir más datos de control.
- **Eficiencia del protocolo de transmisión:** independientemente de la carga introducida, los protocolos de las capas superiores pueden ser más o menos eficientes por añadir ciertas funcionalidades. Es algo característico en los protocolos UDP y TCP, por ejemplo.
- **Control de flujo:** una característica por la que se aumenta o reduce la velocidad de transmisión en función de las necesidades del momento.
- **Confiabilidad:** por acuses de recibo se puede garantizar que los datos han llegado bien a su destino, y si no es así, se reenvían.
- **Establecimiento de conexión:** por la que se garantiza que receptor y emisor se ponen de acuerdo para transmitir.
- **Enrutamiento:** es una función del protocolo IP por la que se envían los datos por el mejor camino posible.

Sabía que...

Los elementos intermedios de la comunicación, como *routers* y *switches,* introducen una cierta latencia en la transmisión. Cuanto más "inteligente" es el dispositivo, mayor es la latencia que produce (más decisiones puede tomar, más cálculos realizar, etc.) pero transmite información con más eficacia.

Aplicación práctica

En una empresa de *software* se decidió cambiar todos los hubs de la red a sugerencia de un experto en redes, y sustituirlos por switches. A pesar de que los hub apenas producían efectos de latencia se pudo comprobar que mejoró el rendimiento de la red. ¿A qué puede deberse esa aparente contradicción?

SOLUCIÓN

Los switches son elementos intermedios que toman decisiones sobre el envío de los datos, a eso se debe su mayor latencia frente a los hub.

Pero a su vez, las decisiones que toman les permiten mejorar los resultados de envío. Serán necesarias menos retransmisiones, se gestiona mejor el ancho de banda, etc. Todo eso al final mejora el rendimiento de la red.

4.2. Utilización del canal

El canal nunca va a alcanzar el máximo de su capacidad teórica. Por eso se establecen diversas métricas teniendo en cuenta esto, identificándose con el indicador llamado "utilización del canal".

La utilización del canal dará una idea de lo que realmente se está aprovechando de la capacidad total.

Este indicador es crítico para planificar el crecimiento de la red:

- Se puede hacer un estudio de tendencia de utilización y ver si va a ser necesario en un futuro cercano aumentar el ancho de banda.
- También se puede observar si hay zonas donde la utilización alcance niveles excesivos, donde se pueden producir cuellos de botella. Para ello, el estudio de tendencias puede ir por zonas.

Al final se puede saber dónde y cuándo habrá que ampliar la velocidad de la red.

Se suele medir en bps (*bits* por segundo y sus múltiplos) aunque también se puede encontrar en pps (paquetes por segundo).

95-percentil

Es el indicador más usado para valorar el nivel de utilización del canal.

Se considera que de todos los valores de velocidad que se están obteniendo puede haber algunos que se deban a efectos puntuales del medio o a circunstancias difíciles de ponderar, como las señaladas en el apartado anterior.

Cuando se escoge el 95-percentil, el 95 % de los valores de muestra están por debajo (a lo sumo igual) de ese valor, lo que quiere decir que se desechan el 5 % de los valores que están por encima de esa medida. Así se eliminan valores que pueden exceder mucho de lo normal, y se evita su influencia en los resultados de análisis.

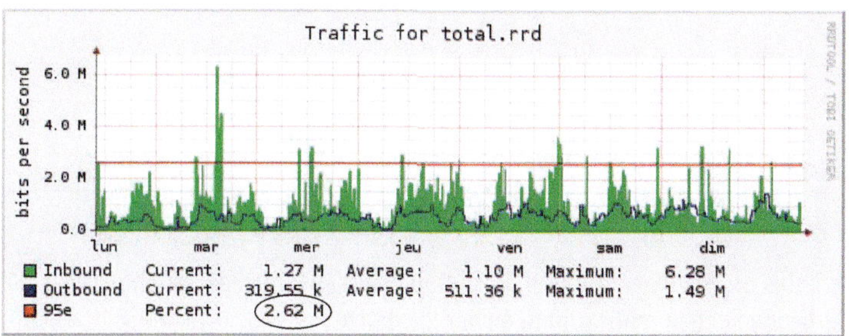

Ejemplo de gráfico con el 95-percentil marcado

Definición

Percentil
El percentil es cada uno de los noventa y nueve segmentos que resultan tras dividir algo en cien partes de igual frecuencia.

Se considera que es una medida que da una idea del consumo estable de la red. Muchos proveedores de servicios de internet (ISP) lo utilizan como medida de facturación por consumos a sus clientes.

Actividades

6. Analice y escriba las diferencias que puedan surgir al utilizar como unidades de medida los bps (bits por segundo) o los pps (paquetes por segundo).

4.3. Retardo de extremo a extremo

Es el tiempo transcurrido entre que se transmite un paquete desde el origen hasta el destino. También se le llama latencia.

Recuerde

Los diferentes dispositivos de la red presentan diversas latencias, muchas veces debidas a las tareas que deben realizar para enviar los datos.

Muchas veces se considera igual en ambos sentidos, pero no tiene por qué, por eso se puede valorar el recorrido ida y vuelta (*Round Trip Time*, RTT). Una forma sencilla de valoración es usando el protocolo ICMP (*Internet Control Message Protocol)*, por medio del comando **ping.** Muchas herramientas utilizarán ese protocolo para establecer sus estimaciones.

Puede descomponerse como la suma de todos los retardos que acumulan los paquetes en su camino desde el origen hasta el destino.

- Las **causas** de esos retardos son muy variables:
- El tiempo que tardan las aplicaciones, tanto en origen y en destino para procesar la información.
- Los diferentes medios por donde pasan los datos. Por su naturaleza mejoran o empeoran la velocidad de paso de la información.
- Los dispositivos intermedios presentan diferentes velocidades de procesamiento, además, las tareas que deban realizar pueden requerir tiempos diversos en función de diferentes configuraciones.

Ejemplo de una red con diversos elementos intermedios

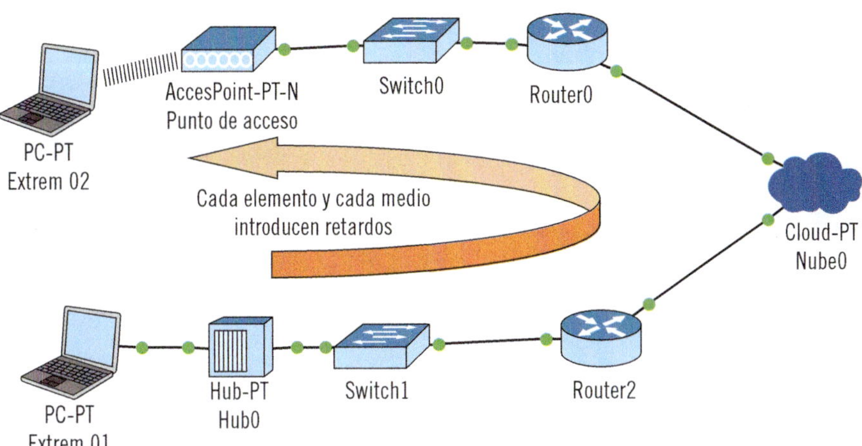

Tipos

El retardo extremo a extremo puede desglosarse en diferentes tipos de retardo. Estos se describen a continuación.

Retardo de procesamiento

Es el retardo que se produce en cada elemento intermedio que decide a dónde enviar los datos. En el caso de los *switches* es un tiempo mínimo, pues la capacidad de hacer tareas sobre los datos es reducida. En el de los *routers* en cambio, las decisiones son más costosas en términos de tiempo, pues deben analizarse las cabeceras IP (capa de internet) y deben construirse los nuevos encabezados de capa de acceso. En este caso influye el tamaño de las tablas de rutas, la configuración y otras posibles tareas que se le asignen al *router*.

La verificación de que las tramas y los paquetes están libres de errores añade más retardos. En los *switches* que operan a gran velocidad se arriesga a veces con políticas de envío rápido, a costa de que las tramas contengan errores.

En todos los casos, la calidad del *hardware* y el tamaño de memoria del dispositivo es determinante para un menor retardo. Pasarelas, cortafuegos, *proxys*, etc. son ejemplos de otros dispositivos de red intermedios que se pueden encontrar.

Sabía que...

Los *switches* tienen tres modos de envío:

- Almacenar y enviar es el que más latencia produce. La trama se almacena antes de ser enviada. Se garantiza que no se reenvían tramas corruptas.
- Envío rápido. La trama empieza a ser enviada justo cuando se conoce su destino, sin esperar a terminar su recepción. Es el método más rápido.
- Libre de fragmentos. Es un caso intermedio entre los dos anteriores.

Retardo de espera en cola

Es el tiempo que esperan los datos en una memoria intermedia *(buffer)* antes de ser retransmitidos. Se dice que los datos están en cola de espera para la transmisión.

Se produce cuando el dispositivo no puede enviar la información que recibe a la misma velocidad por la interfaz de salida, al ser la interfaz de entrada y la de salida de velocidades diferentes. Es necesario que el dispositivo disponga de memoria suficiente para poder albergar colas grandes, en caso contrario aumenta el riesgo de perder paquetes de datos, pues cuando no hay capacidad en el *buffer* el paquete que llega se descarta.

Es decir, cuando el tráfico es muy elevado se perderán paquetes, también depende del tamaño de estos. Se puede establecer algún criterio para dar preferencia a ciertos tipos de tráfico, es el llamado **QoS (calidad de servicio).**

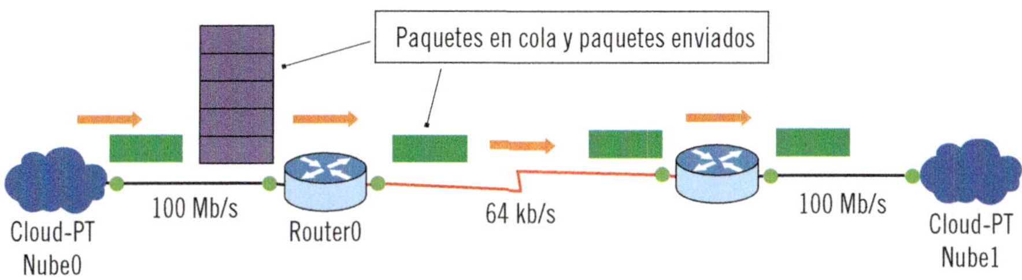

Ejemplo de retardo en cola en una red con enlaces de diferente velocidad

Retardo de transmisión

Tiempo requerido para colocar todos los *bits* de un paquete en el medio de transmisión (depende del tamaño del paquete y del ancho de banda del medio).

Cada *bit* de un paquete se va colocando en serie (uno tras otro) en el medio de transmisión, por eso existe este retardo. El paquete de datos no se coloca "de golpe" en el medio. Hay que tener en cuenta además, que el tamaño de los paquetes no va a ser el mismo en todas las comunicaciones.

La siguiente fórmula sirve para calcularlo:

Dtrans = L/R en segundos (o submúltiplos)

Siendo:

- L, longitud del paquete, en *bits*.
- R, tasa de transmisión. Se puede identificar con el ancho de banda del medio.
- Dtrans, retardo de transmisión *(Delay)*.

Ejemplo

En un enlace de FastEthernet (100 Mb/s) si se quieren transmitir paquetes de un tamaño de 1500 bytes (muy usual), el retardo de transmisión sería:

- L = 1500 x 8 = 12000 bits.
- R = 100.000.000 bits/s.
- Dtrans = 12.000/100.000.000 = 120 microsegundos.

Retardo de propagación

Tiempo que tarda la señal en llegar al otro extremo del sistema de transmisión.

Depende fundamentalmente de la distancia a recorrer y también del medio físico que utilice, que impone una velocidad de transmisión. Generalmente, la velocidad de transmisión será cercana a la de la luz, aproximadamente unos 300.000 km/s.

Nota

Los medios inalámbricos son muy agresivos. Se producen rebotes de señal, retardos al atravesar zonas de diferentes materiales, etc. En cambio, si no hay problemas, las líneas cableadas transmiten a la velocidad de la luz. Hay que tener en cuenta que a distancias largas suele ser necesario poner repetidores y otros elementos que pueden causar más retardos.

La fórmula a emplear para el cálculo del retardo de propagación será:

$$Dprop = d/s$$

Siendo:

- d = distancia de extremo a extremo.
- s = *speed* (velocidad de transmisión).

Ejemplo

El retardo mínimo por propagación en que una señal llegará a una distancia de 50 km es de:

La velocidad máxima será de 300.000 km/s, luego el retardo mínimo:

Dprop = 50 / 300.000 = 160 µs.

Se puede concluir que el retardo de extremo a extremo será la suma total de los retardos comentados:

$$D = Dproc + Dcola + Dtrans + Dprop$$

Aplicación práctica

Una empresa de comunicaciones tiene un cliente al que le instalaron una línea de fibra óptica propia para conectar su oficina central con una delegación que se encuentra a 150 km de distancia. Haciendo estimaciones, el retardo de procesamiento en los dispositivos de red es de unos 2 ms y los retardos de cola unos 0,5 ms.

Las características que reúne la línea fijadas en la SLA del servicio son:

Ancho de banda de 1Gb/s, un tamaño de paquete medio de unos 1500 bytes.

¿Cuál será el valor total del retardo que se obtendrá?

SOLUCIÓN

El valor total de retardo saldrá de sumar todos los retardos de extremo a extremo.

El retardo total será:

$$Dproc + Dcola + Dtrans + Dprop$$

El retardo de transmisión es L/R, siendo L la longitud del paquete y R el ancho de banda:

Dtrans = 1500 x 8 bits / 1.000.000.000 *bits/s* = 12 µs.

Continúa en página siguiente >>

<< Viene de página anterior

El retardo de propagación es d/s, siendo d la distancia y s la velocidad de la luz en este caso.

Sale: Dprop = 150 km / 300.000 km/s = 0,5 ms.

Al final sumando todo:

$$Dtotal = 2 + 0{,}5 + 0{,}012 + 0{,}5 = 3{,}012 \text{ ms.}$$

4.4. Dispersión del retardo (Jitter)

A la variación en las diferencias de tiempos de llegada entre paquetes se le llama ***Jitter*** (parpadeo). Es la fluctuación del retardo sobre los datos recibidos.

Suele deberse a la interferencia de señales e introducción de ruido en el canal, pero también a la congestión de la red y al haber seguido los paquetes rutas distintas para llegar al destino. La dispersión del retardo de un dispositivo se puede propagar al siguiente en cascada, de manera que produce problemas en ciertos servicios.

Hay procesos que necesitan tiempos fijos de ejecución, y hay ciertos tipos de tráfico, como el de voz, que necesita una cierta fluidez, pues desde el punto de vista del usuario puede ser muy molesto el producirse vacíos en la comunicación (voz entrecortada).

La solución al *Jitter* es guardar los datos en memorias *buffer*, lo cual introduce un retardo todavía mayor. Es decir, la red se toma un respiro y almacena en un *buffer* unos cuantos paquetes para poder garantizar su procesamiento de forma continua.

Los proveedores de servicios se comprometen a proporcionar un determinado valor de *Jitter* en segundos (o milisegundos) que se refleja en el SLA *(Service Level Agreement)*. Ese tiempo, que es una estimación del proveedor, es el tiempo del que dispone un paquete para llegar al dispositivo, si no, puede que se descarte (en el caso del tráfico de voz, ya no sería útil, y puede causar más problemas que beneficios).

Para tráficos que requieren un servicio continuo de datos, como la voz, retransmisión de vídeo, etc. se ha pensado en la calidad de servicio QoS. Los tráficos "normales" de datos no suelen requerir prioridad, pueden esperar.

Nota

La *QoS (Quality of Service)* asegura una tasa de transmisión, un retardo y una variación de retardo (jitter) por debajo de ciertos niveles acordados con el cliente de servicios de red. Se puede implementar gracias a diversos protocolos que pueden diferenciar el tipo de tráfico para darle prioridad. La manera más sencilla es aprovechando los campos de clase de servicio y tipo de servicio de los protocolos IPv4 e IPv6 respectivamente, y activándolo en los dispositivos intermedios.

El impacto que produce el *Jitter*, el número de paquetes tardíos, puede minimizarse aumentando el tamaño de la memoria intermedia, pero usar una memoria más grande para esto aumenta el retardo de extremo a extremo. El *Jitter* se mide por medio de las diferencias de latencia entre los paquetes de una transmisión. Puede hacerse con el comando **ping** sacando promedios, pero mejor con *Wireshark* o con algún *plug-in* de algún NMS (hay para *Nagios*, *Cacti*, etc.).

Existe un protocolo definido en la RFC 3550 para calcularlo llamado **RTP** *(Transport Protocol for Real-Time).*

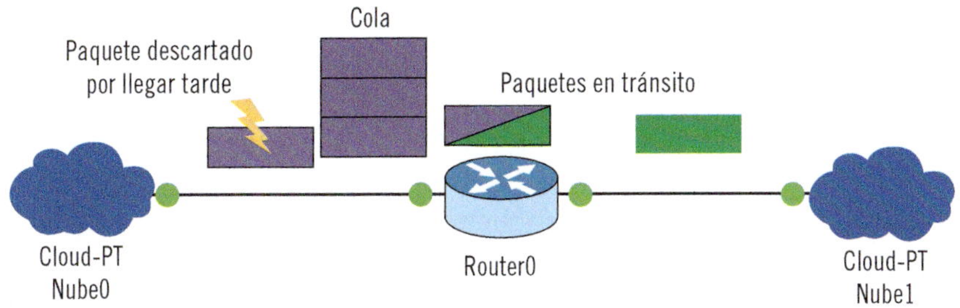

Ejemplo del comportamiento de una cola para compensar el Jitter

Se han desarrollado diversas formas para configurar un *buffer* mediante *software*:

- **Cola prioritaria:** en este caso el administrador de la red puede configurar varios niveles de prioridad de tráfico.
- **Cola definida:** el administrador reserva un ancho de banda para cada tipo de protocolo específicamente. Así se puede hilar más fino y configurar con más precisión que tráfico es el importante.
- **Cola ponderada:** se desarrolla un algoritmo mediante el cual se identifica cada tipo de tráfico, priorizando en este caso el que consuma menos ancho de banda. Esto permite que la red se estabilice en los momentos en que se produce cierta congestión. Exige más esfuerzos de programación y configuración.

Importante

No se debe confundir el uso de colas para el retardo de *Jitter* con el uso de colas para el caso de enlaces de diferentes velocidades, aunque pueden consumir el mismo recurso, la memoria.

4.5. Pérdida de paquetes y errores

Un indicador de rendimiento importante es el índice de paquetes perdidos. El índice de errores solo puede calcularse en los enlaces que los reciben, pues para los demás se convertirán en paquetes perdidos, ya que se descartarán.

Las pérdidas de paquetes se producen principalmente por el agotamiento de la capacidad del *buffer* empleado en las colas. Cuando pasa esto se habla de **congestión.** Cuando un paquete llega a una cola y esta está llena, el paquete se descarta. También influye el *Jitter* y las tramas y paquetes corruptos que se descartan inmediatamente. La naturaleza del medio de transmisión también puede provocar pérdidas y errores, sobre todo en medios agresivos como el inalámbrico. Esto hace que las pérdidas tengan un cierto carácter aleatorio.

Sabía que...

Los encabezados de trama (capa de acceso a red) y de paquete (capa de internet) poseen un campo de verificación para asegurar que tanto la trama como el paquete están intactos. Cuando el valor de ese campo (llamado cheksum) indica un error, los datos se desechan.

Los errores en los datos pueden producirse por muchas causas: interferencias en el canal, colisiones, mal funcionamiento de algún enlace, etc. Se descartan porque es muy difícil implementar tecnologías eficaces de recuperación de esos datos que llegan en mal estado.

Actividades

7. Busque información sobre lo que son las colisiones y cómo pueden evitarse.

Si fuese necesario recuperar el paquete, será labor de la capa de transporte o de la capa de aplicación.

TCP *(Transmission Control Protocol)* es un protocolo de la capa de transporte que suministra confiabilidad y control de flujo. Posee en su encabezado un campo llamado "ventana" que marca el número de *bytes* a transmitir, y sirve para garantizar que origen y destino se pongan de acuerdo en la cantidad de datos a transmitir cada vez (tamaño de ventana). El uso de acuses de recibo y números de secuencia sirve para saber si los datos llegan y, si hace falta mandar alguno, cuál en concreto. Se retransmiten los datos perdidos.

Ejemplo del comportamiento de una transmisión con TCP

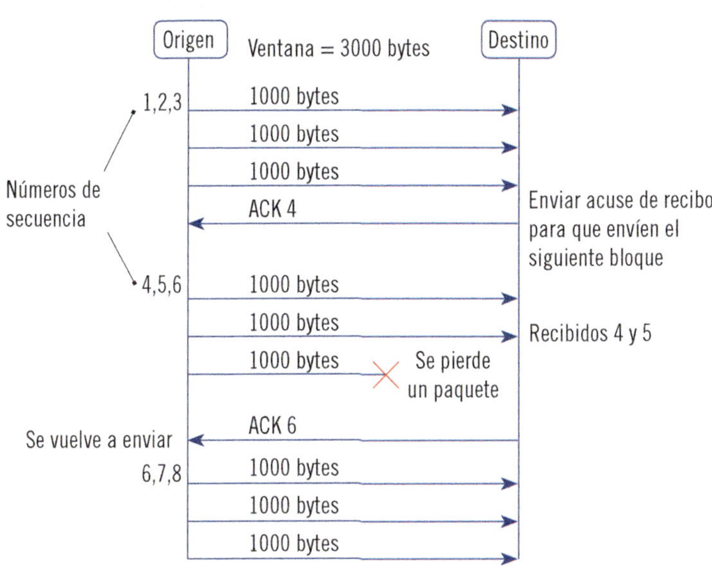

Esto solo se utiliza en los extremos de la comunicación origen-destino. Los dispositivos intermedios no usan la capa de transporte, solo llegan a utilizar la capa de internet, donde está el protocolo IP, por ejemplo.

En ocasiones no se desea utilizar las funciones de TCP por el tipo de tráfico de que se trate, como por ejemplo, la transmisión de vídeo, debido a que la corrección de pérdidas usando retransmisión puede causar aún más congestión (perder un paquete no es grave, atascar la transmisión en este caso, sí), es entonces cuando se usa UDP *(User Datagram Protocol).*

Una manera de medir la pérdida de paquetes es por medio de ICMP, al igual que para los retardos.

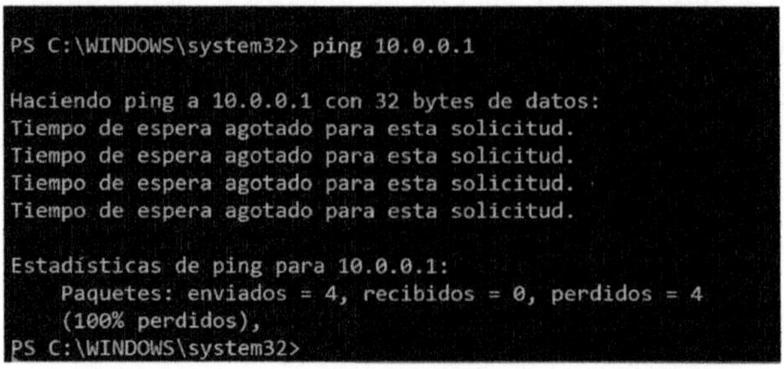

```
PS C:\WINDOWS\system32> ping 10.0.0.1

Haciendo ping a 10.0.0.1 con 32 bytes de datos:
Tiempo de espera agotado para esta solicitud.
Tiempo de espera agotado para esta solicitud.
Tiempo de espera agotado para esta solicitud.
Tiempo de espera agotado para esta solicitud.

Estadísticas de ping para 10.0.0.1:
    Paquetes: enviados = 4, recibidos = 0, perdidos = 4
    (100% perdidos),
PS C:\WINDOWS\system32>
```

Comprobación de pérdida de paquetes con el comando ping

5. Identificación de indicadores de rendimiento de sistemas

En este apartado se identificarán los indicadores de los sistemas operativos que operan en los elementos de la red, aunque bien pueden servir para cualquier sistema.

Los indicadores que más interesan en los sistemas que operan en red son los de disponibilidad y los relativos al uso de recursos, como pueden ser la memoria, la CPU y los dispositivos de entrada/salida.

5.1. Disponibilidad

La disponibilidad sirve como criterio para evaluar durante cuánto tiempo ha estado dando servicio el sistema.

Es interesante pues forma parte de uno de los compromisos del SLA.

Para conocer la disponibilidad de un sistema remoto se podría ir haciendo una consulta temporizada. Cada cierto tiempo una consulta con, por ejemplo, el comando **ping.**

Cualquier NMS *(Network Management Service)* de los estudiados pueden servir para comprobar la disponibilidad. Si se desea analizar la misma, *Nagios* es una opción idónea.

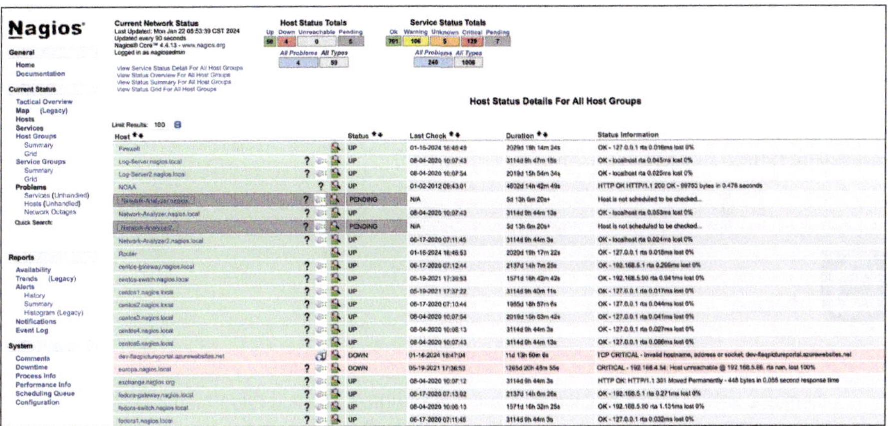

Comprobación de la disponibilidad de los sistemas remotos con Nagios

Se puede emplear una fórmula para el cálculo de este indicador:

Disponibilidad anual = 100 – 100 x (horas de trabajo no operativo/número total de horas anuales de trabajo)

5.2. Memoria, utilización y carga de CPU

Para estos indicadores, además de los sistemas NMS que pueden obtener datos sobre el estado de la memoria, por ejemplo a través de SNMP, *Nagios*, etc., se pueden emplear herramientas locales del sistema operativo, como puede ser la herramienta **top** y también **free** en *Linux,* o el **monitor de rendimiento** y el **administrador de tareas** de *Windows.*

```
top - 09:30:19 up 30 min,  2 users,  load average: 0.47, 0.12, 0.07
Tasks: 130 total,   1 running, 129 sleeping,   0 stopped,   0 zombie
Cpu(s):  0.0%us,  0.7%sy,  0.0%ni, 99.3%id,  0.0%wa,  0.0%hi,  0.0%si,  0.0%st
Mem:    908500k total,   483344k used,   425156k free,    43384k buffers
Swap:   392184k total,        0k used,   392184k free,   305348k cached

  PID USER      PR  NI  VIRT  RES  SHR S %CPU %MEM    TIME+  COMMAND
  213 root      20   0     0    0    0 S  0.7  0.0   0:00.13 flush-8:0
  951 root      20   0 40004  20m 6048 S  0.3  2.3   0:09.20 Xorg
 2789 jefe      20   0  2468 1184  900 R  0.3  0.1   0:00.10 top
    1 root      20   0  2036  712  620 S  0.0  0.1   0:01.44 init
    2 root      20   0     0    0    0 S  0.0  0.0   0:00.00 kthreadd
    3 root      RT   0     0    0    0 S  0.0  0.0   0:00.00 migration/0
    4 root      20   0     0    0    0 S  0.0  0.0   0:00.36 ksoftirqd/0
    5 root      RT   0     0    0    0 S  0.0  0.0   0:00.00 watchdog/0
    6 root      20   0     0    0    0 S  0.0  0.0   0:00.02 events/0
```

Ejemplo de la herramienta top para comprobar el uso de la memoria y CPU, y procesos implicados

En los análisis de memoria hay que tener en cuenta que se utiliza tanto memoria física (RAM) como memoria virtual (disco).

Nota

La memoria virtual es un espacio en disco que se utiliza como si fuera memoria real para almacenar temporalmente información en ejecución. Se le llama a veces archivo de intercambio (*swap* en inglés) o de paginación (se llama así al proceso de enviar "páginas" de la memoria al disco y después recuperarlas). En Linux suele dedicarse una partición de disco a ese menester, en Windows se utiliza el archivo de sistema *"pagefile.sys"*.

Para ver la memoria instalada en *Windows* puede usarse la herramienta **información del sistema,** pero hay que tener en cuenta que se le llama memoria virtual a la suma de la memoria instalada (la RAM real) más el archivo de paginación.

Memoria física instalada (RAM)	4,00 GB
Memoria física total	4,00 GB
Memoria física disponible	2,82 GB
Memoria virtual total	8,00 GB
Memoria virtual disponible	6,49 GB
Espacio de archivo de paginaci...	4,00 GB
Archivo de paginación	C:\pagefile.sys

Memoria virtual total

Actividades

8. Hay diversas maneras de distribuir la memoria virtual. Averigüe cómo se puede hacer esa distribución para mejorar el rendimiento del sistema.

La carga de CPU da una idea de lo atareado o sobrecargado que puede estar el sistema. Depende de la situación, si está trabajando dando mucho servicio o al contrario, se puede analizar si va bien o no.

Se puede ver la carga de un sistema remoto consultando un *host* de la lista de los clientes de *Nagios*.

Service Status Details For All Hosts

Limit Results: 100

Results 0 - 100 of 1008 Matching Services

Host	Service	Status	Last Check	Duration	Attempt	Status Information
Log-Server.nagios.local	/ Disk Usage	OK	08-04-2020 10:06:13	1795d 14h 18m 16s	1/1	DISK OK - free space: / 20293 MiB (56.68% inode=95%):
	Apache 404 Errors	OK	08-04-2020 10:05:13	1322d 18h 51m 26s	1/1	OK: 47 matching entries found
	Apache Web Server	OK	08-04-2020 10:04:54	1796d 14h 18m 15s	1/1	httpd (pid 1706) is running...
	Bandwidth Spike	OK	08-04-2020 10:04:44	1571d 16h 44m 5s	1/1	OK: 27 MB/s reported
	CPU Stats	OK	08-04-2020 10:05:26	1796d 14h 19m 46s	1/1	CPU STATISTICS OK: user=8.88% system=4.01% iowait=0.05% idle=87.06%
	Cron Scheduling Daemon	OK	08-04-2020 10:06:24	1795d 14h 18m 16s	1/1	crond (pid 1717) is running...
	Failed SSH Logins	OK	08-04-2020 10:06:34	1630d 17h 28m 5s	1/1	OK: 1 matching entries found
	Linux Failed Logins	OK	08-17-2020 07:10:03	1672d 15h 12m 25s	1/1	OK: 6 matching entries found
	Load	OK	08-04-2020 10:06:24	1796d 14h 20m 24s	1/1	OK - load average: 0.26, 0.29, 0.22
	Memory Usage	OK	05-19-2021 17:37:12	1795d 14h 21m 36s	1/1	OK - 1411 / 2005 MB (70%) Free Memory, Used: 1624 MB, Shared: 34 MB, Buffers: 150 MB, Cached: 930 MB
	MySQL Crashed Tables	OK	05-19-2021 17:37:23	1795d 14h 21m 4s	1/1	OK: 2 matching entries found
	MySQL Server	OK	08-17-2020 07:12:32	1796d 14h 19m 15s	1/1	mysqld (pid 1497) is running...
	Open Files	OK	05-19-2021 17:37:12	1796d 14h 18m 57s	1/1	OK: 1920 open files (1% of max 187733)
	Ping	OK	05-19-2021 17:36:43	2019d 15h 52m 56s	1/1	OK - localhost rta 0.017ms lost 0%
	Port 22 Bandwidth	OK	05-19-2021 17:37:12	1497d 17h 1m 5s	1/1	OK: 7 MB/s reported

Carga de un sistema visto desde el servidor Nagios, en este caso en un cliente Windows

5.3. Utilización de dispositivos de entrada/salida

Los dispositivos E/S son aquellos que tienen la doble función de importar y exportar la información del equipo.

Dichos dispositivos se pueden identificar como: CD, DVD, discos duros, memorias USB, *modem*, tarjetas de red, etc.

Normalmente, lo que más interesa controlar son los discos duros porque suelen contener la información más importante y son relativamente más frágiles que los CD y DVD, por ejemplo.

Sabía que...

Los discos duros modernos incorporan una función llamada SMART que sirve para que cuando el funcionamiento del disco se empiece a degradar, con riesgo para que quede inutilizado, avise con una alarma de manera que se puedan poner a salvo los datos y se realice el cambio del disco.

En cuanto a las tarjetas de red, interesa conocer sus estadísticas de errores detectados, cantidad de información enviada y recibida, además de su estado óptimo. Generalmente, las mismas herramientas de diagnóstico de los discos incorporan funciones de diagnóstico para la tarjeta de red.

Una herramienta específica para la tarjeta de red en *Linux* es *ethtool,* que muestra información sobre el estado de la interfaz de red. En *Windows* se cuenta con *Everest* o con las propiedades de las conexiones de red **del panel de control.**

Con el **monitor de rendimiento** de *Windows* se puede observar en tiempo real el comportamiento de la memoria, la CPU, las interfaces de red, etc. Es mucha más información que la que se encuentra en el **administrador de tareas.**

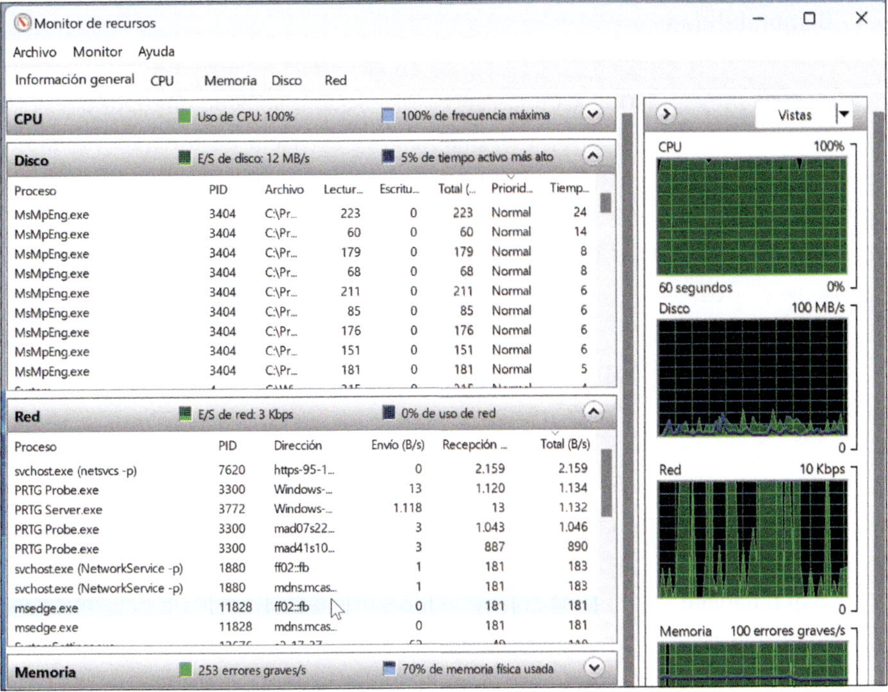

Desde el monitor de rendimiento se accede a este monitor de recursos.

También puede ser de interés conocer los ficheros abiertos por algún usuario o por un servicio de red. En *Linux* está la herramienta *lsof,* en *Windows openfiles.*

6. Identificación de indicadores de rendimiento de servicios

Los servicios son programas que están instalados en los servidores. Estos programas ofrecen datos o realizan alguna tarea para sostener, o ayudar a sostener, la infraestructura de la red. Normalmente reciben peticiones de otros programas llamados clientes.

Lo que más interesa a la hora de monitorizarlos es conocer su disponibilidad, el tiempo que pueda tardar en satisfacer las peticiones que reciba, y la carga de trabajo que soportan. Hay que tener en cuenta que los sistemas donde se instalan tienen influencia sobre el rendimiento general, por ello es bueno analizarlos conjuntamente.

6.1. Disponibilidad

Una cosa muy importante en los servicios es saber si están ahí donde se espera, y si además se encuentran en condiciones de hacer un trabajo eficiente.

Al igual que para los sistemas, para analizar la disponibilidad de los servicios se pueden utilizar herramientas de un NMS como *Nagios*, *OpenNMS*, *OpenView* y otros.

Para garantizar la disponibilidad existen soluciones de redundancia y balanceo de carga.

Con la **redundancia** se garantiza que si un servidor cae, entre en funcionamiento un servidor alternativo.

Con el **balanceo de carga** se consigue repartir el esfuerzo de un determinado servicio entre varios equipos, para que si un equipo cae, los demás mantengan cierto nivel de disponibilidad. A esto se le suele llamar "*clustering*".

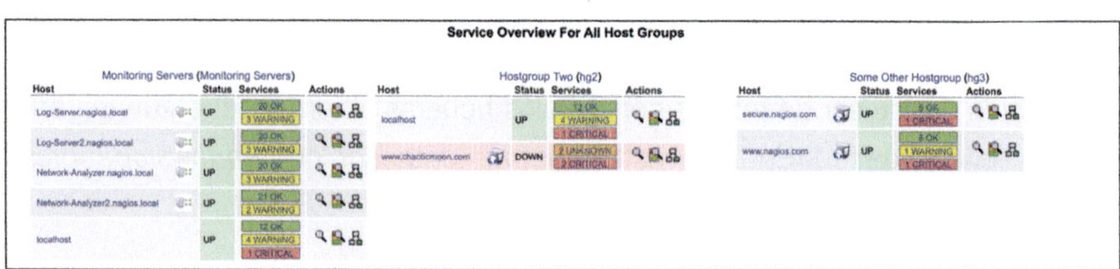

Comprobación del estado de los servicios con Nagios

Nota

Un sistema de cluster se basa en la unión de varios servidores que trabajan como si se tratase de solo uno. Sistemas de este tipo se pueden configurar a través de *Linux Virtual Server* y *Microsoft Cluster Server*, entre otras opciones.

Actividades

9. Investigue qué escenarios de red se pueden utilizar para hacer balanceo de carga entre servidores.

6.2. Tiempo de respuesta

El tiempo de respuesta es uno de los factores críticos de los servicios. Aunque estén disponibles es necesario que brinden una atención lo más rápida posible.

Es un tiempo que depende de muchos factores:

- **De la infraestructura de red.** Aquí intervienen los retardos analizados anteriormente.
- **De la calidad del *hardware* del servidor.** Discos duros, tarjetas de red y procesadores influyen a la hora de conseguir servicios rápidos y eficaces.
- **Del servicio en sí, su configuración y el trabajo que se le pida.** Es aquí donde el administrador del servicio puede hacer más cosas. Entre otras, y dependiendo del servicio, está la configuración de la caché, el empleo de técnicas de seguridad, el manejo de colas de peticiones, permitir las conexiones persistentes, etc.

Sabía que...

Tenga en cuenta que los retardos introducidos por la infraestructura de red, no siempre dependen de la propia empresa. El proveedor de servicios de la empresa, o el de los clientes que acceden a los recursos de la red, también juega un papel importante. El factor clave es en dónde se encuentra el "cuello de botella".

Definición

Caché

Se llama así a cualquier memoria intermedia que se emplee para reducir el tiempo de acceso a aquellos datos que, estando ubicados en una memoria principal, se utilizan con más frecuencia.

Servicios como el de proxy web almacenan en caché de forma temporal información que solicitan los clientes con más asiduidad para acelerar su acceso.

Hay criterios que mejoran el rendimiento pero a costa de asumir ciertos riesgos de seguridad. Uno de los mayores riesgos proviene de los ataques de denegación de servicio (DoS).

Para medir el rendimiento se pueden seguir utilizando las herramientas vistas como *Cricket, Cacti y MRTG,* pero también hay otras comerciales como PRTG (de *Paessler*) e ISM *(Internet Status Monitor),* aunque también existen soluciones online para servidores web, como el *host-tracker* (http://host-tracker.com/), la herramienta *pingdom* (http://tools.*ping*dom.com/fpt/) o el sistema *PageSpeed* de *Google*.

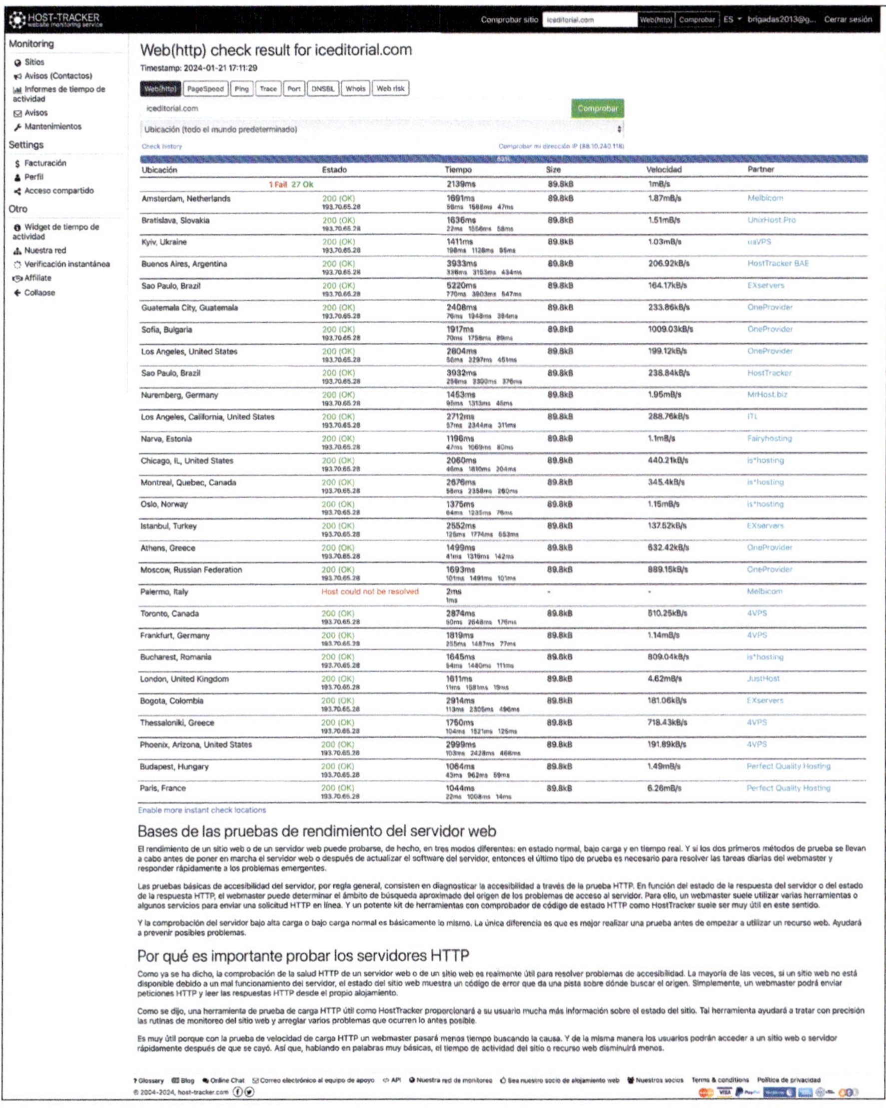

Web(http) check result for iceditorial.com

Timestamp: 2024-01-21 17:11:29

Ubicación	Estado	Tiempo	Size	Velocidad	Partner
	1 Fail 27 Ok	2139ms	89.8kB	1mB/s	
Amsterdam, Netherlands	200 (OK) 193.70.65.28	1691ms 56ms 1588ms 47ms	89.8kB	1.87mB/s	Melbicom
Bratislava, Slovakia	200 (OK) 193.70.65.28	1636ms 22ms 1556ms 58ms	89.8kB	1.51mB/s	UnixHost.Pro
Kyiv, Ukraine	200 (OK) 193.70.65.28	1411ms 198ms 1128ms 85ms	89.8kB	1.03mB/s	uaVPS
Buenos Aires, Argentina	200 (OK) 193.70.65.28	3933ms 338ms 3163ms 434ms	89.8kB	206.92kB/s	HostTracker BAE
Sao Paulo, Brazil	200 (OK) 193.70.65.28	5220ms 770ms 3903ms 547ms	89.8kB	164.17kB/s	EXservers
Guatemala City, Guatemala	200 (OK) 193.70.65.28	2408ms 76ms 1948ms 384ms	89.8kB	233.86kB/s	OneProvider
Sofia, Bulgaria	200 (OK) 193.70.65.28	1917ms 70ms 1758ms 89ms	89.8kB	1009.03kB/s	OneProvider
Los Angeles, United States	200 (OK) 193.70.65.28	2804ms 56ms 2297ms 451ms	89.8kB	199.12kB/s	OneProvider
Sao Paulo, Brazil	200 (OK) 193.70.65.28	3932ms 256ms 3300ms 376ms	89.8kB	238.84kB/s	HostTracker
Nuremberg, Germany	200 (OK) 193.70.65.28	1453ms 95ms 1313ms 45ms	89.8kB	1.95mB/s	MrHost.biz
Los Angeles, California, United States	200 (OK) 193.70.65.28	2712ms 57ms 2344ms 311ms	89.8kB	288.76kB/s	ITL
Narva, Estonia	200 (OK) 193.70.65.28	1196ms 47ms 1069ms 80ms	89.8kB	1.1mB/s	Fairyhosting
Chicago, IL, United States	200 (OK) 193.70.65.28	2060ms 46ms 1810ms 204ms	89.8kB	440.21kB/s	is*hosting
Montreal, Quebec, Canada	200 (OK) 193.70.65.28	2676ms 58ms 2358ms 260ms	89.8kB	345.4kB/s	is*hosting
Oslo, Norway	200 (OK) 193.70.65.28	1375ms 64ms 1235ms 76ms	89.8kB	1.15mB/s	is*hosting
Istanbul, Turkey	200 (OK) 193.70.65.28	2552ms 125ms 1774ms 653ms	89.8kB	137.52kB/s	EXservers
Athens, Greece	200 (OK) 193.70.65.28	1499ms 41ms 1316ms 142ms	89.8kB	632.42kB/s	OneProvider
Moscow, Russian Federation	200 (OK) 193.70.65.28	1693ms 101ms 1491ms 101ms	89.8kB	889.15kB/s	OneProvider
Palermo, Italy	Host could not be resolved	2ms 1ms	-	-	Melbicom
Toronto, Canada	200 (OK) 193.70.65.28	2874ms 50ms 2648ms 176ms	89.8kB	510.25kB/s	4VPS
Frankfurt, Germany	200 (OK) 193.70.65.28	1819ms 255ms 1487ms 77ms	89.8kB	1.14mB/s	4VPS
Bucharest, Romania	200 (OK) 193.70.65.28	1645ms 54ms 1480ms 111ms	89.8kB	809.04kB/s	is*hosting
London, United Kingdom	200 (OK) 193.70.65.28	1611ms 11ms 1581ms 19ms	89.8kB	4.62mB/s	JustHost
Bogota, Colombia	200 (OK) 193.70.65.28	2914ms 113ms 2305ms 496ms	89.8kB	181.06kB/s	EXservers
Thessaloniki, Greece	200 (OK) 193.70.65.28	1750ms 104ms 1521ms 125ms	89.8kB	718.43kB/s	4VPS
Phoenix, Arizona, United States	200 (OK) 193.70.65.28	2999ms 103ms 2428ms 468ms	89.8kB	191.89kB/s	4VPS
Budapest, Hungary	200 (OK) 193.70.65.28	1064ms 43ms 962ms 59ms	89.8kB	1.49mB/s	Perfect Quality Hosting
Paris, France	200 (OK) 193.70.65.28	1044ms 22ms 1008ms 14ms	89.8kB	6.26mB/s	Perfect Quality Hosting

Bases de las pruebas de rendimiento del servidor web

El rendimiento de un sitio web o de un servidor web puede probarse, de hecho, en tres modos diferentes: en estado normal, bajo carga y en tiempo real. Y si los dos primeros métodos de prueba se llevan a cabo antes de poner en marcha el servidor web o después de actualizar el software del servidor, entonces el último tipo de prueba es necesario para resolver las tareas diarias del webmaster y responder rápidamente a los problemas emergentes.

Las pruebas básicas de accesibilidad del servidor, por regla general, consisten en diagnosticar la accesibilidad a través de la prueba HTTP. En función del estado de la respuesta del servidor o del estado de la respuesta HTTP, el webmaster puede determinar el ámbito de búsqueda aproximado del origen de los problemas de acceso al servidor. Para ello, un webmaster suele utilizar varias herramientas o algunos servicios para enviar una solicitud HTTP en línea. Y un potente kit de herramientas con comprobador de código de estado HTTP como HostTracker suele ser muy útil en este sentido.

Y la comprobación del servidor bajo alta carga o bajo carga normal es básicamente lo mismo. La única diferencia es que es mejor realizar una prueba antes de empezar a utilizar un recurso web. Ayudará a prevenir posibles problemas.

Por qué es importante probar los servidores HTTP

Como ya se ha dicho, la comprobación de la salud HTTP de un servidor web o de un sitio web es realmente útil para resolver problemas de accesibilidad. La mayoría de las veces, si un sitio web no está disponible debido a un mal funcionamiento del servidor, el estado del sitio web muestra un código de error que da una pista sobre dónde buscar el origen. Simplemente, un webmaster podrá enviar peticiones HTTP y leer las respuestas HTTP desde el propio alojamiento.

Como se dijo, una herramienta de prueba de carga HTTP útil como HostTracker proporcionará a su usuario mucha más información sobre el estado del sitio. Tal herramienta ayudará a tratar con precisión las rutinas de monitoreo del sitio web y arreglar varios problemas que ocurren lo antes posible.

Es muy útil porque con la prueba de velocidad de carga HTTP un webmaster pasará menos tiempo buscando la causa. Y de la misma manera los usuarios podrán acceder a un sitio web o servidor rápidamente después de que se cayó. Así que, hablando en palabras muy básicas, el tiempo de actividad del sitio o recurso web disminuirá menos.

Análisis de tiempos de respuesta de un servidor web con host-tracker

6.3. Carga

La carga del servidor indica el nivel de capacidad de trabajo que tiene ocupado. A más carga, menor capacidad de atender más peticiones de clientes.

Al medir la carga se pueden tomar decisiones en lo que se refiere a si se necesitan ampliar los recursos del servicio. Depende de la situación en la que se produzca el trabajo a plena carga, si es cuando se tenía previsto, o con una cantidad de peticiones inferior a la esperada. Una solución para las sobrecargas es la comentada anteriormente: el **balanceo de carga** entre varios servidores.

Para controlar el nivel de carga en *Linux* se pueden usar comandos de forma local como **top,** combinándolo con otros comandos como **uptime, w** y **netstat.** Hay una versión más gráfica de *top* llamada **htop.** Una ventaja de utilizar la línea de comandos es que además de provocar poco consumo de recursos permite personalizar tareas por medio de **scripts.** De forma remota el control se lleva, como siempre, con los NMS.

Definición

Script

Un script es un archivo de comandos. Se le puede llamar guión de instrucciones. Es un ejecutable que utiliza comandos del sistema operativo de manera que automatiza tareas que un administrador hubiera tenido que realizar escribiendo los comandos a mano. Se pueden crear scripts tanto en *Linux* como en *Windows.*

En *Windows* se pueden utilizar y personalizar contadores de rendimiento para medir la carga del servidor por medio de la herramienta **monitor de rendimiento.**

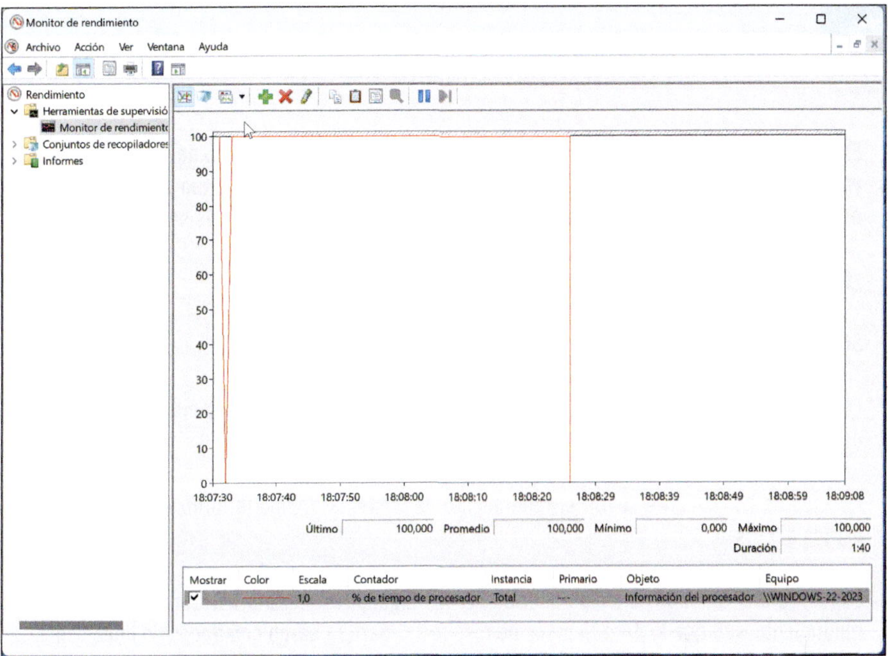

Ejemplo de un contador de servicio web en el monitor de rendimiento en Windows

Para la creación de gráficos de este tipo en *Linux*, si no es suficiente con la información suministrada por *htop*, suele utilizarse *Cacti* sobre *localhost*.

Actividades

10. Explore las posibilidades de los diferentes comandos de rendimiento, además de los comentados, de la línea de comandos de Linux.

Aplicación práctica

El administrador de una página web quiere monitorizar el rendimiento del servidor web, ya que desea dar la mejor atención posible a los clientes que visitan la página. Sin embargo, no quiere monitorizar demasiadas cosas para hacerlo lo más sencillo posible.

¿Qué indicadores analizará y qué herramientas utilizará para ello?

SOLUCIÓN

Los indicadores a tener en cuenta serían los de cualquier servicio: disponibilidad, tiempo de respuesta y carga.

Además es conveniente seguir el rendimiento del sistema: memoria, utilización de CPU y estado del disco.

Las herramientas más sencillas podrían ser las siguientes: alguna herramienta online de rendimiento web que le dará tiempos de respuesta, para la carga comandos de línea como uptime, por ejemplo. Se pueden usar comandos como top para monitorizar los recursos de CPU y la memoria, aunque se obtiene muy buen resultado con Nagios, que es una herramienta muy completa.

7. Ejemplos de mediciones

Una medición sencilla es la de la memoria. En *Windows* se puede hacer con el **administrador de tareas** y con el **monitor de rendimiento.** En *Linux* la orden específica **free** lo hace en modo texto.

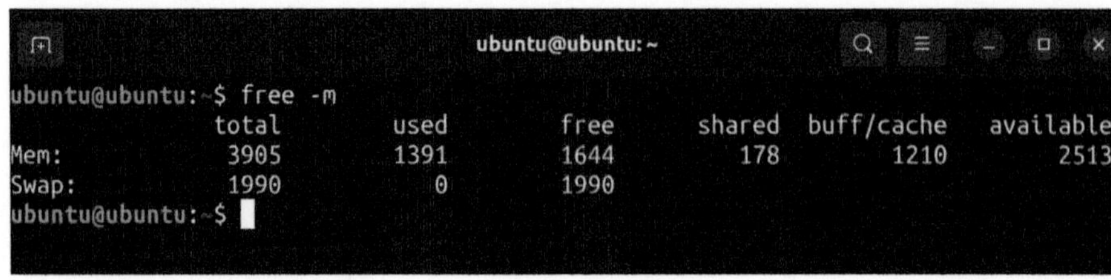

Uso del comando free para comprobar la memoria, el parámetro -m es para verlo en MB

Otro ejemplo, esta vez para medir la utilización de la red con el 95 percentil en *Cacti:*

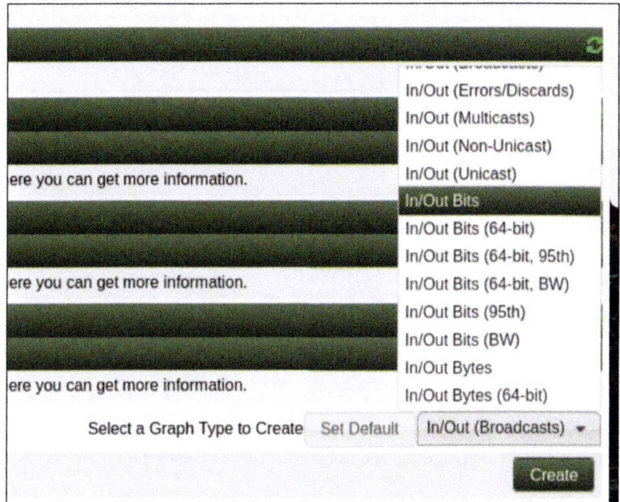

Medición del 95 percentil con Cacti. Se puede observar que también hay gráficos para paquetes perdidos, etc.

Después de esperar un tiempo para que se capten datos se puede conseguir un gráfico como el siguiente:

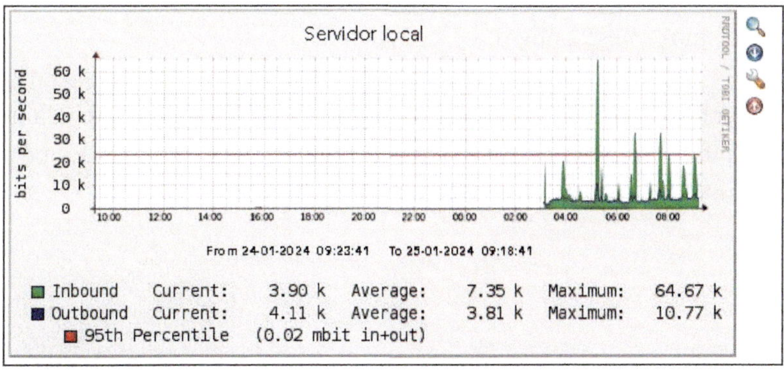

Gráfico del 95 percentil hecho con Cacti

Para la medida de los retardos y paquetes perdidos hay una herramienta muy utilizada en entornos *Linux*: *smokeping* (creada por Tobias Oetiker).

Sabía que...

Tob Oetiker es el creador de otras herramientas muy conocidas como MRTG y RRDTool.

Es una de esas herramientas que en lugar de monitorizar datos de un cliente envía datos para probar la red. Esta herramienta se basa en el protocolo ICMP: envía paquetes de este tipo a los destinos configurados, midiendo tiempos y sacando estadísticas en función de los retardos encontrados y los paquetes perdidos. Puede aprovechar herramientas del sistema como f*ping*, y se puede configurar su comportamiento.

La instalación es sencilla, la configuración se realiza tocando varios archivos de /etc/smoke*ping*/config.d.

En el archivo "general" se configura la información de contacto y la ubicación del servidor *smokeping*. En el archivo "targets" se configuran los destinos a los que se quiere medir los retardos:

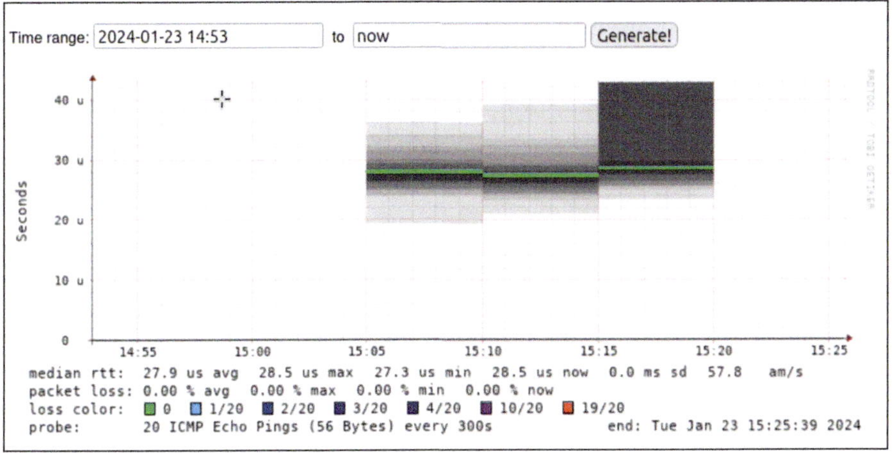

Archivo "targets" configurado para testear al servidor 192.168.15.101

Al acabar de configurarlo debe reiniciarse el servicio: >*service smokeping restart.*

Los gráficos se presentan mediante la interfaz del navegador web (necesita un servidor *Apache*, por ejemplo). Se accede a través de la dirección http://localhost/cgi-bin/smoke*ping*.cgi, o con la IP del servidor si no se accede desde el mismo equipo.

Podría tener un aspecto como este:

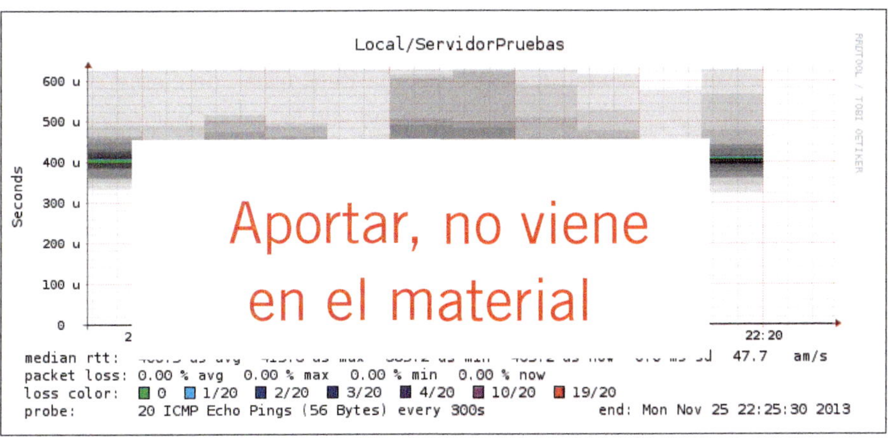

Gráfico obtenido con smokeping. En colores los paquetes perdidos, en grises, la concentración de retardos

8. Análisis de tendencias y medidas correctivas

Consiste en hacer una previsión, en base a informes y gráficos, sobre cómo evolucionará la red. Pueden emplearse herramientas estadísticas para apoyar el estudio.

Muchas de las herramientas estudiadas tienen la posibilidad de presentar informes y estadísticas, por ejemplo *smokeping*. Esta herramienta mantiene un historial de los retardos en la red, también permite la definición de rangos para establecer alarmas.

Otra herramienta *Linux* que destaca por su elaboración de estadísticas es *ntop*. Parecida a *top*, pero registrando la actividad de red.

Por destacar en *Windows* se puede utilizar el **monitor de rendimiento** del propio sistema operativo para obtener informes.

El análisis puede pasar por las siguientes fases:

- **Recolección** de datos: es lo que se ha estado haciendo con la monitorización. De ahí se han obtenido diferentes informes y gráficas que se aprovecharán en las siguientes fases.
- **Preparación** y limpieza de los datos: es un proceso de eliminación de "ruidos". Puede haber datos que resulten dispares por algún evento fuera de lo común, o que no tengan nada que ver con el trabajo normal de la red, por ejemplo, un reinicio por mantenimiento en un determinado momento, o una avería ocasional que provocase la transmisión de ciertos tipos de tráfico en ese momento. También depende de lo que se quiera analizar.
- **Selección** de elementos a analizar: aquí se decide qué es lo que se quiere analizar de los diferentes tipos de retardos, el uso de ancho de banda, etc. Hay ciertas cosas que a lo mejor no interesan. Se trata de "filtrar" la información que no se necesite para el análisis que se lleva a cabo.
- **Pronóstico** de los elementos seleccionados: mediante herramientas estadísticas se podría evaluar una posible tendencia hacia el futuro en el comportamiento de algún elemento.

Nota

Una de las cosas importantes durante el análisis es filtrar el gran caudal de información que se puede tener que manejar. Mucha de esa información suele ser inservible.

Actividades

11. De las herramientas vistas investigue las opciones que presentan para elaborar estadísticas.
12. Intente plantear un escenario que le ayude a descubrir cuáles serían las características más importantes que se deberían analizar en un servidor web.

Según los resultados obtenidos durante el análisis, a lo mejor es necesario corregir algún problema detectado.

En cuanto a las **medidas correctivas** se pueden considerar las siguientes:

- **Cambiar el *hardware* estropeado:** es la solución más evidente, pero no siempre el descenso de rendimiento es culpa de una avería.
- **Cambiar la configuración de algún elemento:** durante el proceso de análisis se puede llegar a la conclusión de que con un cambio de configuración se puede mejorar el rendimiento. Por ejemplo, configurando VLAN *(Virtual Local Area Network)* en los *switches* se puede mejorar su rendimiento al reducir el tamaño de los dominios de difusión.
- **Modificar el uso de la red:** puede que se esté usando indebidamente, por ejemplo, se descargan todas las actualizaciones de *software* en bloque en lugar de repartir el tiempo de descarga racionalmente, o alguien usa la red para cosas no propias de su trabajo, etc.
- **Ampliar el ancho de banda o cambiar/mejorar el equipamiento:** con el tiempo es normal que aumenten las necesidades de comunicación de

la empresa, puede haber material que funcione por debajo de ciertas prestaciones. Más ancho de banda o ampliar la RAM de algún servidor son soluciones típicas.

Aplicación práctica

Los empleados de una empresa de consultoría se quejan de que el acceso a internet desde sus equipos se ha ido haciendo más lento desde hace algún tiempo, coincidiendo con el uso de un servicio externo con el que trabaja la compañía.

Durante el análisis de los datos de monitorización de la red los administradores se encontraron con que efectivamente los registros históricos reflejan un aumento considerable de la actividad en la red por el uso intensivo que provoca el servicio externo. Dicho servicio se considera fundamental para el trabajo de la empresa. ¿Qué tipo de medidas correctivas se podrían tomar?

SOLUCIÓN

No hay señalado ningún problema de averías. Por la necesidad de usar ese servicio externo parece indicado que la medida a tomar será mejorar el ancho de banda disponible. Es decir, habrá que pedir más ancho de banda al proveedor de internet.

Parece un caso en el que la evolución tecnológica ha aumentado la demanda de recursos de red. Cabe la posibilidad de que con la mejora de los equipamientos de red, cambiándolos por otros más eficaces, o instalándoles mejores discos o más memoria, pudiera solucionarse en parte el problema. Eso debería valorarlo el equipo de técnicos.

Una revisión de las configuraciones de los dispositivos, por si eso pudiera mejorar el rendimiento, tampoco es desdeñable.

Nota

Un dominio de difusión es un área de red en el que se transmiten los mensajes de difusión *(broadcast)*. Dichos mensajes pueden consumir ancho de banda innecesariamente. Interesa reducir lo máximo el área en el que se retransmiten.

9. Supuesto práctico

Se plantea el supuesto de uso de la red en una empresa donde se encontrarán diferentes problemas y se propondrán soluciones.

9.1. El empleo de los perfiles de tráfico y utilización de la red para determinar cómo va a evolucionar su uso

Escenario planteado

Una empresa ofrece diversos servicios web (visionado de vídeos musicales online por internet) a través de sus propios servidores alojados en una **DMZ** *(DeMilitarized Zone)*. Posee una conexión a internet por donde pasa todo el tráfico tanto de la red corporativa como de los usuarios externos que acceden a los servicios web ofertados.

Recuerde

Una DMZ (zona desmilitarizada) es un área de la red aislada del resto de la red local de la empresa, bajo un sistema de seguridad específico para ella, albergando servidores que prestan servicios a usuarios externos (internet).

La conexión a internet se realiza a través de un *router* en el que se han instalado diversos sistemas de monitorización para analizar la red.

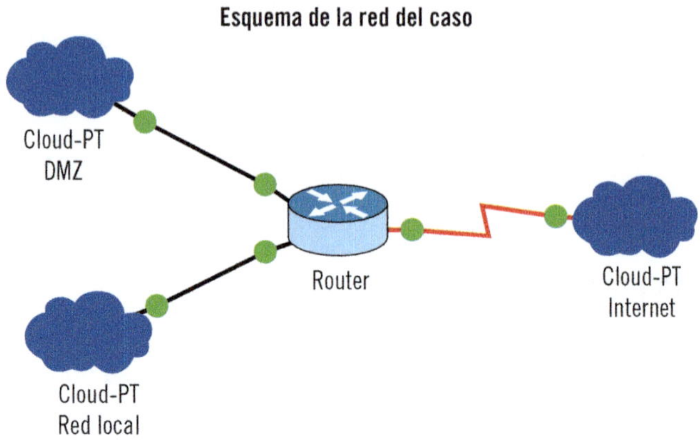

Para analizar la posible evolución de las necesidades de la red se realizaron mediciones sobre el uso del ancho de banda por medio de *Cacti,* obteniéndose la siguiente gráfica:

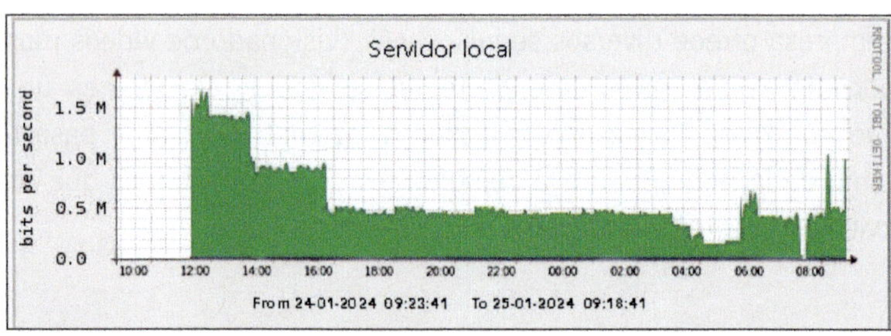

Gráfica obtenida por Cacti sobre el tráfico de respuesta de la DMZ

En las gráficas que se van obteniendo se observa que todos los días, y especialmente los fines de semana a la misma hora, se produce un incremento de la demanda, ocasionando a su vez la saturación de la red.

Para comprobar los retardos se hacen mediciones con *smokeping.*

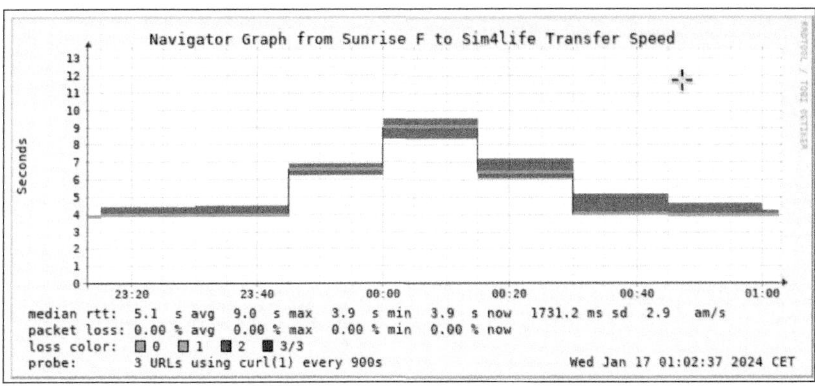

Se producen retardos y pérdida de paquetes al final del día cuando todos los equipos sincronizan sus datos con el servidor en las horas punta.

En las sucesivas gráficas de *smokeping* se percibe que los retardos se prolongan aún unos minutos después de desaparecer la saturación del tráfico. Las mismas conclusiones se obtienen utilizando la herramienta online *Host-tracker.*

Además, se reciben informes del centro de atención al cliente avisando sobre quejas de diversos usuarios por la demora en la respuesta de los servidores, refiriéndose siempre a las mismas horas del día.

Para obtener un análisis más profundo se recurre a *Wireshark* para comprobar el tráfico de la red.

Primero se aplica un filtro para manejar solo el tráfico de peticiones desde internet, y así no tener en cuenta el tráfico de la red local.

En el resumen de estadísticas se desglosan los diferentes tipos de tráfico en donde se puede comprobar cómo la mayoría se corresponde a solicitudes de clientes de internet.

Se pueden escoger muchas estadísticas. En **Menu Estadísticas → Jerarquía de protocolo** puede verse la distribución del tráfico por protocolo:

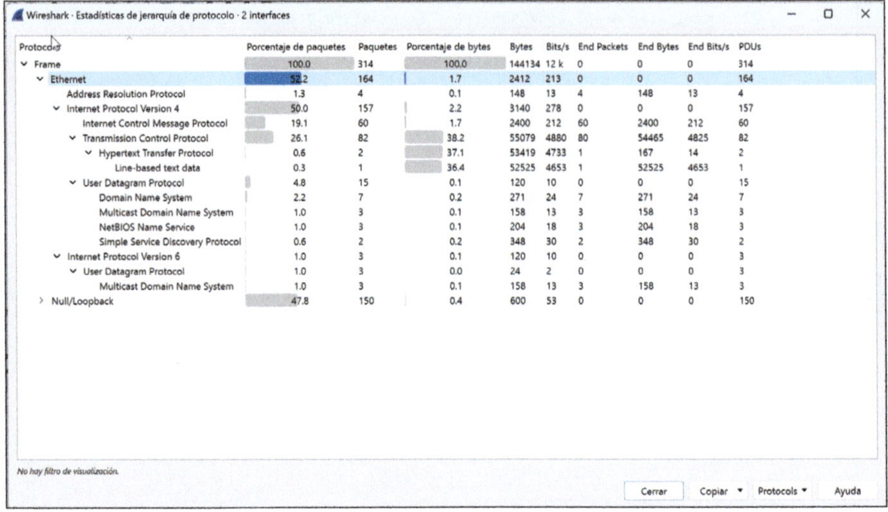
Wireshark · Estadísticas de jerarquía de protocolo · 2 interfaces

Protocolo	Porcentaje de paquetes	Paquetes	Porcentaje de bytes	Bytes	Bits/s	End Packets	End Bytes	End Bits/s	PDUs
Frame	100.0	314	100.0	144134	12 k	0	0	0	314
Ethernet	52.2	164	1.7	2412	213	0	0	0	164
Address Resolution Protocol	1.3	4	0.1	148	13	4	148	13	4
Internet Protocol Version 4	50.0	157	2.2	3140	278	0	0	0	157
Internet Control Message Protocol	19.1	60	1.7	2400	212	60	2400	212	60
Transmission Control Protocol	26.1	82	38.2	55079	4880	80	54465	4825	82
Hypertext Transfer Protocol	0.6	2	37.1	53419	4733	1	167	14	2
Line-based text data	0.3	1	36.4	52525	4653	1	52525	4653	1
User Datagram Protocol	4.8	15	0.1	120	10	0	0	0	15
Domain Name System	2.2	7	0.2	271	24	7	271	24	7
Multicast Domain Name System	1.0	3	0.1	158	13	3	158	13	3
NetBIOS Name Service	1.0	3	0.1	204	18	3	204	18	3
Simple Service Discovery Protocol	0.6	2	0.2	348	30	2	348	30	2
Internet Protocol Version 6	1.0	3	0.1	120	10	0	0	0	3
User Datagram Protocol	1.0	3	0.0	24	2	0	0	0	3
Multicast Domain Name System	1.0	3	0.1	158	13	3	158	13	3
Null/Loopback	47.8	150	0.4	600	53	0	0	0	150

No hay filtro de visualización.

Cerrar · Copiar · Protocols · Ayuda

Resumen de estadísticas de Wireshack

Con otras estadísticas se pueden comprobar distribuciones de paquetes según el origen del tráfico, y también se puede especificar el protocolo utilizado. Se repiten los patrones de tráfico provenientes de internet para acceder a los servicios de la página.

La impresión es que los clientes pueden dejar de visitar la página si persisten los problemas de las horas punta, aunque cabe la posibilidad de que haya clientes que decidan usarla en horas distintas en el futuro.

El tráfico de la red correspondiente a los empleados tiene ancho de banda suficiente para sus necesidades, pues no produce impacto alguno en el rendimiento general al suponer un porcentaje muy bajo del tráfico total, sobre todo en las horas punta.

Se supone que si la página tiene éxito se irá produciendo un aumento de la demanda el resto de horas. Por las horas en que se produce se puede analizar el perfil de los usuarios, los países de cada uno, la edad y costumbres (a medida que se internacionalice las horas de uso deberían distribuirse más por el día).

El problema es qué hacer en las horas punta.

9.2. El análisis de los resultados obtenidos por la monitorización con el fin de proponer modificaciones

Después de lo visto es evidente que hay un problema en las horas punta. Si se quiere mantener el servicio hay que proponer alguna solución.

Nota

Una cosa que debería hacerse, independientemente de los problemas encontrados, es establecer una serie de alarmas en los sistemas de monitorización para recibir inmediatamente los avisos de problemas en retardos, pérdida de paquetes, consumos de ancho de banda, estado de cachés, etc.

De todo lo analizado anteriormente se pueden sacar las siguientes conclusiones:

- **Problema de ancho de banda:** no hay suficiente ancho de banda en horas punta. O se amplía el ancho de banda, o se reubica la utilización del mismo. Esto último es difícil de plantear pues depende de la aleatoriedad de los usuarios de internet. Puede que espontáneamente se reubiquen solos (con el riesgo de pérdida de clientes), quizá se podría promocionar a la gente con alguna oferta económica para usar las horas de menos actividad. Por el análisis del perfil de los usuarios se podría interpretar que en el futuro habrá más usuarios de otros países (con otros husos horarios) que harán repartir más las horas de utilización. Por esto, al final resulta interesante ampliar el ancho de banda total, pues a la larga podrían ocuparse también las horas menos utilizadas en la actualidad.
- **Problema en la caché de los servidores:** los retardos se mantienen durante un tiempo después de las horas pico. Esto puede deberse a un problema con la caché de los servidores. Dicha caché se satura y tarda un tiempo en recuperarse. Una opción es mejorar el equipamiento de esos servidores, más disco, más memoria RAM, de mejor calidad, etc. con lo que el rendimiento general mejoraría.

10. Resumen

El análisis del rendimiento de una red pasa por diferentes fases.

Se empieza por una planificación donde se detalla el propósito (para qué se hace el análisis), los destinatarios y el alcance del análisis.

Se definirán una serie de métricas e indicadores que servirán para valorar el estado de la red.

Entre los indicadores más importantes se usarán para el rendimiento de la red: la capacidad del canal (tanto nominal como efectiva), su utilización, el retardo de extremo a extremo, la dispersión de este retardo y la pérdida de paquetes.

Se usarán indicadores para los sistemas empleados en la red, ya que influirán en su comportamiento. Entre esos indicadores están la disponibilidad, la memoria, la utilización y carga de CPU y el uso de dispositivos de entrada/salida (discos y tarjetas de red).

También se identificarán indicadores del rendimiento de los servicios, se trata del *software* empleado para las operaciones de red. Entre sus indicadores se destacan la disponibilidad, el tiempo de respuesta y la carga.

Para la medición de esos indicadores se utilizan multitud de herramientas que ayudarán a medir las tendencias de la red (por sus funciones de gráficos, informes y estadísticas) y a tomar decisiones sobre las medidas correctivas necesarias en caso de problemas.

Ejercicios de repaso y autoevaluación

1. **¿Qué conceptos han de tenerse en cuenta en la planificación del análisis de rendimiento?**

   ____

   ____

2. **Para valorar la utilización del canal se puede emplear...**

   a. ... el ancho de banda.
   b. ... el Jitter.
   c. ... el 95-percentil.
   d. Todas las opciones son incorrectas.

3. **Señale si las siguientes afirmaciones son verdaderas o falsas.**

   a. Intentar mitigar el Jitter puede aumentar la latencia.

   ☐ Verdadero
   ☐ Falso

   b. Entre los destinatarios de la información de los análisis pueden estar los clientes de la empresa.

   ☐ Verdadero
   ☐ Falso

4. **Para mejorar el rendimiento de los servidores es útil el uso del clustering. ¿Verdadero o falso? Razone su respuesta.**

   ____

   ____

5. **¿Cuál es la diferencia entre indicador y métrica?**

6. **¿Qué soluciones existen para garantizar la disponibilidad de los servicios?**

7. **Un elemento que se usa para calcular el retardo de transmisión es:**

   a. El retardo de propagación.
   b. La distancia.
   c. El tamaño del paquete.
   d. La velocidad de la CPU.

8. **¿Qué se puede utilizar para medir el retardo?**

   a. Smokeping.
   b. Tracert.
   c. Ping.
   d. Todas las opciones son correctas.

9. **Explique qué se suele hacer para evitar la variación del retardo.**

10. **De los dispositivos de entrada/salida, ¿los más importantes de monitorizar son los discos duros? Razone su respuesta.**

11. Indique tres elementos que limiten la capacidad efectiva de un canal.

____

____

12. La causa más importante de la pérdida de paquetes es:

a. El bajo ancho de banda.
b. El uso de caché.
c. La congestión de la red.
d. El archivo de paginación.

13. Un elemento que se usa para calcular el retardo de extremo a extremo es:

a. El retardo de propagación.
b. El Jitter.
c. La capacidad de la CPU.
d. El ancho de banda ocupado.

14. Relacione cada elemento con el correspondiente:

Retardo procesamiento	Tasa de envío
Jitter	Capacidad de CPU
Retardo propagación	Velocidad e la luz
Retardo transmisión	Variación del retardo

15. Entre las medidas correctivas se encuentra...

a. ... instalar sistemas de alimentación ininterrumpida.
b. ... colocar el router en otra red.
c. ... cambiar el direccionamiento IP.
d. ... modificar el uso de la red.

Capítulo 8

Mantenimiento preventivo

Contenido

1. Introducción
2. Definición y objetivos de mantenimiento preventivo
3. Gestión de paradas de mantenimiento
4. Explicación de la relación entre el mantenimiento preventivo y los planes de calidad
5. Ejemplificación de operaciones de mantenimiento indicadas en las especificaciones del fabricante de distintos tipos de dispositivos de comunicaciones
6. El *firmware* de los dispositivos de comunicaciones
7. Desarrollo de supuestos prácticos de resolución de incidencias
8. Resumen

1. Introducción

La meta final de la administración de redes es conseguir que todo funcione bien, y que si hay algún problema este se resuelva rápida y eficazmente. Esto último significa que hay que llevar a cabo el mantenimiento de la red.

Hay diferentes formas de llevar el mantenimiento, pero en este capítulo se tratará el mantenimiento preventivo. Este tipo de mantenimiento sirve para que, en la medida de lo posible, se puedan evitar las averías. Esto dará beneficios a la larga en el rendimiento de la red, además de los beneficios económicos por el ahorro y por la mejor planificación del trabajo de mantenimiento. Ese trabajo se basará en las recomendaciones del fabricante, en la elaboración de un calendario de inspecciones, que podrá incluir paradas en la producción, y en la labor del sistema de monitorización que se haya implantado.

El mantenimiento se identificará como uno de los indicadores de la calidad.

2. Definición y objetivos de mantenimiento preventivo

El mantenimiento es toda actividad a partir de la cual es posible mantener, entre otros, un equipo o servicio de red para que funcione de modo correcto, o para que recupere su funcionamiento normal en caso de avería.

El **mantenimiento preventivo** se basa en que toda la infraestructura se conserva mediante la realización de **revisiones y reparaciones** planificadas que garantizan su buen funcionamiento y fiabilidad.

El **propósito** del mantenimiento preventivo es prever las fallas, manteniendo los sistemas, los equipos y las instalaciones en funcionamiento con niveles óptimos de calidad.

Frente al mantenimiento correctivo (también llamado por rotura) que se basa en la reparación de elementos cuando estos ya han fallado, presenta las siguientes **ventajas:**

- Se detectan los fallos en su fase inicial, pudiendo corregirse en el momento más adecuado. Se reduce el tiempo de inactividad.
- Se consigue información que ayuda a la determinación de las causas de las averías más comunes o repetitivas, mejorando el contenido de la base de datos de conocimiento de la empresa.
- Ayuda a definir los puntos más débiles de la instalación.
- Ayuda a definir los tiempos óptimos de operación de los elementos. Son los tiempos de vida útil, por encima de lo que pueda especificar el fabricante, que siempre será una estimación más genérica.
- Confiabilidad, al conocer el estado de los equipos y sus condiciones de funcionamiento se está más seguro de su comportamiento.
- Resulta más económico al evitar paradas inesperadas y, en ocasiones, averías graves. Se reducen las necesidades de almacenar repuestos.

Nota

Los fabricantes suelen emplear términos para indicar la vida útil de sus productos. Para ello se basan en pruebas de laboratorio. Pero cada instalación puede tener sus propias peculiaridades que hagan un desgaste diferente al previsto en las condiciones de laboratorio. Esas condiciones de laboratorio suelen estar recogidas en la documentación.

Existen diversos **tipos** de mantenimiento preventivo:

- **Mantenimiento programado:** se hacen revisiones periódicas en base a algún concepto, como puede ser el número de horas de funcionamiento, el número de operaciones que un sistema lleva realizadas, etc.
- **Mantenimiento predictivo:** se determina el momento en el cual se deben efectuar las reparaciones por medio de la monitorización de los elementos, por ejemplo con el empleo de alarmas que avisan sobre determinadas variables que alcanzan un valor umbral predefinido.
- **Mantenimiento por oportunidad:** se aprovechan momentos de inactividad para hacer las reparaciones o actuaciones de mantenimiento necesarias.

- **Mantenimiento por actualizaciones:** se actualizan elementos para prevenir que se queden obsoletos. Los elementos de *software* se actualizan sobre la marcha, normalmente. Los de *hardware* se actualizan durante el mantenimiento por oportunidad. También se pueden programar para evitar impactos negativos en el rendimiento y se puede predecir cuándo será necesario.

Tipos de mantenimiento en redes informáticas

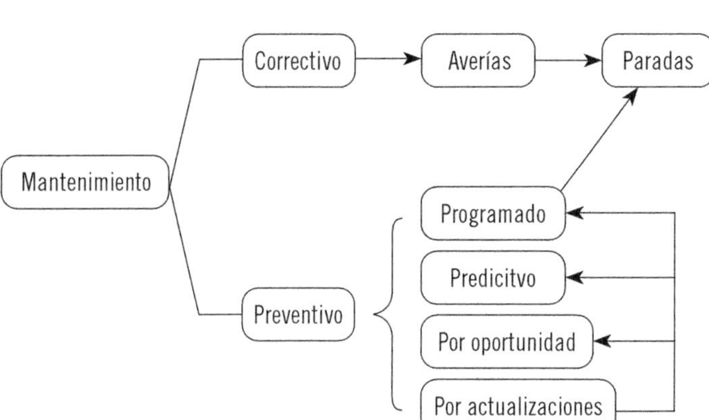

Actividades

1. Haga una lista con diversos ejemplos de la vida cotidiana en los que utilice alguno de los sistemas de mantenimiento comentados.

3. Gestión de paradas de mantenimiento

Para hacer el mantenimiento, en muchas ocasiones, es necesario hacer paradas para inspeccionar los equipamientos, ya sea por tener que desconectar de la red un elemento, o por tener que reiniciar un sistema, etc. En el mantenimiento preventivo se procura planificar todo ese proceso. En el mantenimiento correctivo la planificación se reduce a cómo responder en función de cada incidencia, teniendo previstas las distintas posibilidades.

La gestión se llevará de acuerdo, entonces, con un plan predefinido de mantenimiento donde se recogerán las estrategias a seguir y se definirán las responsabilidades del departamento de mantenimiento.

3.1. Periodicidad

Las paradas por mantenimiento sirven como oportunidad para intervenir elementos que normalmente no están disponibles durante su trabajo normal, o que habitualmente tienen paradas muy cortas.

Para que el impacto de las paradas por mantenimiento sea el menor posible, surge la necesidad de planificarlas.

Lo primero que se planificará es cuál ha de ser la periodicidad de dichas paradas.

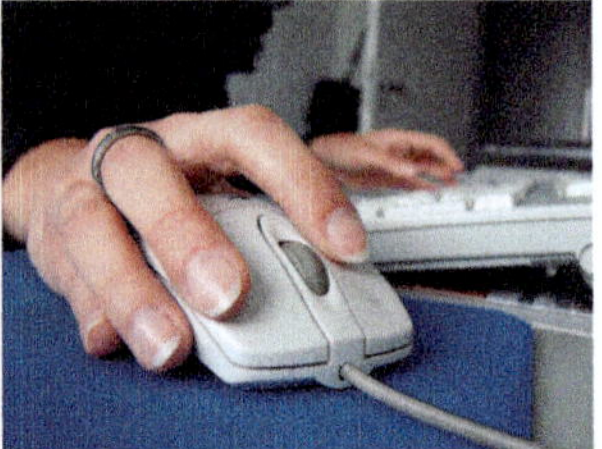

En informática se hace mantenimiento tanto de hardware como de software.

Una frecuencia de paradas excesiva aumenta innecesariamente los costos y puede causar más tiempo ocioso que una parada de emergencia. Por otro lado, una frecuencia pequeña, con pocas inspecciones a lo largo del tiempo, puede poner en riesgo la eficacia del mantenimiento y convertirse en realidad en un sistema de mantenimiento correctivo.

Es necesario establecer un criterio para mantener el equilibrio entre ambas situaciones.

Ejemplo

Cambiar el aceite del motor del coche cada pocos kilómetros asegura su buen funcionamiento, pero aumenta mucho el gasto. Espaciar mucho el tiempo entre cambios de aceite, en cambio, puede poner en riesgo el motor.

Los **criterios para establecer la periodicidad** de las inspecciones de mantenimiento pueden ser los siguientes:

- **Antigüedad, estado y precio:** el equipamiento más antiguo y con mayor deterioro requiere inspecciones más frecuentes, pero siempre teniendo en cuenta el coste económico que justifique su mantenimiento. Puede ser más interesante cambiar un equipo viejo por otro nuevo que dé menos problemas.
- **Importancia y nivel de carga del servicio:** según la carga de trabajo de un equipo debe variar la frecuencia de mantenimiento. Para equipos idénticos el de carga más severa requiere periodos de mantenimiento más cortos. Esto, teniendo en cuenta, además, la importancia o nivel de criticidad del servicio en cuestión (los equipos más necesarios precisan más atenciones).
- **Requisitos de seguridad:** puede haber equipos que presenten riesgos que afecten a la seguridad de personas e instalaciones. En función de eso las frecuencias de inspección deben hacerse mayores para reducir todo lo posible dichos riesgos. Los riesgos pueden ser virtuales, es decir, hay que tener en cuenta la seguridad del *software* y los datos.
- **Posibilidades de deterioro:** en función de la vida útil, por observación del estado del equipamiento y por las condiciones del medio donde trabaja la posibilidad de deterioro puede variar considerablemente, por lo que las inspecciones deben realizarse más frecuentemente para las situaciones más problemáticas.
- **Recomendaciones del fabricante:** en los manuales de uso suelen incluirse pruebas de laboratorio que indican cómo realizar un correcto mantenimiento. Sirven como punto de partida para las instalaciones nuevas, y

como "tabla de salvación" cuando no hay otra fuente de información. En esas recomendaciones se resaltan las condiciones de trabajo ideal para la vida útil del producto.

Nota

Entre las posibilidades de deterioro se debe contar con la falta de las actualizaciones de *software*. A veces los programas dejan de tener validez por la desaparición de su fabricante o porque este deje de darle mantenimiento.

Lo ideal es que el periodo de inspección sea inferior al periodo entre fallos, pero esto solo puede saberse por la experiencia y por los cálculos aproximados de tiempo de vida, ritmo de trabajo, etc. Es decir, siempre se asume un cierto nivel de riesgo.

Actividades

2. Busque ejemplos de programas comerciales que hayan quedado obsoletos o que puedan dejar de tener mantenimiento.

3.2. Análisis de la necesidad

Es preciso tener en cuenta las necesidades de servicio que tienen las distintas actividades de la empresa. Si un determinado servicio no opera las 24 horas del día, los 7 días de la semana (disponibilidad 24 x 7), se puede aprovechar para realizar una estrategia de mantenimiento por oportunidad.

En otros casos habrá que tomar otras medidas.

Se puede elaborar un programa que considere las necesidades de actividad de la empresa de acuerdo a un orden lógico de las operaciones de mantenimiento y siguiendo las recomendaciones de cada fabricante. Es importante la implicación de los responsables de producción junto con los de mantenimiento. En informática es habitual que haya responsables que trabajen en ambos departamentos.

Ejemplo

Para ilustrar esto último imagínese la siguiente situación: una tienda *online* puede tener una responsable de controlar las ventas, pero que a la vez tenga conocimientos para llevar el mantenimiento de la página web.

Como se ha comentado, el nivel de importancia de los dispositivos marcará las prioridades del plan de mantenimiento. Fundamentalmente se buscará "el mejor momento" para realizar las paradas de modo que afecten lo menos posible al servicio prestado.

Todo ello se recogerá en el SLA *(Service Level Agreement)* de cada servicio, que afectará a la ya discutida (en capítulos anteriores) disponibilidad.

La estrategia a seguir depende de la distribución previsible de las fallas. Habrá algunos sistemas que fallen cada cierto tiempo y otros que se comporten con cierta aleatoriedad.

Para distinguir las posibles situaciones existen los patrones de fallas. En las redes informáticas los **patrones** más habituales son los siguientes:

El patrón de bañera representa alta probabilidad de fallo con el equipo recién instalado (por defectos de fabricación, fallos de configuración, uso de valores por defecto, etc.), una cierta estabilidad en la probabilidad de fallos durante la vida útil (a efectos matemáticos es prácticamente una constante), y luego un aumento por envejecimiento del material.

Algunos dispositivos tienen una curva patrón sin el tramo inicial de falla prematura. Es el caso de elementos de *hardware* y eléctricos en general.

El patrón de bañera es más típico de elementos del *software* y del *hardware* asociado a dichos elementos (equipos configurables, como los *routers).*

Existen más tipos de curvas patrón de averías, pero están más asociadas a elementos mecánicos.

Se puede calcular el tiempo que será necesario parar a través de diversas fórmulas estadísticas, utilizando una estrategia de mantenimiento predictivo. Siempre será una aproximación, pero se puede aprovechar el registro histórico de paradas de mantenimiento y la experiencia del personal encargado.

En muchas ocasiones el fabricante pone a disposición sus cálculos sobre la fiabilidad de los dispositivos, como el MTBF *(Medium Time Between Failures)* que da una idea del tiempo medio que transcurre entre fallos. Existen otros parámetros para poder evaluar la fiabilidad.

Actividades

3. Analice casos de fallos en equipos (ordenadores, móviles, etc.) e identifique si se corresponde con el patrón de fallas de bañera.

3.3. Planificación y acuerdo de ventanas de mantenimiento

En base a los apartados anteriores se planifican los procedimientos de mantenimiento y la temporización de las paradas necesarias. Habrá zonas que tengan una frecuencia de inspección mayor que otras.

Según sea la estrategia utilizada las paradas se establecerán de diferente forma:

- **Programada:** ya sea por las recomendaciones del fabricante, los estudios realizados, o por la experiencia adquirida se decide establecer un calendario de actuaciones de mantenimiento. Generalmente se adapta la producción a los momentos previstos de mantenimiento, o viceversa.
- **Predictiva:** por medio de la monitorización se puede saber cuándo será necesaria alguna intervención. Aquí el equipo de mantenimiento va estableciendo los momentos de parada en función de producir el menor impacto sobre la actividad de la empresa. Puede incluso evitar paradas dependiendo del tipo y del momento de la incidencia por cambios en la configuración.
- **Por oportunidad:** si la actividad no es continua se pueden aprovechar los tiempos muertos. En las redes informáticas cada vez es más habitual el trabajo permanente, con lo que esta estrategia pocas veces puede usarse.
- **Por actualizaciones:** se apoyará en alguna de las anteriores. En el caso de *software* cada vez es menos habitual tener que hacer paradas, o estas son muy cortas (reinicio). En el caso de *hardware* pasa casi lo mismo gracias a cambios de discos en "caliente", uso de *clustering,* RAID, etc.

Sabía que...

En servidores de gran disponibilidad es muy habitual el uso de discos de recambio en caliente que permiten el cambio de disco sin necesidad de parar el servidor. Esta tecnología suele apoyarse con el uso de RAID (discos redundantes) que permiten que un disco falle y haya otros que mantengan el sistema funcionando.

Durante la elaboración del plan de mantenimiento se establecen los siguientes parámetros:

- **Control:** la identificación de los responsables del control de mantenimiento.
- **Periodicidad:** con qué intervalo se realizarán las diferentes pruebas de mantenimiento.
- **Ventanas de mantenimiento:** la mayor o menor holgura de dichas ventanas puede afectar a la disponibilidad y a la calidad del servicio.
- **Formación:** para garantizar la cualificación de los empleados de mantenimiento así como los usuarios (para que sepan dónde informar de eventos, por ejemplo).
- Establecer los **procedimientos:** son los métodos o secuencias de las operaciones a realizar.
- **Herramientas y equipamientos:** elementos que se utilizarán para las inspecciones y reparaciones.
- **Compromiso:** en la definición del plan de mantenimiento deben estar implicados tanto los empleados de producción, como los de mantenimiento, así como la gerencia. Los tiempos (periodos y ventanas de mantenimiento) deben negociarse entre los diferentes responsables de producción y mantenimiento para llegar a un acuerdo que permita el equilibrio entre el mejor servicio y la mayor disponibilidad.
- **Documentación:** fichas técnicas, comprobantes, listas de control, planos asociados, etc.

Para la correcta realización del mantenimiento, durante su planificación, se puede elaborar un **calendario** que muestre gráficamente las ventanas de mantenimiento.

Definición

Ventana de mantenimiento
Es el intervalo de tiempo dentro del cual se puede realizar un mantenimiento preventivo requerido por un sistema o servicio. Es el margen de maniobra para los técnicos de mantenimiento.

Puede usarse un gráfico de tipo Gantt, que es un gráfico de barras horizontales donde cada barra simboliza una tarea a realizar. El eje horizontal representa el tiempo, con fechas u horas. Estos gráficos se emplean para encadenar tareas entre sí. Verticalmente, en la columna izquierda, se ofrece una relación de las tareas.

Un ejemplo de varias tareas en un gráfico de tipo Gantt:

Gráfico de Gantt

Fechas / Tareas	20/11/2030	21/11/2030	22/11/2030	23/11/2030	24/11/2030
Tarea1					
Tarea 2					
Tarea 3					
Tarea 4					

El calendario puede tener que modificarse a medida que las inspecciones de mantenimiento muestren un deterioro superior al esperado de algún elemento.

Actividades

4. Compare el gráfico Gantt con otros tipos de gráficos que se podrían utilizar para la elaboración de calendarios de mantenimiento.

Aplicación práctica

El Departamento de Producción y el de Mantenimiento de una empresa de consultoría informática se reúnen para establecer el plan de mantenimiento preventivo. Cuando discuten sobre cómo gestionar las paradas, ¿qué criterios tienen que tener en cuenta para llegar a un acuerdo?

SOLUCIÓN

Durante la planificación de un sistema de mantenimiento preventivo deben identificarse los elementos más críticos de la red, los que necesitan más atención. Luego habrá que tener en cuenta el nivel de disponibilidad que se quiera prestar (si es de 24 x 7, o no), para así poder plantear una estrategia de mantenimiento, normalmente con paradas planificadas para un calendario establecido de revisiones (dicho calendario se hará en función de otros criterios añadidos, como antigüedad del equipamiento, estado de deterioro, recomendaciones del fabricante, etc.). El acuerdo surgirá cuando se definan fechas y horas que impacten lo menos posible en la producción.

Se deberá acordar los mejores momentos para las paradas por mantenimiento predictivo de las que se podrá avisar gracias a la monitorización de la red. Por ejemplo, se pueden poner de acuerdo en que lo mejor es hacer las paradas en fines de semana o en horas nocturnas, avisando de ello a todos los afectados.

3.4. Informes de realización

Deberán realizarse informes en los que se detallen todas las acciones realizadas durante la inspección de mantenimiento. La documentación sigue siendo un tema importante en todo lo que afecta a la red.

Se debe hacer un informe cada vez que se haga una inspección, y al cabo de un tiempo (anualmente, por ejemplo), un informe resumen de las incidencias producidas.

Cada informe realizado deberá incluirse en un "libro de mantenimiento", recogiendo así el historial de mantenimiento de la instalación.

La información a incluir podría ser: identificación de responsables, incidencias detectadas, tareas realizadas, elementos sustituidos, etc.

En este informe se deben detallar todos los parámetros observados fuera de rango, todas las observaciones referentes a anomalías, fallos encontrados, y cualquier observación que pueda ser de interés. Pueden incluirse fotos sobre el estado de las instalaciones.

A modo de ejemplo, una plantilla genérica resumida para los partes de mantenimiento podría ser:

Fecha	Lugar

Duración	Hora de inicio	Hora de finalización

	Nombre	Empresa
Técnico 1:		
Técnico 2:		
Técnico 3:		
Técnico 4:		

Número de parte	Número de serie	Códigos

Fecha mantenimiento anterior	Periodo de mantenimiento

Material utilizado	Cantidad

Responsable de Mantenimiento	Empresa Mantenimiento
Nombre, fecha y firma o sello	*Nombre, fecha y firma o sello*

Operaciones Realizadas:

Material Sustituido:

Observaciones:

Ejemplo de plantilla genérica para los partes

En este ejemplo se tiene en cuenta la posibilidad de que haya una empresa contratada para llevar el mantenimiento.

En los **informes anuales** (o de la periodicidad elegida) se recogerán estos datos:

- Incidentes que hayan tenido lugar.
- Mantenimientos realizados, ya sean programados o demandados por monitorización.
- Inspecciones reglamentarias (si las hay) y sus resultados. Por motivos de legislación sobre seguridad, control ambiental, etc.
- Mantenimientos previstos para el periodo siguiente. Puede modificarse alguna periodicidad al comprobar que un indicador evoluciona de forma inesperada.
- Seguimiento de los indicadores de rendimiento elegidos para hacer el mantenimiento. Puede servir como estadística para detectar fallos en el futuro y es indispensable para la estrategia predictiva.

4. Explicación de la relación entre el mantenimiento preventivo y los planes de calidad

La calidad es un ciclo continuo que implica la revisión y mejora de procedimientos y donde se encuentra incluido el mantenimiento.

El objetivo del mantenimiento preventivo es proporcionar una metodología del mantenimiento que permita el tiempo máximo de funcionamiento de las instalaciones, con un costo y un esfuerzo mínimos y con la máxima calidad. Con un programa de mantenimiento preventivo se aseguran las inspecciones periódicas y las reparaciones rápidas.

El concepto de calidad total implica un sistema integrado que se aplica tanto a operaciones del sistema de producción como a las de mantenimiento.

Se puede ver el mantenimiento como una herramienta de reducción de costes para dar satisfacción al cliente directo, que es un objetivo de la calidad.

Un aspecto fundamental de la gestión de la calidad es el proceso de mejora continua. En busca de ello se impone el hacer que las cosas se mantengan funcionando y adaptándose a las nuevas demandas.

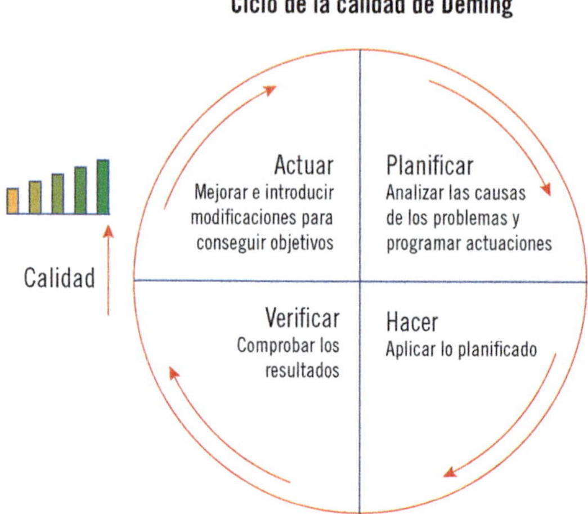

Sabía que...

William E. Deming desarrolló el concepto de la calidad total en la industria.

Se pretende conseguir una mejora continua del mantenimiento preventivo por medio de:

- Información suministrada por los propios empleados de mantenimiento.
- El análisis de las causas de las averías.

- Introducción de modificaciones para reparar o mejorar los sistemas.
- Estudio de la evolución del costo de mantenimiento.
- La implicación de todos los empleados en los procesos de calidad.
- El análisis de la eficacia de los procedimientos que se emplean.

Para estas funciones es útil emplear los **diagramas de causa-efecto, llamados de espina de pescado,** en los que se define un problema específico y las "espinas" son las causas que los producen. Es una forma interesante de plantear los problemas de mantenimiento. Se puede combinar con una tormenta de ideas para encontrar todas las posibles causas y relacionarlas.

Ejemplo de análisis de un problema de mantenimiento elaborado con técnicas de calidad

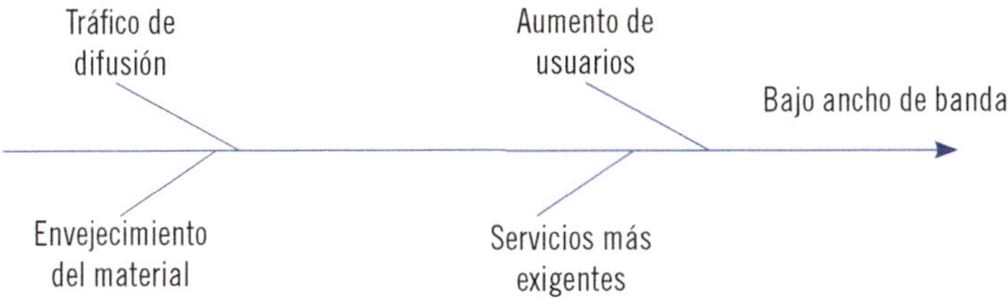

Definición

Tormenta de ideas *(brainstorm)*
Técnica de trabajo en grupo que facilita el surgimiento de nuevas ideas sobre un tema o problema determinado.

Otra técnica empleada en calidad que puede ser usada en temas de mantenimiento es el *checklist* para descubrir problemas. Este consiste en la realización de una serie de preguntas tipo, que al ir respondiéndolas permitirá descubrir posibles debilidades en un sistema.

Estos métodos se emplean en la auditoría de calidad para poner a prueba el plan de calidad establecido, y por ende, el sistema de mantenimiento aplicado.

Aplicación práctica

El departamento de mantenimiento de una empresa de desarrollo informático está buscando la manera de analizar por qué se producen descensos en el rendimiento del servidor de aplicaciones. ¿Cuál podría ser la estrategia a seguir?

SOLUCIÓN

Se puede analizar el problema planteando un diagrama de causa-efecto (espina de pescado), donde en el extremo se colocaría el efecto (descenso de rendimiento) y en las espinas del esquema se irían colocando las posibles causas de dicho efecto.

Para encontrar y relacionar todas las causas de la manera más eficaz posible se puede recurrir a realizar una tormenta de ideas entre todos los responsables de mantenimiento.

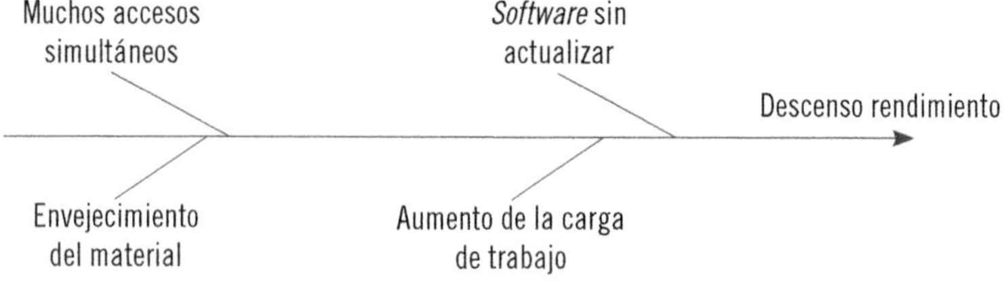

Otra posible opción es elaborar un *cheklist* con todas las posibles causas, y con diversos interrogantes sobre las condiciones de trabajo del servidor para encontrar una posible solución. Se pueden plantear preguntas como:

- ¿Hay más usuarios conectándose?
- ¿La monitorización indica un aumento de carga?
- ¿Se hizo algún cambio en la configuración?

Sabía que...

La calidad puede certificarse. Existen normas internacionales para su establecimiento. La Norma ISO 9000 describe los fundamentos de los sistemas de gestión de la calidad y especifica la terminología para los sistemas de gestión de la misma. La ISO 9001 establece cómo se implanta. Hay más normas sobre recomendaciones de calidad.

Actividades

5. Intente aplicar técnicas de las descritas a un problema informático, como puede ser el de la lentitud para acceder al correo electrónico a ciertas horas, o un ejemplo similar.

5. Ejemplificación de operaciones de mantenimiento indicadas en las especificaciones del fabricante de distintos tipos de dispositivos de comunicaciones

Es importante para todas las operaciones sobre los dispositivos de red, tanto las de producción, como las de mantenimiento, el contar con los manuales del fabricante que se suministran normalmente con la compra del producto.

Importante

A veces el manual se pierde, o el equipo se compra de segunda mano y no se dispone de aquel. En estos casos el remedio está en utilizar la página web del fabricante, que suele tener un repositorio con manuales actualizados. (Siempre que no descatalogue el producto y deje de dar soporte de todo tipo).

El mantenimiento de los servidores se realiza prácticamente como en un PC normal, salvo los hechos a medida con propósito especial. Los *routers* y *switches* tienen un mantenimiento más específico.

En todos los manuales deben aparecer las **condiciones de uso.**

- **Condiciones legales:** toda la normativa legal que afecta al uso del dispositivo incluyendo normativas locales. Por ejemplo, en el caso de inalámbricos serían los rangos de frecuencia de utilización permitidos.
- **Condiciones ambientales:** temperatura y humedad relativa que el dispositivo puede soportar. Aquí pueden aparecer recomendaciones en cuanto a la ventilación o refrigeración y sobre la limpieza, así como las normas que cumple al respecto.
- **Especificaciones:** detalles técnicos sobre el dispositivo, como pueden ser dimensiones, peso, voltajes de conexión, potencia, dirección MAC, etc. y funciones operativas que incorpora. También puede incluir información sobre elementos desmontables (tarjetas, módulos, etc.).
- **Configuración del dispositivo:** los procedimientos para que el dispositivo se comporte de determinada manera o ejecute determinadas tareas. Suele ser la sección con más información.
- **Mantenimiento del sistema:** funciones para recuperación o mantenimiento del sistema que opera el dispositivo.
- **Solución de problemas *(troubleshooting)*:** un breve solucionario básico de comprobación de funciones cuando algo anda mal.

Para obtener los manuales de los fabricantes se puede buscar en sus respectivas web, a modo de ejemplo, algunas de ellas son:

- Hewlett-Packard: <https://www.hp.com/es-es/home.html>.
- Cisco: <https://www.cisco.com>.
- D-Link: <https://eu.dlink.com/es/es>.
- TP-Link: <https://www.tp-link.com/es/>.

Suelen tener buscadores para poder encontrar los manuales y el *software* específico para descargar.

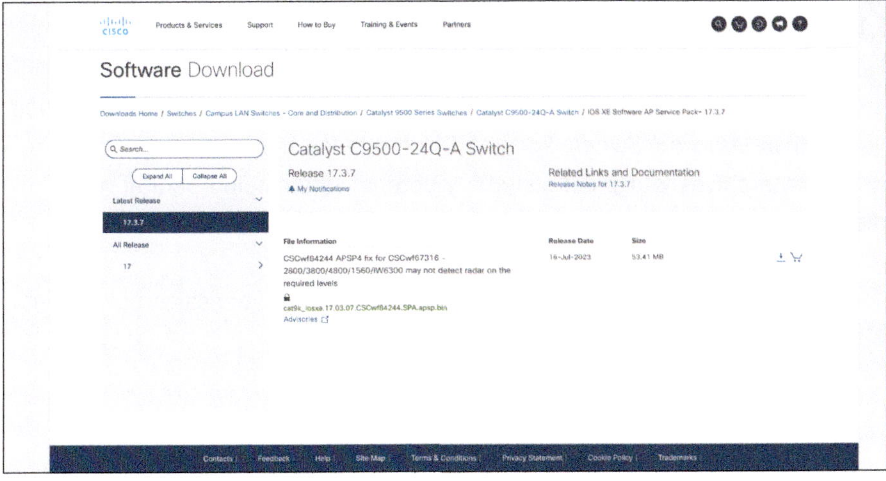

Página de descarga de software de Cisco System

Actividades

6. ¿Podría indicar cuáles son los rangos de frecuencias permitidos para los dispositivos inalámbricos en Europa y en USA?

Las operaciones de mantenimiento se centran en cuatro aspectos: la limpieza, las reparaciones, la configuración y las actualizaciones.

La limpieza en los PC y servidores de arquitectura consiste en el desmontaje y limpieza interior. Los *routers, switches* y similares no se suelen desmontar, por lo que la limpieza se reduce a sus inmediaciones. Tampoco los fabricantes inciden demasiado en el mantenimiento de limpieza. Suelen referirse más a un ambiente limpio.

5.1. Ejemplo de operación de mantenimiento

Escogiendo el manual de un *router* inalámbrico (como el *3Com Unified Gigabit Wireless PoE Switch 24* de HP) se pueden consultar las páginas referentes a archivos y logs del sistema y obtener información para el mantenimiento de la unidad.

En el apartado de logs explica cómo interpretar los mensajes del sistema (alerta, emergencia, etc.), además de su gestión:

Tabla de códigos de mensajes del equipo *3com* (obtenida de su manual)

Severity	Level	Message
Emergency	Highest (0)	The system is not functioning
Alert	1	The system needs inmediate attention
Critical	2	The system is in a critical state
Error	3	A system error has ocurred
Warning	4	A system warning has ocurred
Notice	5	The system is functioning properly, but a system notice has ocurred
Informational	6	Provides device information
Debug	7	Provides detailed information about the log. If a Debug error occurs, contact Customer Tech Support

En el apartado de archivos hace mención a la diferencia entre los archivos de configuración y el *firmware,* que se actualizan por separado. Los archivos de configuración son responsabilidad de los administradores de la red. Se almacenan a parte como copia de seguridad por si es necesario restaurar dicha configuración:

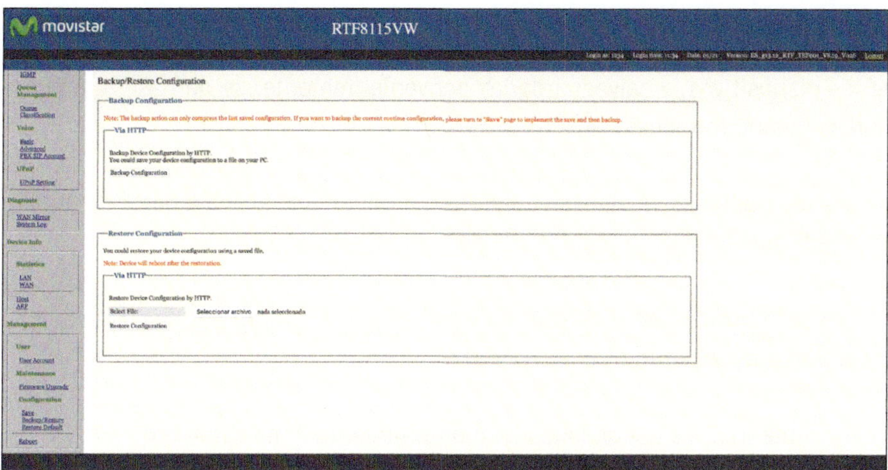

Procedimientos de almacenaje y recuperación de configuraciones del equipo 3com mencionado

En el caso de dispositivos de *Cisco* se encuentra un procedimiento general en todos sus manuales:

> *Make a Backup of the Configuration*
>
> *There are several methods to choose from in order to back up and restore a configuration:*
>
> *Use a TFTP server*
>
> *Use an FTP server*
>
> *Use a Terminal Emulation Program*
>
> *Automatic Backup of Configuration using the Kron Method*
>
> *Backup Configuration to a TFTP Server*

Como se puede notar, los manuales con la información más precisa suelen estar en inglés, aunque ya empieza a ser habitual encontrarlos también en español.

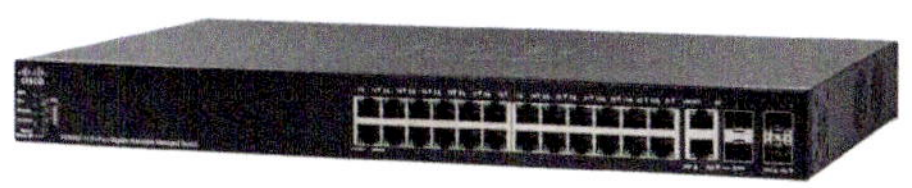

Cisco 550X Series. Modelo SX550X-16FT

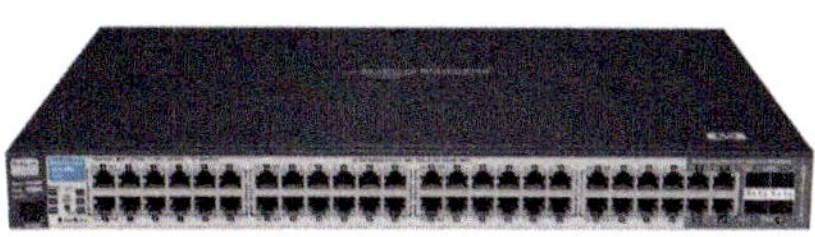

Switch HP 2810-48G

Después de establecer las configuraciones idóneas para el funcionamiento de los dispositivos, y salvaguardarlas convenientemente, se da paso a reparaciones y actualizaciones.

Las **reparaciones** se realizan cuando se produce una avería a pesar de haber intentado prevenirla (no hay 100 % de prevención).

Las **actualizaciones** consisten en mantener el *firmware* del dispositivo con la versión más reciente ofrecida por el fabricante.

Resumiendo, las operaciones de mantenimiento consistirán en:

- Mantener un ambiente de trabajo limpio y libre de humedad con las consideraciones ambientales que se indiquen.
- Mantener los niveles de trabajo de acuerdo con las legislaciones vigentes.
- Comprobar los voltajes y condiciones de trabajo ambientales y de configuración especificadas.
- Comprobación de los avisos del sistema (logs) y de que las configuraciones son correctas para el funcionamiento requerido.
- Actualizar el *firmware* cuando sea adecuado.
- Si hay problemas, empezar las reparaciones por comprobar la guía de *"troubleshooting"*.
- Si tiene elementos desmontables, comprobar su funcionamiento y si procede, cambiarlos.

Aplicación práctica

Durante las operaciones de mantenimiento de una red, el administrador ha encontrado en los archivos logs de un *router* diversos mensajes que advierten de la existencia de problemas en una interfaz de red a determinadas horas.

Un análisis más profundo revela que dichos problemas se producen cuando hay un aumento en la actividad normal de la red, descartándose problemas de configuración y de actualizaciones. ¿Cuáles deberían ser los pasos a seguir para descubrir el problema?

Continúa en página siguiente >>

<< Viene de página anterior

SOLUCIÓN

Se debería empezar por la guía de problemas o "troubleshooting" por si hubiera alguna reseña a algún problema parecido.

Otro paso a seguir sería la comprobación de que las condiciones de trabajo del dispositivo son las adecuadas, tanto las ambientales, como las de voltaje, nivel de tráfico y cualquier otra especificada por el fabricante.

Por último habría que comprobar la interfaz que da problemas, la cual, si es desmontable, será más fácil de encontrar y de arreglar su posible avería.

---

6. El *firmware* de los dispositivos de comunicaciones

Los PC también tienen un *firmware* que hay que actualizar, pero no resulta tan crítico como en el caso de los *router, switches* y servidores especiales (cortafuegos, servidores de seguridad, etc.). Sin embargo, lo especificado para el cambio de *firmware* puede servir para cualquier tipo de dispositivo.

6.1. Definición del concepto de *firmware*

Se podría considerar como una mezcla de *hardware* y *software.* Es un *software* contenido en un *hardware* que, en los primeros tiempos de la informática, no se podía modificar. Dicho *software* se desarrolla en lenguaje de bajo nivel y controla los circuitos electrónicos del dispositivo.

Todos los computadores, desde sus inicios, incorporan circuitos de tipo ROM *(Read Only Memory,* memoria de solo lectura) con programas básicos para el funcionamiento del equipo. Principalmente, la tarea de esos programas es arrancar la máquina, comprobar el estado del *hardware* y buscar en algún sistema de almacenamiento (como el disco duro en un PC), un programa al que darle el control (este programa se llama Sistema Operativo). Los circuitos ROM con esos programas básicos reciben el nombre de BIOS *(Basic Input Output System)* y pueden verse en las placas base de los dispositivos.

Circuito BIOS instalado en la placa base. Al lado está la batería para que no se borren los datos que maneja.

Antiguamente esos circuitos BIOS no se podían modificar (eran estrictamente de solo lectura), pero se han ido desarrollando tecnologías que permiten escribir en esas memorias para actualizarlas, entre ellas las memorias EEPROM (ROM programable y que se puede borrar eléctricamente).

En la actualidad, para los circuitos BIOS se utilizan memorias EEPROM de tipo *Flash* (del mismo tipo de tecnología que las tarjetas usadas en cámaras y elementos USB).

En el caso de dispositivos como *switches, routers* y servidores especiales no se tiene la posibilidad de usar un disco duro. Es por ello que el sistema operativo de estos dispositivos reside en una memoria *Flash*. Por eso a veces se habla de actualizar BIOS y otras veces de actualizar *Flash,* y a ambos términos se le llama *"flashear"* o actualizar el *firmware.*

Nota

Los discos duros son elementos relativamente frágiles, por eso no se suelen usar con switches, routers y otros elementos que pueden estar expuestos a ambientes un tanto agresivos.

Es muy habitual que la memoria *Flash* que contiene el sistema operativo esté integrada en la placa, como el BIOS, pero también existe la posibilidad de que se utilicen tarjetas flash extraíbles por mayor comodidad y facilidad de mantenimiento.

Vista trasera de un router con puerto USB para almacenar la configuración o actualizar el hardware.

Nota

Los equipos con tarjeta *flash* extraíble pueden actualizarse copiando la nueva versión del sistema operativo directamente desde un lector de tarjetas en un PC, para luego, si es necesario, activar esa versión a través de algún comando del sistema.

6.2. Explicación de la necesidad de actualización

Tal como se ha visto, dentro de la BIOS se encuentran los programas que se pueden actualizar. Las funcionalidades que incorporan pueden requerir un cierto mantenimiento (actualizaciones), en algunos casos para corregir ***bugs*** que se hayan detectado, pero en otros, para incorporar mejoras de rendimiento o para permitir el uso de nuevos elementos de *hardware.*

Definición

Bug

En inglés, "bicho". Es un defecto de software que se detecta una vez que el programa ya ha sido dado por finalizado. Para arreglarlo se utilizan actualizaciones o "parches".

Se pueden conseguir mejoras en el funcionamiento de forma rápida y sin coste (normalmente), ya que las actualizaciones las suministra el propio fabricante.

Otra de las razones por las que a veces se realiza una actualización es para obtener funcionalidades ocultas o no permitidas por el fabricante, como el caso de dispositivos de grabación de DVD, para variar el código de país o para superar la protección contra copias.

Actividades

7. Existen muchos tipos de tarjetas flash en el mercado. Investigue cuáles son las más utilizadas y consulte sus características.
8. Averigüe qué opciones existen de actualización de funcionalidades de teléfonos móviles.

El caso más crítico es el de las memorias flash que almacenan el sistema operativo del dispositivo en cuestión. De la misma forma que un PC con una versión vieja de sistema operativo va perdiendo funcionalidades respecto a otro que se haya modernizado, lo mismo ocurre con los sistemas de los *routers* y *switches*.

Recuerde

Hay programas que analizan los dispositivos remotamente para encontrar vulnerabilidades, como Nessus, OpenVas y otros. Muchas de esas vulnerabilidades se solucionan con actualizaciones.

Las actualizaciones del sistema de los equipos con *Windows, macOS* y *Linux* se pueden realizar de forma automática y transparente para el usuario que a veces recibirá la sugerencia de reiniciar el equipo. En los otros casos, la actualización generalmente no es automática, o no puede realizarse automáticamente por alguna circunstancia (por el sistema de seguridad, por ejemplo), y por lo tanto existe el riesgo de que por dejadez el sistema se vaya quedando obsoleto con el problema de que no solo pierda cierta funcionalidad, sino que además, se produzcan agujeros de seguridad.

6.3. Identificación y descripción de las fases del proceso de actualización de firmware

Si no se ha recibido ningún mensaje o correo del fabricante informando de alguna novedad, o no se tiene la posibilidad de realizar actualizaciones automáticas, corresponde al administrador de la red estar al tanto de la existencia de posibles actualizaciones.

Las fases en las que se puede dividir el proceso para la actualización del *firmware* dependen mucho de los diferentes fabricantes, aunque hay una serie de pasos genéricos que se pueden resumir de la siguiente manera:

- **Averiguar la versión** de *firmware* que se está utilizando: normalmente esa información se encontrará en algún apartado del sistema de configuración, o se podrá averiguar ejecutando algún comando.
- **Buscar si hay nuevas versiones:** en la propia web del fabricante suele haber abundante información sobre sus actualizaciones de *firmware,*

normalmente cuentan con un enlace para descargas para buscar la actualización precisa.

- **Asegurarse de que la versión es la correcta:** para cada modelo de dispositivo existe su versión de *firmware* específica. Hay que comprobar marca y modelo exacto del equipo que se quiere actualizar. Una equivocación puede dañar el *hardware* del equipo.
- **Realizar una copia de seguridad:** la configuración del equipo puede ser que haya que restaurarla después de actualizar el sistema.
- **Descargar la actualización:** puede ser útil tener la actualización descargada para efectuar su instalación cuando se considere conveniente, y evitar que posibles cortes en la comunicación paralicen el proceso.
- **Iniciar el procedimiento** que indique el fabricante: depende de cada fabricante. A veces mientras se descarga ya se inicia el procedimiento. En todo caso siempre está indicado no apagar o reiniciar el equipo mientras se realiza la actualización. El procedimiento suele ser:

  - Cargar la actualización en el dispositivo.
  - Seguir indicaciones, normalmente al finalizar se debe reiniciar.

- **Comprobar** que funciona correctamente: es necesario comprobar que las configuraciones anteriores se mantienen, ya que puede suceder que la nueva versión provoque cambios en comandos o algún error no esperado.

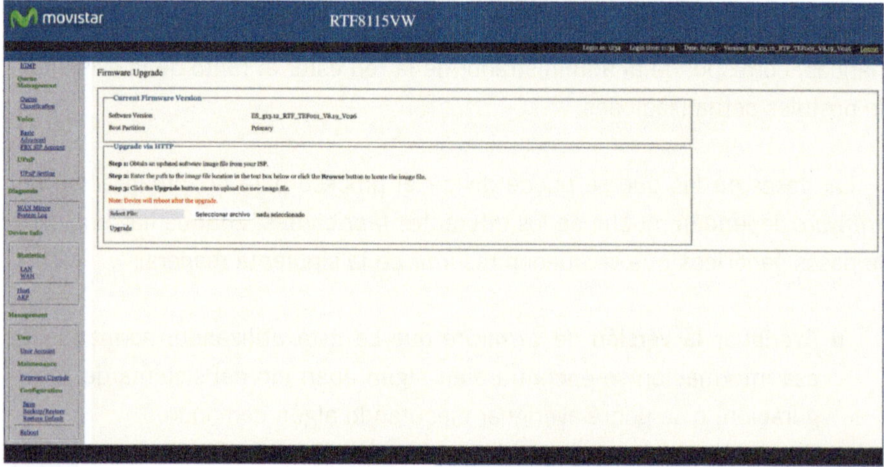

Página de configuración de un router Askey donde se observa la versión de firmware instalada

6.4. Recomendaciones básicas de buenas prácticas

Se pueden seguir una serie de recomendaciones para obtener los mejores resultados:

- **Actualizaciones automáticas:** cuando sea posible se deben utilizar las actualizaciones automáticas. Así se evitan posibles olvidos.
- **Registrar el producto:** el fabricante mantiene una base de datos con los clientes que se registran para darles soporte. Suele informar de las actualizaciones disponibles, además de facilitar su instalación.
- **Asegurarse de emplear actualizaciones auténticas:** como ya se ha indicado, el confundir una versión con otra puede crear problemas. En el mejor de los casos no se obtendrá el resultado deseado. El utilizar la web del fabricante, y no otra, es una garantía a tener en cuenta.
- **Revisar requisitos:** el fabricante puede fijar ciertos requisitos para la actualización (desconectar interfaces, detener servicios, etc.). Revisar la documentación al respecto es una buena práctica.
- **Asegurarse de la capacidad:** el espacio disponible para la nueva versión de *software* puede suponer un problema.
- **Buscar el momento adecuado:** puede que lleve un tiempo la actualización. Durante ese proceso puede dejar de funcionar, causándose pérdida de disponibilidad de servicios. Procurar planificar bien el momento evita ese problema.
- **Nunca apagar o reiniciar:** si el proceso de actualización no llega a término una vez iniciado, pueden producirse problemas, como poco no funcionará.
- **Baterías cargadas:** si el dispositivo está usando baterías, estas deberán estar bien cargadas para evitar que se interrumpa el proceso.

Importante

Si se actualiza el circuito BIOS con una versión errónea, o se reinicia por algún motivo antes de que haya terminado la actualización, se corre serio riesgo de que la circuitería quede dañada de forma irreparable. En algunos casos la actualización del sistema operativo no lleva aparejado ese riesgo, en otros sí.

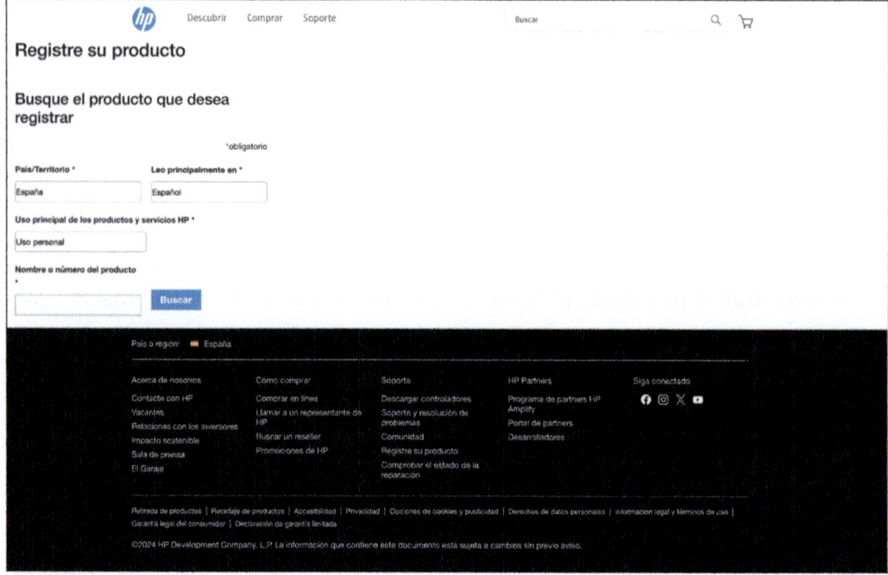

Ejemplo de cómo se puede registrar un cliente en la página de un fabricante

Aplicación práctica

Una empresa ha contratado a un nuevo administrador de sistemas para su red corporativa. En dicha red existen los siguientes elementos:

Varios puntos de acceso inalámbrico con soporte de actualizaciones automáticas, un *router* registrado en la base de datos del fabricante y varios *switches* configurables, comprados de segunda mano, sin manuales ni mantenimiento previsto. ¿Cómo debería plantearse el nuevo administrador el mantenimiento del *firmware* de todos esos elementos?

SOLUCIÓN

Los puntos de acceso al tener actualizaciones automáticas no suponen ningún reto, simplemente comprobando que funcionan según lo esperado es suficiente.

El router, al estar registrado, se puede controlar con los avisos o sugerencias que envíe el fabricante, no obstante sería bueno comprobar si se pueden hacer instalaciones automáticas, y si funcionan como debe esperarse.

Continúa en página siguiente >>

<< Viene de página anterior

Para los switches se debería hacer un inventario para recopilar los diferentes fabricantes y modelos de los que se dispone. Después se comprobarían las versiones de firmware instaladas, para a continuación buscar en las páginas oficiales si existen posibles actualizaciones. Habría que planificar estas tareas para el futuro.

---

7. Desarrollo de supuestos prácticos de resolución de incidencias

Se plantea el caso de una red en la que se necesitará realizar la actualización del *firmware* de algún dispositivo.

7.1. La aplicación de los criterios de selección de equipos que pueden actualizar un firmware

No todos los equipos de red pueden actualizar su *firmware,* en concreto, los *switches* no configurables no tienen un sistema operativo accesible, y no se pueden actualizar.

Por otro lado, el actualizar el *firmware* puede suponer un esfuerzo por lo que habrá que analizar si merece la pena (en términos de beneficios que se puedan conseguir y costes que presente).

Por ejemplo, una actualización respecto a la versión actual puede que solamente introduzca la novedad del cambio de idioma. Si actualizar supone tener que parar los servicios de red un determinado tiempo, puede valorarse que es mejor esperar a otra actualización futura que tenga más funcionalidades.

En la página web del fabricante se suelen señalar los cambios y mejoras que producirán las actualizaciones de que se disponen, aunque a veces no son muy explícitos.

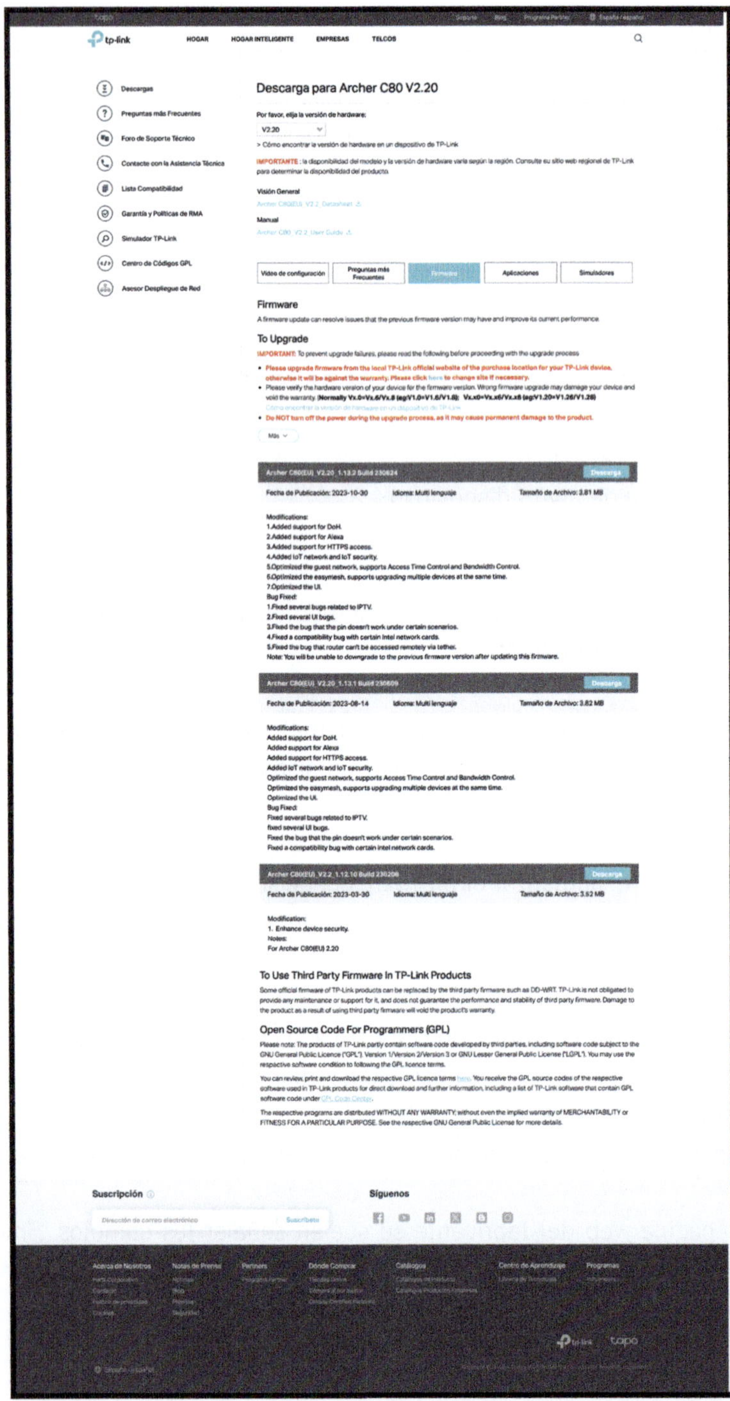

Detalles de la actualización de un router TP-Link. Se puede ver qué cosas se modifican.

Hay que procurar, además, que los protocolos de red utilizados en los diferentes dispositivos sean compatibles entre sí, buscando mantener cierta compatibilidad.

Ejemplo

En un escenario con switches puede darse el caso de tener varios con una versión del protocolo STP (Spanning Tree Protocol) y otros con otra versión diferente que provoque incompatibilidades. Hay que buscar cuáles admitirán la misma versión para poder utilizarla en todo el escenario de red.

Supuestos prácticos

El administrador de una red se encuentra con que la comunicación entre un *router Cisco* con el resto de la empresa a través del protocolo RIP *(Routing Information Protocol)* y de un *switch* no configurable ha empezado a fallar desde que se actualizaron algunos *routers* y se implementó VLAN en la red. Para poder solucionarlo se deben actualizar los *firmware* del *router* y el *switch* con el que enlaza. Pero este no es configurable.

Escenario con el *router* y el *switch* a actualizar

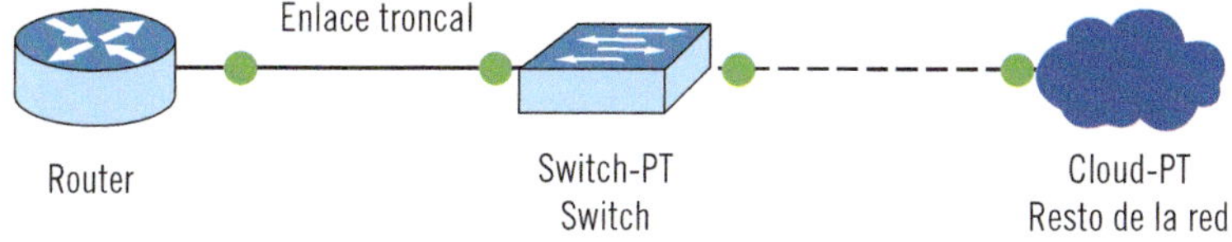

Solución

Al no ser el *switch* configurable se decide trasladarlo a otra ubicación y poner un *switch* configurable *tp-link* en su lugar. Ahora sí se podrá actualizar.

La situación planteada exige actualizar el *router Cisco*, y el *switch* configurable tp-link TL-SG3428XPP-M2 - Switch de red gestionable con 24 puertos.

A continuación se pasa a resolver esos otros dos supuestos.

7.2. La localización de las versiones actualizadas del firmware

Las versiones actualizadas de *firmware* se encuentran en la web de cada fabricante. Existe la posibilidad de poder obtenerlas de otros sitios, pero en ese caso los fabricantes no se hacen responsables del resultado. Solo debería acudirse a esta opción cuando el fabricante ya no existe o ha dejado de prestar mantenimiento al producto.

Lo primero que hay que hacer es comprobar la versión actual y el modelo de *hardware* específico, para posteriormente, acudir a la web del fabricante buscando las actualizaciones para ese modelo.

El modelo del equipo *Cisco* se puede comprobar mirando la etiqueta o pegatina con su referencia en el propio equipo. También se puede hacer por interfaz web o por medio de un comando, método por el cual se puede averiguar la versión del *firmware.*

Para el *switch 3com*, además de a través de la pegatina de la carcasa, podrá accederse vía web a su sistema de administración para averiguar esos datos:

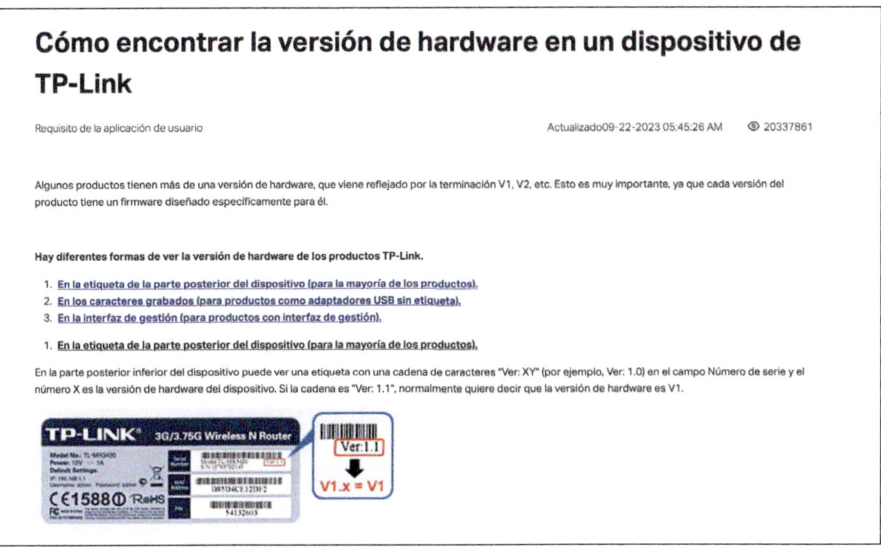

Cómo encontrar la versión de hardware en un dispositivo de TP-Link

Requisito de la aplicación de usuario Actualizado09-22-2023 05:45:26 AM 20337861

Algunos productos tienen más de una versión de hardware, que viene reflejado por la terminación V1, V2, etc. Esto es muy importante, ya que cada versión del producto tiene un firmware diseñado específicamente para él.

Hay diferentes formas de ver la versión de hardware de los productos TP-Link.

1. En la etiqueta de la parte posterior del dispositivo (para la mayoría de los productos).
2. En los caracteres grabados (para productos como adaptadores USB sin etiqueta).
3. En la interfaz de gestión (para productos con interfaz de gestión).

1. **En la etiqueta de la parte posterior del dispositivo (para la mayoría de los productos).**

En la parte posterior inferior del dispositivo puede ver una etiqueta con una cadena de caracteres "Ver: XY" (por ejemplo, Ver: 1.0) en el campo Número de serie y el número X es la versión de hardware del dispositivo. Si la cadena es "Ver: 1.1", normalmente quiere decir que la versión de hardware es V1.

Vista de la página de resumen de información del sistema del switch

Se busca entonces por esos modelos en la página de cada fabricante. En la de *Cisco* pide un registro previo como cliente.

Conviene comprobar el espacio disponible y el que ocupará la nueva versión. Hay comandos para ello.

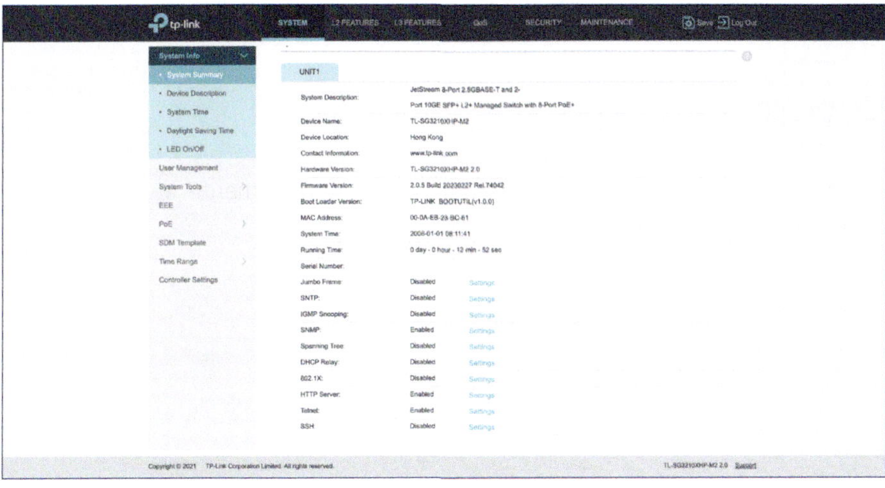

Características de un equipo al acceder a su panel de control vía web

Es habitual mantener a disposición de los usuarios distintos *firmwares* que se pueden instalar en los equipos durante un tiempo prudencial por si hubiese algún fallo y hubiera que volver a instalar una versión anterior que asegure su funcionamiento mientras se resuelve el problema.

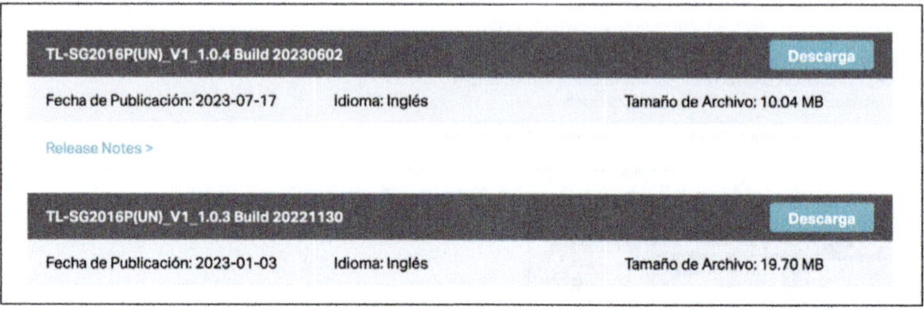

Versiones de firmware para el equipo tp-link TL-SG2016P

Se debe elegir la versión que corresponda con el modelo que se está usando. En este caso son válidas cualquiera de las dos opciones. Muchas veces se comete el error de descargar la última versión sin analizar debidamente si es la más adecuada para el funcionamiento del equipo lo que provoca que deje de funcionar. Para descargar el firmware será suficiente con pulsar sobre el botón de **Descarga.**

La mayoría de los equipos, disponen de un puerto USB para que una vez descargado y copiado el *firmware* en el dispositivo se pueda actualizar el equipo.

7.3. La actualización del firmware

En otros casos, el equipo puede conectarse directamente al servidor del fabricante para descargar el *firmware.*

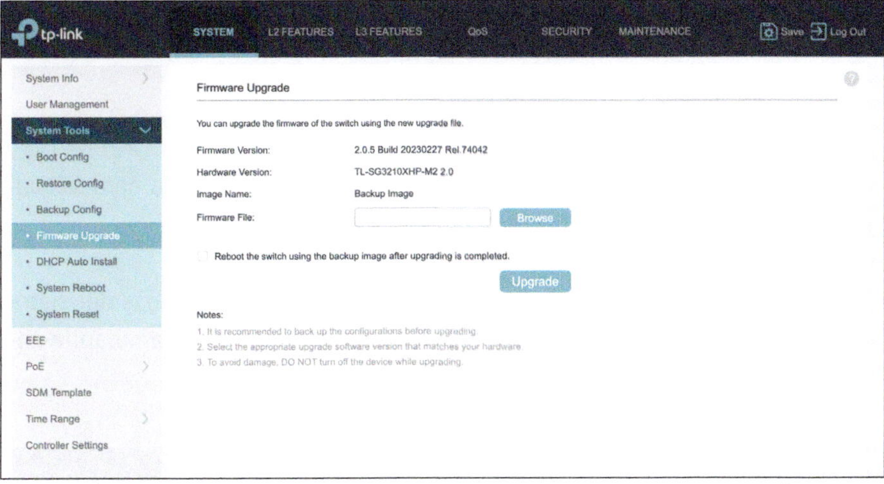

Advertencias antes de actualizar el firmware de un equipo tp-link

Una vez en el *switch*, el archivo de imagen del *firmware* puede usarse para actualizar el equipo:

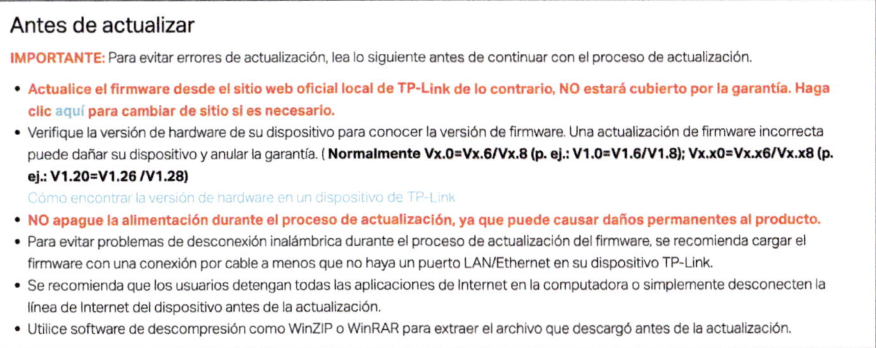

Antes de actualizar

IMPORTANTE: Para evitar errores de actualización, lea lo siguiente antes de continuar con el proceso de actualización.

- **Actualice el firmware desde el sitio web oficial local de TP-Link de lo contrario, NO estará cubierto por la garantía. Haga clic aquí para cambiar de sitio si es necesario.**
- Verifique la versión de hardware de su dispositivo para conocer la versión de firmware. Una actualización de firmware incorrecta puede dañar su dispositivo y anular la garantía. (**Normalmente Vx.0=Vx.6/Vx.8 (p. ej.: V1.0=V1.6/V1.8); Vx.x0=Vx.x6/Vx.x8 (p. ej.: V1.20=V1.26 /V1.28)**
  Cómo encontrar la versión de hardware en un dispositivo de TP-Link
- **NO apague la alimentación durante el proceso de actualización, ya que puede causar daños permanentes al producto.**
- Para evitar problemas de desconexión inalámbrica durante el proceso de actualización del firmware, se recomienda cargar el firmware con una conexión por cable a menos que no haya un puerto LAN/Ethernet en su dispositivo TP-Link.
- Se recomienda que los usuarios detengan todas las aplicaciones de Internet en la computadora o simplemente desconecten la línea de Internet del dispositivo antes de la actualización.
- Utilice software de descompresión como WinZIP o WinRAR para extraer el archivo que descargó antes de la actualización.

Advertencias antes de actualizar el firmware de un equipo tp-link

Durante este proceso, no se debe apagar o reiniciar sin que se haya terminado el proceso de actualización. Tampoco se puede quedar el equipo sin suministro eléctrico puesto que puede provocar que el equipo quede inservible.

Después de esto se reinicia, debiendo estar todo correcto.

7.4. La comprobación del correcto funcionamiento del equipo actualizado

El paso final es comprobar que todo ha salido correctamente.

Puede que sea necesario recargar la configuración del sistema para lo cual es conveniente haber hecho antes una copia de seguridad.

La comprobación puede empezar por los propios registros o logs del sistema, los cuales pueden advertir de problemas que todavía no se han manifestado o no son apreciables.

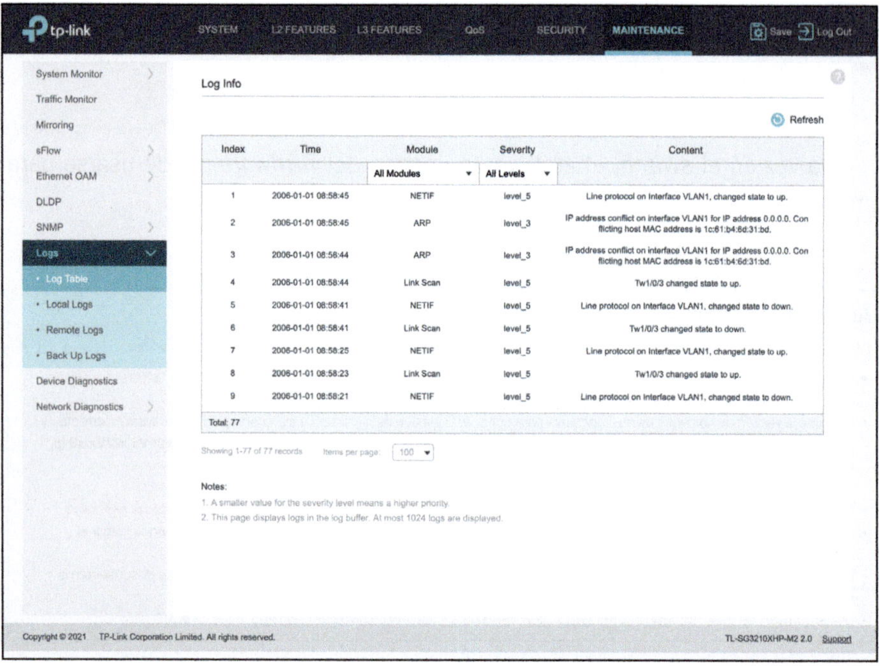

Página de logs del switch

Después se puede analizar el comportamiento de los dispositivos mediante alguna monitorización. Por ejemplo, por medio de *Wireshark*, aprovechando la funcionalidad de monitorización de un puerto del *switch*, se puede comprobar el correcto envío de mensajes RIP que antes fallaban.

```
1 40.003441    fe80::7c0c:eb90:30d8: ff02::c      SSDP    M-SEARCH *
2 44.003362    fe80::7c0c:eb90:30d8: ff02::c      SSDP    M-SEARCH *
3 47.003583    fe80::7c0c:eb90:30d8: ff02::c      SSDP    M-SEARCH *
4 50.003954    fe80::7c0c:eb90:30d8: ff02::c      SSDP    M-SEARCH *
5 54.004076    fe80::7c0c:eb90:30d8: ff02::c      SSDP    M-SEARCH *
6 54.861138    192.168.15.104        224.0.0.9    RIPv2   Response
7 54.861739    192.168.15.105        224.0.0.9    RIPv2   Response

▷ Frame 46 (66 bytes on wire, 66 bytes captured)
▷ Ethernet II, Src: CadmusCo_f3:5c:a0 (08:00:27:f3:5c:a0), Dst: IPv4mcast_00:00:09 (01:00:
```

La captura de Wireshark muestra el correcto funcionamiento de RIP.

8. Resumen

El mantenimiento preventivo permite realizar tareas que optimizan y garantizan el funcionamiento de la red a un coste razonable.

A la larga ese coste se revierte gracias a que se consigue, generalmente, un buen ahorro de los recursos.

Existen varios tipos de mantenimiento preventivo: programado (se analizan necesidades y se elabora un calendario de actuaciones), predictivo (actuando a través de monitorizaciones), por oportunidad (aprovechando periodos de inactividad) y por actualizaciones.

En la planificación del mantenimiento preventivo se establece una periodicidad y un acuerdo de ventanas de mantenimiento en función de las necesidades de la empresa, de la producción, del nivel de servicio acordado en la SLA y de los criterios utilizados para establecer el mantenimiento. Entre estos criterios está la edad de los elementos a mantener, su estado, el coste de su mantenimiento, su utilidad, especificaciones del fabricante, etc. Todo ello documentándose adecuadamente y realizando informes detallados sobre las inspecciones realizadas.

El mantenimiento preventivo está íntimamente relacionado con los planes de calidad de la empresa, ya que se encuentra incluido en el ciclo continuo de la calidad. Se utilizan estrategias comunes y sus objetivos son los mismos.

Entre los trabajos de mantenimiento figura como parte muy importante el *firmware.* Ahí se encuentra en muchos casos el sistema operativo que controla los dispositivos de red, aunque en todos los elementos informáticos hay *firmware* susceptible de ser actualizado.

Dicho *firmware* debería actualizarse a través de la web del fabricante correspondiente, poniendo mucho cuidado con la versión y el modelo con que se corresponde.

Ejercicios de repaso y autoevaluación

1. **¿Qué tipos de mantenimiento preventivo conoce?**

____
____

2. **¿Cuál es una ventaja del mantenimiento preventivo?**

   a. Aumenta la disponibilidad.
   b. Ayuda a definir puntos débiles.
   c. Reduce las inversiones.
   d. Todas las opciones son incorrectas.

3. **Señale si las siguientes afirmaciones son verdaderas o falsas.**

   a. La monitorización se emplea en el mantenimiento predictivo.

   ☐ Verdadero
   ☐ Falso

   b. El mantenimiento programado no se adapta a las necesidades de producción.

   ☐ Verdadero
   ☐ Falso

4. **¿En qué cuatro aspectos se centran las operaciones de mantenimiento?**

____
____

5. **Entre las operaciones de mantenimiento se incluye la inspección de los logs. ¿Verdadero o falso? Razone su respuesta.**

6. **¿Qué es una ventana de mantenimiento?**

7. **El plan de mantenimiento establece...**

   a. ... la formación.
   b. ... los niveles de producción.
   c. ... el número de averías.
   d. ... el consumo de recursos de la empresa.

8. **En los manuales debe aparecer...**

   a. ... las normas legales que afectan al dispositivo.
   b. ... las condiciones ambientales de uso del dispositivo.
   c. ... indicaciones sobre el mantenimiento del sistema.
   d. Todas las opciones son correctas.

9. **Explique por qué hay que asegurarse de la versión de *firmware* que hay que actualizar.**

10. **¿Se puede usar un diagrama de espina de pescado para resolver una incidencia? Razone su respuesta.**

11. Indique al menos tres recomendaciones de buenas prácticas con el firmware.

____

____

12. Un gráfico de Gant...

a. ... indica la probabilidad de fallos de un dispositivo.
b. ... ayuda a resolver problemas por tormenta de ideas.
c. ... sirve para resaltar la cantidad de averías que se producen.
d. ... puede servir para establecer un calendario de inspecciones.

13. Entre los criterios para establecer la periodicidad de las inspecciones figura...

a. ... la formación de los empleados.
b. ... la velocidad de las conexiones.
c. ... la antigüedad del material.
d. ... las herramientas disponibles.

14. Relacione cada elemento con su característica correspondiente:

Programado	Sin servicio permanente
Predictivo	Calendario de paradas
Por oportunidad	Se basa en la monitorización
Por actualizaciones	Puede basarse en los otros

15. Una de las fases de la calidad es:

a. Borrar.
b. Hacer.
c. Contratar.
d. Calcular.

Bibliografía

Monografías

- ABAD, A.: *Redes locales.* Madrid: McGraw-Hill, 2012.
- DIMITRIADES, Y., DÍAZ Pernas, F. J.: *Introducción Práctica a la Administración de Sistemas.* Univ. Valladolid, 1999.
- HERTZOG, R. y MAS, R.: *The Debian Administrator's Handbook.* Freexian SARL.
- JOSEPHSEN, D.: *Building a Monitoring Infrastructure with Nagios.* Prentice Hall, 2007.
- KOCJAN, W: *Learning Nagios 3.0.* Packt Publishing, 2016.
- MEYERS, M.: *Enreda con tu PC.* Madrid: Anaya Multimedia, 2005.
- MEYERS, M.: *Redes. Gestión y soluciones.* Madrid: Anaya Multimedia, 2005.
- OPPENHEIMER, P.: *Diseño de Redes Corporativas. Una metodología descendente.* Cisco Press, 2004.
- ROMERO, M.C: *Sistemas Avanzados de Comunicaciones. Gestión de Redes.* E.T.S. Ingeniería Informática. Universidad de Sevilla.
- STALLINGS, W.: *Comunicaciones y Redes de Computadores.* 7ª Ed. Prentice Hall, 2004.

- TANENBAUM, A.: *Redes de computadoras,* 4° Ed. Prentice Hall, 2003.
- VV. AA.: *D-Link. Ficha Smart+ Managed Gigabit Switches DGS-1210 Series,* 2019.
- VV. AA.: *Manual Cisco, modelo router serie 1000.* Cisco Sistems, 2005.
- VV. AA.: *Manuales de Microsoft Acknowledgement.*
- WENDELL, O.: *CCNA 200-301 Official Cert Library.* Cisco Systems, 2019.
- WENDELL, O.: *CCNA 640-802 Official Cert Library.* Cisco Systems, 2011.

Legislación

- Guía para SNMP, de: <http://www.snmplink.org>.
- INCIBE, de: <https://www.incibe.es>.
- Introducción a la Planificación, Diseño, Dimensionado de redes de telecomunicación K.-D. Hackbarth. Departamento de Ingeniería de Comunicaciones. Grupo de Ingeniería Telemática. Universidad de Cantabria, de: <http://www.tlmat.unican.es/siteadmin/submaterials/231.pdf>.
- Información tecnologías, de: <http://seminarprojects.com>.
- Libros blancos de ITIL, de: <http://www.seriosoft.com>.
- Normas ISO, de: <http://www.iso.org>.
- Normas IETF, de: <http://www.ietf.org/rfc/>.
- Normas ITU, de: <http://www.itu.int>.
- Página oficial Nagios, de: <htpp://www.nagios.org>.
- Página oficial Deming, de: <https://www.deming.org/>.

- Página oficial smokeping, de: <http://oss.oetiker.ch/smokeping/>.
- Página oficial MRTG, de: <http://oss.oetiker.ch/mrtg/>.
- Página oficial cricket, de: <http://cricket.sourceforge.net>.
- Página oficial cacti, de: <htpp://www.cacti.net>.
- Página oficial WBEM, de: <http://www.dmtf.org/standards/wbem>.
- Página oficial snort, de: <http://www.snort.org>.
- Página oficial nessus, de: <http://www.tenable.com/>.
- Página oficial subversión, de: <http://subversion.tigris.org/>.
- Página oficial Rancid, de: <http://www.shrubbery.net/rancid/>
- Página oficial dude, de: <http://www.mikrotik.com/thedude>.
- Página oficial wireshark, de: <http://www.wireshark.org/>.
- Portal 060 Admon. electrónica, de: <http://administracionelectronica.gob.es>.
- PDIOO de Cisco, de: <http://www.cisco.com/web/LA/productos/servicios/docs/Brochure_LCS_062006_SP_Spanish.pdf>.
- Sitio oficial de Microsoft Configuration Manager, de: <http://www.microsoft.com/systemcenter/es/es/configuration-manager/cm-desired-configuration-management.aspx>.
- Sitio oficial Cisco Cloud and Systems Management, de: <https://www.cisco.com/c/en/us/support/cloud-systems-management/index.html>.